谢军国际象棋丛书

GUOJIXIANGQI
NVZI JINGDIAN DUIJU
SHANGXI

国际象棋
女子经典对局赏析

谢军/编著

经济管理出版社·棋书中心

图书在版编目（CIP）数据

国际象棋女子经典对局赏析/谢军编著．—北京：经济管理出版社，2014.5
ISBN 978-7-5096-2915-4

Ⅰ.①国…　Ⅱ.①谢…　Ⅲ.①国际象棋-棋局-世界　Ⅳ.①G891.1

中国版本图书馆 CIP 数据核字（2014）第 017106 号

选题策划：海德新　史思旋
责任编辑：郝光明　史思旋
责任印制：黄章平
责任校对：李玉敏

出版发行：经济管理出版社
　　　　　（北京市海淀区北蜂窝 8 号中雅大厦 A 座 11 层　100038）
网　　址：www.E-mp.com.cn
电　　话：(010) 51915602
印　　刷：保定金石印刷有限公司
经　　销：新华书店
开　　本：720mm×1000mm/16
印　　张：12.75
字　　数：208 千字
版　　次：2014 年 5 月第 1 版　2014 年 5 月第 1 次印刷
印　　数：1-5000 册
书　　号：ISBN 978-7-5096-2915-4
定　　价：39.00 元

前　言

　　如果把女棋手比喻成赛场上的一道靓丽风景，那么当人们评价女棋手的棋艺水平时难免产生花瓶的感觉。不过，女棋手水平"很业余"的观点早在20世纪初就应该改变了。随着时代发展和电子科技技术日新月异，如今人们只用水平高低来衡量和评价棋手，没有多少人再用性别当成区分棋手水平高低的"标签"。所以，千万不要抱着性别"有色眼镜"来看女棋手！

　　坦白地讲，不仅外界对女棋手的实力心存疑惑，作者作为一名女棋手也曾经很在意性别的差异，这本身就是一种不自信的表现。有那么一段时间，自己训练时只愿意摆男子高手的对局棋谱，而对女选手的棋局几乎视而不见。即便备战世界冠军对抗赛，也仅局限于研究对手本人的棋局。究其缘由，大概是内心中藏着的那个"骄傲的小人儿"在作怪——自己已经是棋后了，学棋当然要找高手，何必把视角放低，再去看其他女棋手的对局呢？现在想来真是有几分遗憾。向高手学习的思维当然没错，但与自己水平接近棋手的对局其实更有"内容"。不是嘛，水平相近的棋手可能在局面理解、思维方式、计算能力方面都处于同一水准线上，别人犯过的错误可能就是自己应该避免落入的陷阱啊！

　　本书介绍了历届女子世界冠军和当今国际顶尖女棋手的精彩棋局。细品之后我们会感到女棋手大多喜欢攻王，对局部的战斗机会非常敏感，善于把握细节……不知道这些因素是不是可以称作女棋手与男棋手风格的差异。不过，棋界倒是有这样一种说法：女棋手的对局更具战斗精神，更具观赏性，有一种大无畏的斗士情结。

　　如果将弈棋风格进行标签式的分类，我们可以说出进攻型、防守型、局面型、战术型、搏斗型、理论型等很多种。在这些风格的基础上，或许还可以增添一种女子弈战型。行不行呢？将古今中外女子高手的精彩棋局进行深度分析解拆，从中体会这些顶尖女棋手对棋局理解的思维特点和棋局过程中的心理变化规律，一定会大大提高棋艺水平。人们常说女性的思维比男性更加感性化，那么，棋手性别上的差异会给棋局带来怎样的不同呢？

　　百年前，当某位女士在棋局较量中战胜了男子大师，那么这局棋一定会令人们当成新闻津津乐道好久。现今，几乎所有重要比赛的赛场上都能看到女棋手的身影，即便是被棋界视为巨无霸级别的世界棋王卡斯帕罗夫与女棋手较量也有失手的时候。女棋手的对局风格别有一番特色，女棋手弈出的精彩对局绝对是广大棋迷爱好者不容错过的极好的学习机会。

　　希望本书能为广大棋迷爱好者提供一道美味的国际象棋大餐！

世界棋后

第一位女子世界冠军：维拉·明契克（捷克斯洛伐克）1927~1944 年

第二位女子世界冠军：鲁丹科（苏联）1950~1953 年

第三位女子世界冠军：贝科娃（苏联）1953~1956 年

第四位女子世界冠军：鲁布佐娃（苏联）1956~1958 年

第五位女子世界冠军：加普林达什维利（苏联）1962~1978 年

第六位女子世界冠军：齐布尔达尼泽（苏联）1978~1991 年

第七位女子世界冠军：谢军（中国）1991~1996 年；1999~2001 年

第八位女子世界冠军：苏珊·波尔加（匈牙利）1996~1999 年

第九位女子世界冠军：诸宸（中国）2001~2004 年

第十位女子世界冠军：斯坦芳诺娃（保加利亚）2004~2006 年

第十一位女子世界冠军：许昱华（中国）2006~2008 年

第十二位女子世界冠军：科斯坚钮克（俄罗斯）2008~2010 年

第十三位女子世界冠军：侯逸凡（中国）2010~2012 年；2013 年至今

第十四位女子世界冠军：乌什尼娜（乌克兰）2012~2013 年

目　录

1

明契克—尤伟

1931 年弈于英国黑斯廷斯邀请赛

维拉·明契克（1906～1944）是历史上第一位女子世界冠军。她出生在莫斯科，15 岁那年随全家迁居英国。在明契克出现之前，国际象棋赛场上呈现清一色的男性，所以把明契克称作是女子国际象棋领航者一点不为过。为了纪念明契克对女子国际象棋发展所作出的贡献，世界奥林匹克女子团体赛冠军的流动金杯被命名为"明契克杯"。历史上第一次女子世界冠军赛在 1927 年举办，明契克以绝对的优势成功登顶。在那个年代，其他女选手的棋力与明契克根本不在一个层面上，即便是很多世界一流的男棋手，也都曾是明契克的手下败将。1929 年，英国成立了明契克国际象棋俱乐部。有意思的是，成为俱乐部会员的条件之一就是被明契克战胜过的男棋手。

在接下来的对局中，我们将看到明契克与 1935 年成为男子世界冠军的荷兰国际特级大师尤伟之间的一盘对局。尤伟不仅是历史上第五位男子世界冠军，还是一位数学博士和教授。更为人们津津乐道的是，尤伟在 1970～1978 年期间还成功当选世界国际象棋联合会的主席一职，真正的一名全才。

1. d4 d5 2. c4 c6 3. Nf3 Nf6 4. Nc3 d×c4 5. a4 Bf5 6. e3 Na6?!

80 多年前，无论是棋艺理论还是技战术水准都不能与今日相提并论。特别是伴随着计算机技术的跨越式发展，很多过去深奥难解的棋艺理论都已成为今天常识性的知识。例如刚刚黑方采取跃马至边线的走法，就属于现今棋手（哪怕是非常业余的水准）不太感兴趣的出子方式。为什么这么说？因为现代国际象棋开局理论强调子力中心化，这早就是妇孺皆知的常识。而在 20 世纪初，却罕有相关理论灌输进棋手的认识当中。

此时，黑棋采取 6...e6 7. B×c4 Bb4 8. 0-0 Nbd7 9. Qe2 0-0 10. e4 Bg6 11. Bd3 Bh5 12. e5 Nd5 13. N×d5 c×d5 的下法更值得推荐，双方机会大致相当。

7. B×c4 Nb4 8. 0-0 e6 9. Ne5 Bd6 10. Qe2 （图 1）

白方的子力很自然向着中心方向出动，黑方的 a6 马驻扎在 b4 格，与位于 f5 格的象相互呼应。

10...c5??

黑王还在中心的时候，就贸然采取这样的冲击显然不合时宜。现在，黑棋应该采取 10...Nc2 的下法，经过 11. Rb1（如 11. Ra2!? Nb4 12. Ra3）11...Nd5

12. Bd2 0-0 13. Rbc1 之后，白方的子力出动速度占优，在中心空间上占有一定优势。

11. Bb5+ Ke7

黑方的王被迫挪动位置，停在中心，永远失去了易位的机会。如改走 11...Kf8 12. e4 Bg6 13. Bf4，同样是白方有利的局面。

12. e4（图 2）

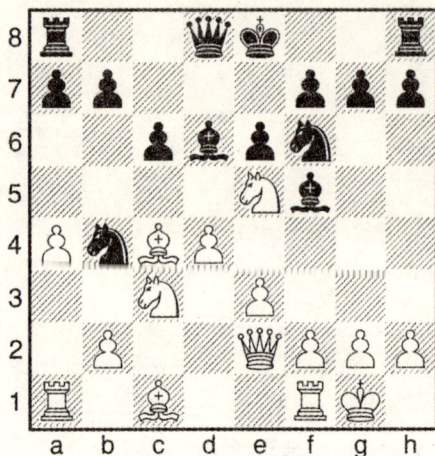

图 1

明契克将进攻矛头直接指向黑方位于中心的王。

12...Bg6 13. N×g6+ h×g6 14. e5

击双，黑方面临丢子。

14...c×d4（图 3）

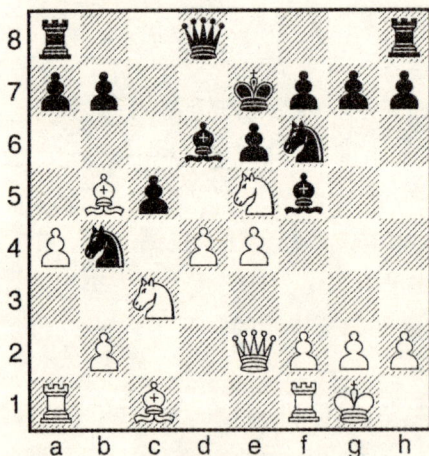

图 2

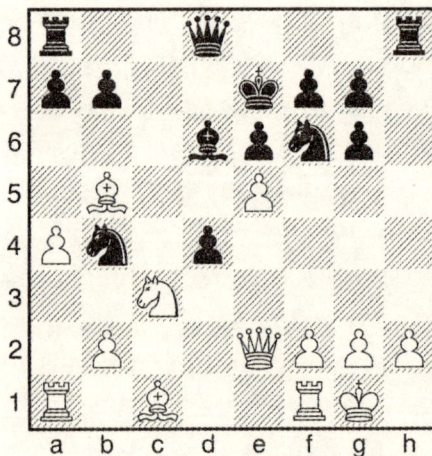

图 3

相信这个局面是执黑棋的尤伟早已预料到的。或许尤伟认为黑方获得了强大的中心兵，即便白棋可以暂时获取子力优势，但是黑方无论在中心还是指向白方 h2 格的压力都足以补偿黑棋的子力损失。

15. Rd1！（图 4）

冷静的一步棋！白方既不逃 c3 马，也不急于消灭黑方 d6 象或 f6 马，Rd1 这步棋的巧妙之处不是马上行动，而是持续施加压力。

现在白方走 15. Nd1 的话，将迎来黑棋 15...d3 的挑战，此后如果白方采取 16. e×f6+ g×f6 17. Qg4 的下法将十分危险，因为黑棋可以应以 17...B×h2+ 18. Kh1 f5 19. Qg5+ f6 20. Q×g6 Bf4+ 21. Kg1 Rh1+ 22. K×h1 Qh8+ 23. Kg1 Qh2+#，白方 h2 格的弱点彻底暴露出来。

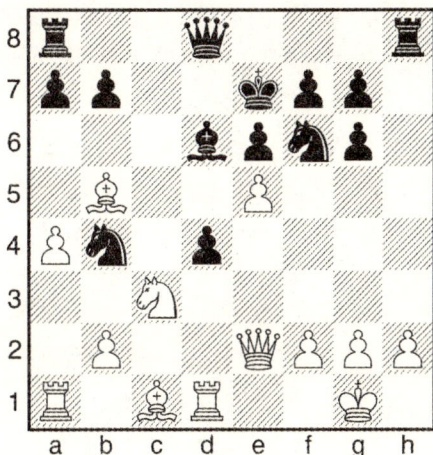

图 4

15... Bc7   16. e×f6+ g×f6   17. g3 a6   18. Be3 Bb6

黑方走 18...a×b5   19. B×d4（19. R×d4）白棋获得非常舒服的局面。

19. Bc4 Kf8   20. Ne4 Kg7   21. Rac1 Rh5   22. Bf4 e5   23. g4！

白方虽然多了一个子，但是由于黑方拥有强大的中心兵，因此白棋要想把优势迅速转化为胜势并不容易。在黑方不断的骚扰反击面前，明契克选择了强硬的进攻性下法。现在，如果躲闪象到其他位置，例如 23. Bd2，不能给白方带来明朗的取胜路线。

23... Rh8   24. Bg3 Qe7   25. Nd2

此处，白方没有走出最强的招法 25. N×f6！！（图 5）

看起来白棋将马走到一个不可能进入的位置，但是黑方一点都奈何不得。假如黑棋采取 25...K×f6，将面临 26. g5+ Kg7   27. Q×e5+ Q×e5   28. B×e5+ Kh7 29. B×h8 K×h8   30. B×f7 的变化，白方获得胜势局面。

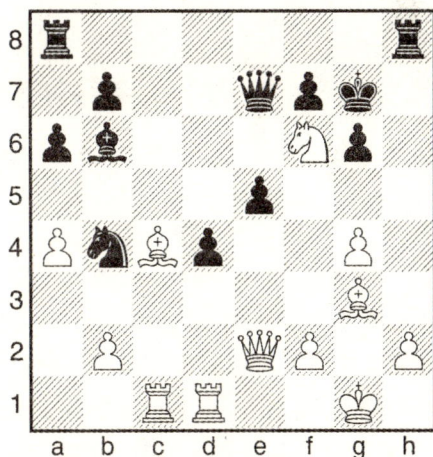

图 5

25... Rhe8

黑方决定将车走到 e 线加强中心，同样可以考虑的招法是 25...Rad8。

26. Qe4 Qd7   27. Nf3 Qc6

或许，黑方不应该兑后，保留局面的复杂。但是，如果黑方不采用 Qc6

又该选择怎样的走法呢？确实，也看不出黑棋有什么明确的计划。

28. Q×c6 N×c6 29. Bd5 Rac8 30. Be4 Rc7 31. Ne1 Rec8 32. Nd3

白棋通过灵巧的子力调动，将马走到一个理想的位置。现在，我们看到黑棋依旧拥有强大的中心兵，只是这些兵已经被白棋用了"定身术"，难以走动。接下来，白棋就可以一点点向前推进加强局面，例如把王走向中心参与战斗，等待时机成熟挺兵 f4，冲击黑方的中心。

32... Ne7 33. R×c7 R×c7 34. Kf1 Rc4

黑方没有继续等待的资本，否则只会令白棋的子力走到更佳的位置。如此一来，黑车迫不得已放弃 b7 兵，开始所谓的"反击行动"。

35. B×b7 R×a4 36. Rc1

白车占据了开放线路，白棋处于胜势局面。接下来只是制定什么样的入局计划和怎样实施具体行动了。

36... g5 37. f3 Ra2 38. Be1 a5 39. Bd2 f5 40. g×f5 a4 41. Ke1 a3 42. b4 Kf6 43. Ba6 g4 44. Bc4 R×d2 45. K×d2 g×f3 46. Nc5 K×f5 47. B×f7 Bd8 48. Be6+ Kf6 49. Bg4 Nd5 50. B×f3 N×b4 51. Be4 Be7 52. Nd3 Na2 53. Rc6+ Kg5 54. Rg6+ Kh4 55. N×e5 Nc3 56. Kd3

黑棋反击无望，投子认负。白胜。

2

克鲁斯科娃—鲁丹科
1950 年弈于苏联女子世界冠军赛

第二次世界大战爆发使女子国际象棋世界冠军赛陷入停办状态。更令人伤心不已的是，1944 年 6 月 26 日，当时女子世界冠军称号获得者维拉·明契克在伦敦遭遇德国法西斯的炮弹轰击不幸遇难，致使女子国际象棋运动项目发展史上出现了一段既无世界冠军锦标赛，也无世界冠军称号拥有者的困境。

1948 年，国际棋联决定恢复女子国际象棋世界冠军赛。1949 年底至 1950 年初，来自 12 个国家的 16 名女子顶尖棋手齐聚莫斯科，通过单循环角逐新的棋后头衔。最终，生于乌克兰的苏联棋手鲁丹科荣登冠军宝座，成为国际象棋史上的第二位女子世界冠军。

1. e4 e5 2. Nf3 d6 3. d4 Nd7

黑方选择了一个非常古老的变化，通常只有回避开局系统研究的棋手才会做出这样的选择。因为，黑方的出子次序虽然能够避免那些常规套路，但无疑会造成中心空间受到压制。现在，假如黑方直接从中心交换兵，将会带来 3...e×d4 4.N×d4 Nf6 5.Nc3 Be7 6.Be2 0-0 7.0-0 Re8 8.Re1 Bf8 9.Bf1 Nbd7 10.Bf4 的变化。白方获得一定空间优势，在中心上掌握主动。

4.Bc4

白方按部就班出子。现在还有一种选择，就是在中心直接表态，这样可以达到令中心兵形明朗化的目的。经过 4.d×e5 d×e5 5.Bc4 c6 6.0-0 Be7 7.Ng5 B×g5 8.Qh5 Qe7 9.B×g5 Ngf6 10.Qe2 h6 11.Bd2 0-0 12.a4 b6 13.f3 Bb7 14.Be3 之后，白方出子速度占优，能够保证一定的先手。

4...c6 5.Nc3

假如白方首先考虑把王走到安全的位置，那么此时可能采取 5.0-0 Be7 6.d×e5 d×e5 7.Ng5 B×g5 8.Qh5 Qe7 9.Q×g5 Q×g5 10.B×g5 Nc5 11.f3 的变化，获得小而持久的先手。

5...Be7 6.0-0 Ngf6 7.a4 0-0 8.b3

白方决定把白格象走到 b2 格，在 a1—h8 斜线上发挥作用。另一种走法是 8.Re1 b6 9.d5 c×d5 10.N×d5 Bb7 11.b3 Rc8 12.Re2 N×d5 13.B×d5 B×d5 14.Q×d5 Nf6 15.Qd1 白方在中心的微小先手不足以发展成具体的优势。

8...Qc7 9.Bb2 Nb6 10.Bd3 Bg4 11.Ne2?!（图6）

白方走得很冒险。这局棋发生在 40 多年前，那时候的棋手比现在的棋手更加狂野，临场冒险在所不惜。当时的人们只注重实战，对兵形的好坏不去理睬。

白棋任由黑方破坏自己的王前兵形，这显然不对。应该采取 11.Be2 Nbd7 12.d5 c×d5 13.N×d5 N×d5 14.e×d5 f5 15.c4 的下法，中心上还能保持一点空间优势。

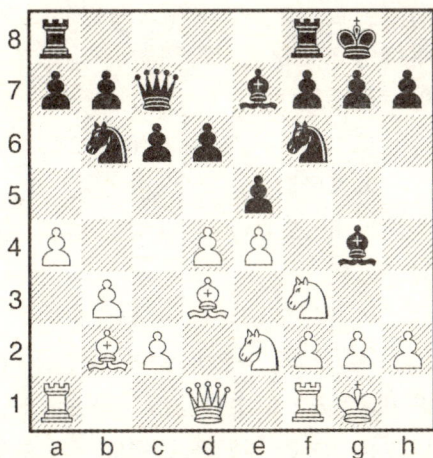

图6

11...B×f3

黑方还可以选择 11...N×e4 将棋局引入复杂对攻的局面，例如在 12.B×e4

f5　13. a5 Nd7　14. Bd3 e4　15. Nf4 Rf6　16. Bc4+ d5　17. B×d5+ Kh8 的变化中，很难判断到底是哪一方获得优势。不过，黑棋临场的选择没有什么可以指责的——能够破坏白方的王前兵形，那为什么不呢？

12. g×f3 c5?!

黑方封闭中心的计划显得有些不合时宜。越是在局面动荡的状况下，黑方越能捕捉到中心的战斗机会。现在，黑方应该采取 12... Rad8　13. c4 e×d4　14. N×d4 Rfe8，瞄准白方的中心阵营伺机而动。白方王翼兵形不稳，很难在中心和后翼上组织有效的进攻。

13. d5 Nh5　14. Ng3 Nf4　15. Re1 g6　16. Bf1 Bg5　17. Ne2 Qe7　18. Bc1 Qf6

黑方可以采取直接简化局面的下法，经过 18... N×e2+　19. B×e2 B×c1　20. R×c1 Qg5+　21. Kh1 f5（图7）

黑方获得主动权。因为白方大部分的兵处于白色格子，黑方的马显然比白方的象更能发挥作用。

19. N×f4 B×f4　20. B×f4 Q×f4　21. Bg2 Nd7　22. Qc1 Qh4　23. f4??

白方送兵的举动不解决任何实际的防守问题，唯一的解释是白方已经失去继续防守的耐心。应该走 23. c3，尽可能将局面稳住。

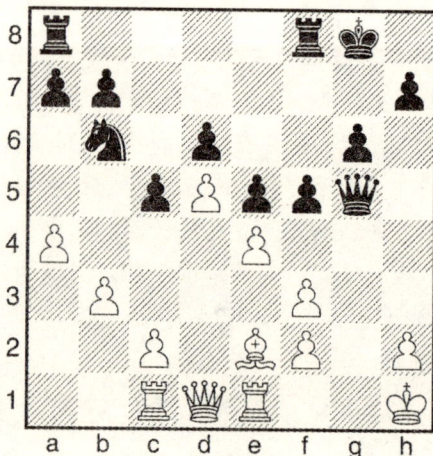

图7

23... e×f4　24. Qd2 Ne5　25. f3 f5　26. Qf2 Qh5　27. h4 f×e4　28. R×e4 g5

黑方稳健的取胜方法是 28... Rae8　29. Rae1 Re7，在中心形成坚强力量。

29. h×g5 Q×g5　30. Kf1 Kh8　31. Ke2 Rg8　32. Bh3 Rg7　33. Be6 Rf8　34. Rd1?!

如果白方采取 34. Rh1 的下法，可能会更顽强一些。

34... Qg2　35. R×e5? Q×f2+　36. K×f2 d×e5　37. d6 Rd8　38. d7 Re7　39. Bf5 Kg7　40. Rd5 Kf6　41. Bh3 b6　42. c4 Re6　43. Ke2 Ke7　44. Kd3 R×d7　45. Ke4 R×d5　46. c×d5 Rh6　47. Bf1 Kd6　48. Bc4 Rg6　49. Kd3 h5

大势已去，执白棋的克鲁斯科娃认输。

3

贝科娃—褚安曼

1950 年弈于苏联女子世界冠军赛

1951 年，国际棋联更改了世界冠军赛的赛制，由原来的大循环赛改变为分层晋级的赛制。这意味着棋手要经历区际赛获得参加候选人赛的资格，然后在候选人赛取胜才能成为挑战者，拥有同世界冠军对抗的资格。1952 年，苏联棋手贝科娃经历了层层选拔，终于从候选人赛中杀出重围，取得向世界冠军鲁丹科挑战的资格。1953 年，贝科娃在圣彼得堡举行的世界冠军对抗赛中击败鲁丹科，成为第三位女子国际象棋世界冠军。几年后，经历了 1956 年卫冕失利的挫折，贝科娃没有放弃捍卫棋后荣誉的努力，终于在 1958 年的对抗赛中重新战胜对手，夺回世界冠军头衔。

接下来我们看到的是贝科娃 1950 年参加大循环赛制的女子世界冠军赛中的对局。虽说在那次比赛中贝科娃没能成为最后的胜利者，但是从棋局中我们能看到她顽强的棋风和积极的战斗精神。

1. e4 c5　2. Nc3 Nc6　3. g3 g6

面对白方挺兵 g3 从侧翼出象，黑方同样采取侧翼出象予以回应。此外，黑方还可以采取 3... e6 的下法，经过 4. Bg2 Nf6　5. Nge2 d6　6. 0-0 Be7　7. d3 a6　8. h3 Qc7　9. Be3 b5　10. a3 Bb7　11. f4 b4　12. a×b4 N×b4　13. f5 e5　14. Na4 0-0 之后，形成一个双方互有机会的局面。

4. Bg2 Bg7　5. d3 d6　6. Nge2

白方决定把马取道 e2 格向 g3 格发展，意图当然是在王翼有所作为。除此之外，白方还可以采取将马从 f3 格出动的方式发展局面，经过 6. f4 e6　7. Nf3 Nge7　8. 0-0 0-0　9. Be3 Nd4（黑方在后翼挺兵需要非常小心，例如 9... b6　10. d4 Ba6　11. Re1 Rc8　12. a4 的变化，黑方的 b 兵就可能成为白方开通后翼 a 线的目标和靶子）　10. e5 Nef5　11. Bf2 N×f3+　12. Q×f3 Bd7 之后，看起来白方的兵挺进速度不错，但是黑方的子力已经及时调整到合适位置，白兵向前冲击找不到目标。

6... Bd7　7. Be3 Nd4　8. h3?!

白方沿着自己的思路前进，活动 h 兵的后续手段是挺进 g 兵，为 e2 马走到 g3 格打好前站。现在，假如白棋采取 8. Qd2 Rb8　9. 0-0 h5　10. h4 Nh6

11. Nd1 Ng4 12. c3 N×e3 13. N×e3 N×e2+ 14. Q×e2 e5 15. f4 的变化，也是值得考虑的一种思路。

同样，快速将自己的王走到安全的位置，然后再从中心行动的方案也是非常有趣的变化，例如 8. 0-0 Qc8 9. Qd2 h5 10. h4 Rb8 11. Nd1 Bg4 12. f3 Bh3 13. c3 B×g2 14. K×g2 N×e2 15. Q×e2 Nf6 16. d4 之后，白方在中心行动顺利开展。

8... Qc8 9. Qd2 Rb8 10. g4 b5 11. Ng3 b4 12. Nd1 Bc6 13. c3 b×c3 14. b×c3 Nb5（图 8）

对局至此，黑方的行动计划都是针对白棋思路而制定，后翼开放线路以及对白方 c3 兵的有效牵制，都决定了后翼行动的主宰者是黑棋而不是白棋。有鉴于此，白方必须考虑在棋盘的其他区域开展行动，这样才能令棋局保持有效的平衡，不会形成黑方后翼一支独大的局面。

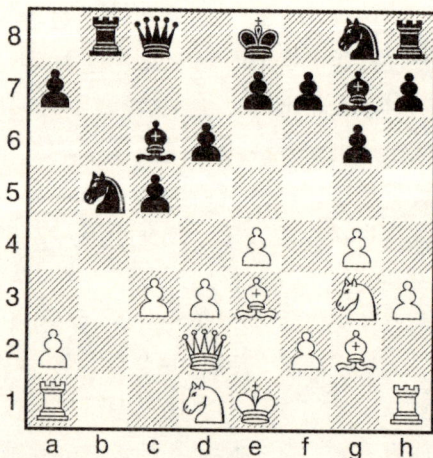

图 8

15. f4 e5?

黑方这样走等于是开门揖盗。现在黑棋正确的走法是 15... Nf6 16. Rb1 0-0 17. g5 Nd7 18. h4 f6，黑棋拥有足够的王翼防守反击的机会。

16. f5 Nf6 17. g5 Nd7 18. 0-0 Nb6 19. Qf2 Qd7 20. a4! Nc7 21. a5 Nc8 22. c4 Na6 23. Qd2 Bf8 24. f6

白方在王翼上占据了绝对主导地位，现在 24. Nf2 Be7 25. Ng4 的下法同样可以满足白方攻王的需求。

24... Rb3 25. Nc3 Qc7 26. Rfb1 R×b1+ 27. N×b1 Nb4 28. Nc3 a6 29. Nge2 Qd8 30. Ng3 h6 31. Nd5 B×d5?

狭小的空间局势已经不允许黑棋再向后撤退了，这样下去黑方的局形就要被压扁了！现在黑方应该采取 31... h×g5 32. B×g5 N×d5 33. e×d5 Bd7 34. Kh2 Bg4 的下法，防守的同时制造反击机会。

32. e×d5 Na7 33. Kh2

白方可以考虑采取 33. g×h6 的走法，这样王翼就不会线路开放。

33... h×g5 34. B×g5 Qc8 35. Bf1 Qg4 36. Ne4 Qf3 37. Qg2 Q×g2+ 38. K×g2（图 9）

随着双方的后从棋盘上消失，双方的王不再承受巨大的受攻压力，棋局重新进入到一个相对平稳的状态。不过，这一切都是外表看上去的假象。虽说双方子力数量相当，但是黑方的棋子位置实在太差了，除了位于b4的马还能起到封锁线路牵制白棋子力的作用，其他棋子都像摆设一般难有作为。因此，客观评价局势的话，我们应该给出的答案是白方胜势。

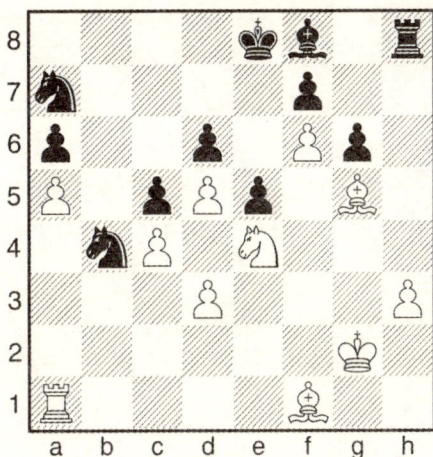

图9

38... Kd7　39. Be2 Bh6　40. Kg3 B×g5　41. N×g5 Kc7　42. Rb1 Kd7 43. Bg4+ Kc7　44. N×f7 Rf8　45. Be6 Nc8　46. Rd1 Nc2　47. Rb1 Nb4 48. Rb3

黑方无法继续阻拦白方前进的脚步，投子认输。

4

鲁布佐娃—卡什涅阿

1966年弈于苏联全国团体锦标赛

人们通常喜欢关注天才棋手，因此大多数人对于最年轻的冠军知之甚多，但是鲜有人知道最年长的世界冠军的年龄。成为第四位女子国际象棋世界冠军的苏联女棋手鲁布佐娃正是这样一位最年长的纪录创造者，她在1956年第一次夺得世界冠军时已经47岁，这个纪录至今仍无人打破。

1. e4 e5　2. Nf3 Nc6　3. Bb5 a6　4. Ba4 Nf6　5. 0-0 Be7　6. Re1 b5 7. Bb3 d6　8. c3 0-0　9. d4

按照鲁布佐娃夺取冠军时的年龄推算，她下这局棋时又是10年过去，鲁布佐娃应该是57岁的"高龄"了。通常，年龄大的棋手在对局时会采取相对稳健的开局套路，这样就可以避免局面转入一个过于复杂难以把控的形势，年长棋手的经验才更容易得到发挥。

不过，此局在西班牙开局中，鲁布佐娃并没有选择常见的9. h3 Na5

10. Bc2 c5　11. d4 Qc7　12. Nbd2 c×d4　13. c×d4 Nc6　14. Nb3 a5　15. Be3 a4
16. Nbd2 Bd7　17. Rc1 的变化，也没有采取中心缓慢推进的 9. d3 Na5
10. Bc2 c5　11. Nbd2 Nc6　12. Nf1 Re8　13. h3 h6　14. Ng3 Be6　15. d4 c×d4
16. c×d4 e×d4　17. N×d4 N×d4　18. Q×d4 Rc8 的变化，甚至她连从后翼开拓
战场思路的 9. a4 Bg4　10. d4 B×f3　11. g×f3 Na5　12. Ba2 c5　13. Na3 c×d4
14. c×d4 b4　15. Nc4 的变化也没有放在眼里，偏偏选择了 9. d4 这样一个最为
激烈的变化。

9...Bg4　10. Be3

白方另外一个变化是 10. d5 Na5　11. Bc2 c6　12. h3 Bc8 （此时黑方不能
采取 12...Bd7 的下法，因为白方可以采取先弃后取的战术组合在中心行动，
经过 13. N×e5 d×e5　14. d6 之后，白方获得稍好的局面）　13. d×c6 Qc7
14. Nbd2 Q×c6　15. Nf1 Nc4　16. Ng3 Re8　17. a4 Be6 之后，形成双方各有
千秋的局面。

10...e×d4　11. c×d4 Na5　12. Bc2 Nc4

黑方位于 a5 格的马经常成为西班牙开局中的累赘，因此及时将马调动到
积极位置十分必要。此时，如果黑方直接从中心进行反击的话，经过 12...c5
13. d×c5 d×c5　14. Nbd2 Nd7　15. Qb1 Re8　16. e5 Nf8　17. Bf5 B×f5　18. Q×f5
Qc8　19. Qh5 Qe6 之后，白方空间上略占优势，黑方阵型也比较坚固。

**13. Bc1 c5　14. b3 Nb6　15. Nbd2
Rc8** （图10）

黑方采取蓄势待发的策略，把后翼
的车提前走到一个可以发挥作用的位置
上。假如直接从中心行动的话，可能带
来 15...c×d4　16. h3 Bh5　17. Bb2
Rc8　18. Qb1！ Nfd7　19. N×d4 Bf6
20. Nf1 Bg6 的变化，白方略占先手。

16. Bb2 c×d4　17. h3 Bh5　18. g4
（图11）

完全是激战的下法，这样挥兵直上
的行棋方式充满了古典战斗风格。如果
是现今的棋手，可能会采取不见兔子不撒鹰的策略，不太会轻易挺进王前兵。

**18...Bg6　19. N×d4 d5　20. e5 B×c2　21. N×c2 Nfd7　22. Nd4 Nc5
23. N2f3 Ne6?**

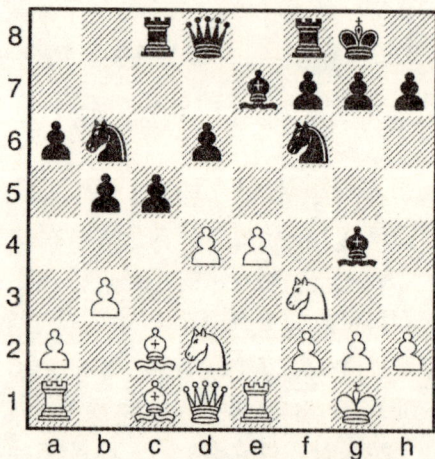

图10

坏棋！黑方没有正确判断局面，盲目去简化。其实，黑方刚刚一步棋走动的正是自己最能发挥作用的棋子。鉴于白方在 e4 格位置上存在一定的空当，黑方更应该抓紧时机用自己的棋子抢占中心。现在，经过 23... Ne4 24. Re2 Qd7 25. Nf5 Nc3 26. B×c3 R×c3 的变化之后，并未看到白方阵营中有什么优势可言。

24. Rc1 Qd7 25. Nf5

假如换个棋手，可能会采取 25. Qd2，加强中心子力配置。

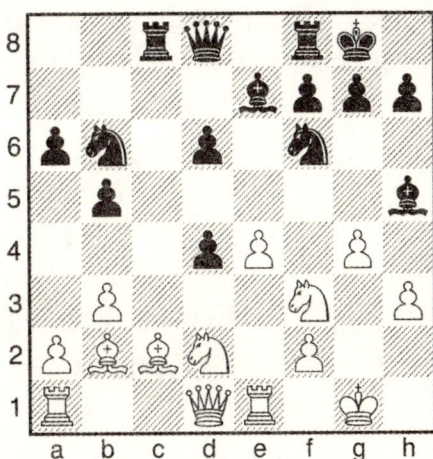

图 11

25... Bb4 26. Re3 Bc5?!

黑棋再次找错了方向，应该采取 26... R×c1 27. B×c1（白方 27. Q×c1 Rc8 28. Qd1 g6 的变化也不能占到明显的便宜） 27... Rc8 28. N3d4 Bc5 的变化，黑方子力位置活跃，白方的进攻并未取得明显效果。

27. Bd4！

在这个局面中，马比象强，白方不在乎黑棋用防守子力兑换自己的象。

27... N×d4 28. N5×d4 Rfe8 29. Rec3 Ba3

假如 29... B×d4 30. Q×d4 R×c3 31. R×c3 Qe6 的变化，白方占据明显主动。

30. R1c2 Bf8 31. Rc6！（图 12）

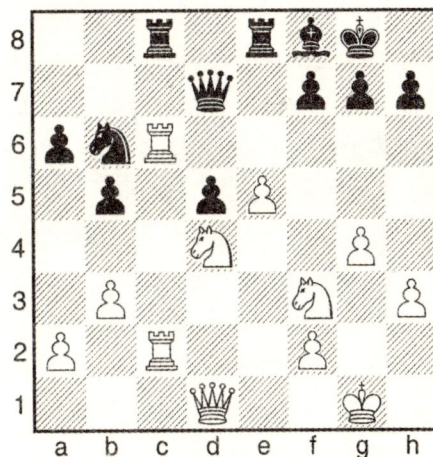

图 12

好棋！白方一切准备就绪，子力开始逐步渗入黑方阵营。

31... R×c6 32. R×c6 Qb7 33. Qc2 Qb8 34. Qf5

白方还可以考虑采取 34. Ng5 g6 35. e6 的下法，彻底打开进攻路线。

34... g6 35. Qc2 Nd7 36. e6 f×e6 37. R×a6 e5？？

在极其困难的局势当中，黑方忙中出错，漏看了白棋的战术打击。现在黑棋顽强的防守办法是 37... Qf4 38. Qc6 Re7 39. Kg2 Qe4 40. Q×b5 h5，借助积极主动的子力位置，黑方能够组织不错的反击行动。

38. R×g6+！ Kh8　39. Ng5

白方接下来将杀的威胁难以阻挡，黑方认输。

5

加普林达什维利—迪兹卡什维利

1979 年弈于荷兰维克安泽邀请赛

加普林达什维利是女子国际象棋史上第五位棋后，也是棋手技术等级分系统建立起来真正意义上第一位达到获得男子国际特级大师标准的女棋手。更具有象征意义的是，自加普林达什维利站上女子国际象棋赛场的最高领奖台之后，更多来自高加索山脉的格鲁吉亚女棋手涌现出来，20 世纪 60~80 年代统领女子国际象棋赛场长达 30 年！

加普林达什维利最具传奇色彩的不仅仅是她年轻时 5 次夺得女子世界冠军。1992 年，她已经到了知天命的年纪，还作为一线棋手征战世界赛场，并且在那年的世界奥林匹克团体赛中战胜了风头正盛的、有外星少女美誉的小波尔加。退役之后，她担任了格鲁吉亚国家奥林匹克主席（相当于该国体育最高领导人），但她的心思还是离不开小小棋盘，空闲时参加老年世界冠军赛屡屡赢得胜利，过足了冠军瘾。

1. e4 c5　2. Nf3 d6　3. Bb5+ Nc6
4. 0-0 Bd7　5. c3 Nf6　6. Re1 a6
7. B×c6 B×c6　8. d4 B×e4　9. Bg5（图 13）

作为当年荷兰维克安泽比赛邀请的唯一参赛女棋手，加普林达什维利执白对阵美国男子国际特级大师迪兹卡什维利时采用了激烈的弃兵变例，目的就是要和对手一拼高下。

现在的棋局状况难以判断到底哪一方更有利。白棋占据了出子优势和中心强攻的机会，黑方得到实惠，棋局发展处于不均衡的状态。

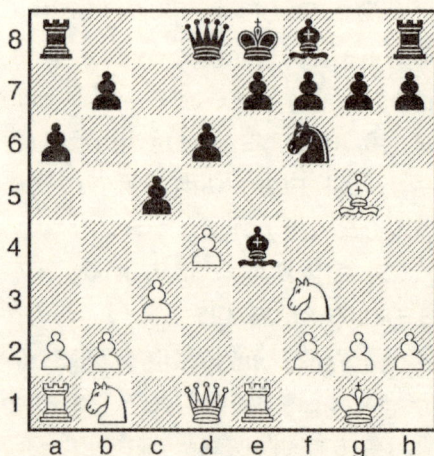

图 13

9... d5?!

黑方以为这样就可以用自己的子力挡住 e 线，减缓白方在中心上行动的速度。但是伴随着黑方 d 兵挺进所遗留的问题是，黑方中心兵形有所松动，在 e4 格的黑象活动区域也大大受到限制。

建议黑棋采取 9... Bd5 的下法，经过 10. c4!? B×c4　11. Nc3 e6　12. B×f6 g×f6　13. d5 之后，战况纷乱不清。或者，黑方直接采取退象的策略，免得位于 e4 格的象总是遭受白方子力的攻击。在 9... Bg6　10. Qb3 Ne4 的变化中，棋局将延续不均衡发展。

10. Nbd2 Bg6

黑方不能轻易采取兑换子力的方式。在这样一个线路通畅、黑方子力出动落后且王还停留在中心的局面中，象的作用要远远大于马。例如黑方走 10... B×f3 的话，白方将应以 11. Q×f3 e6　12. B×f6! g×f6（如果 12... Q×f6，白方将 13. Q×d5，白方多兵，同时保持出子占先）　13. c4，形成了白方中心快速行动的局面，黑方防守压力大。

11. d×c5

白方顺势吃回弃掉的兵，双方子力数量恢复均等，不过黑方出子速度的问题还没有完全解决。

11... e6

黑方的中心兵阵稳固，虽然出子速度慢了一点，但是白方尚不足以组织凌厉有效的中心突破。现在，白方需要改变思路，将中心突破的想法暂时抛在一边，全力争取获得更大的空间，并寻找机会发挥后翼兵数量占优带来的发展潜力。

12. Qa4+ Qd7　13. Qd4 Rc8　14. b4

白方在后翼上形成了坚强的兵的堡垒，黑方凭借中心 d5 和 e6 兵的稳固阵营与之对抗。

14... Be7　15. a4 0-0　16. Nc4?!

白方行动有些操之过急，更为稳妥的行棋方式是 16. Ne5 Qc7　17. N×g6 h×g6　18. a5（图 14）

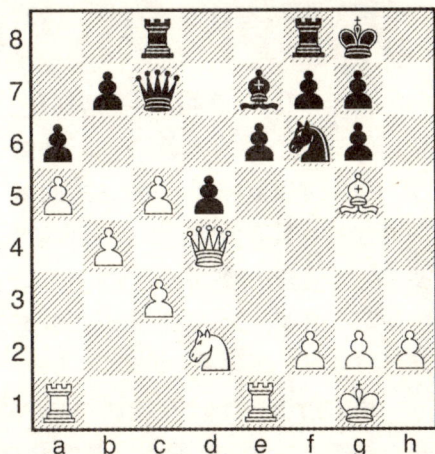

图 14

白方控制中心并占领了更大空间，只要黑方中心兵的发展潜力被白棋牢牢制约，就能确保白方获得充分的时间进行更长远的子力调动。

16... d×c4 **17.** Q×d7 N×d7 **18.** B×e7 Rfe8 **19.** Bd6 b6

在苦于空间受制的情况下，黑方试图打破白方后翼兵链的行动是可以理解的。但是，杜甫的古诗说得好"射人先射马，擒贼先擒王"，显然白方后翼兵链的根不在 c5 兵，因此黑棋应该考虑先采取动摇白方后翼兵根基的走法 19...a5（图15）

这样一来，假如白方允许黑方接下来进行 a×b4 兑换，那么黑方的 c4 兵就可以成为威力巨大的通路兵。白方当然不能允许自己处于优势的后翼出现"捣乱分子"，因此会采取 20. Rac1 的方式

图 15

提前预防。接下来，黑方再采取 20...b6 的行动，就能达到瓦解白方后翼兵链的目的。

20. Ne5 N×e5 **21.** R×e5 b×c5?!

黑棋此时应采取 21...Red8 牵制白方 d6 象的等待策略，不急于将后翼兵形明朗化。

22. b×c5?!

白方走得不够狠，应该走 22. b5!（图16）

虽然白兵在 c5 格和 b5 格都是通路兵，但是两个兵的力量不可同日而语。因为白象可以监控到 b8 格，因此 b5 格的通路兵是具有威慑意义的，而白兵在 c5 就没有这么厉害了。

22... Bc2 **23.** Re2 Bb3 **24.** f4 f6 **25.** Kf2 Kf7 **26.** Ke3 e5??

原本白王苦于没有线路可以入侵，黑方这么一冲兵，等于自己把线路主动

图 16

闪出来了。现在黑棋应该走 26...a5 进一步封闭后翼，白方在后翼和中心上都难以制造太多威胁，只能采取 27. g4 的走法在王翼上寻找打开线路的机会。

27. f5

白方的思路很明确，既然王能够通过 d5 格实现入侵，那么就不能让黑王有机会走到 e6 格进行防护。现在，白方另一种获得优势的下法是 27. f×e5 f×e5　28. a5　h5　29. Rf1+ Ke6　30. Ref2，白方借助开放的 f 线实现车的入侵。

27... g6　28. Ke4　g×f5+　29. Kd5!!
（图 17）

残局中，由于双方的子力数量所剩不多，因此很难组织具有杀伤力的攻王行动。如此一来，王不仅不像在开局和中局时那样需要其他棋子的保护，还可以亲自出征加入到战斗的行列当中。当王走到理想的位置，就变成了一个危险的、极具进攻能力的棋子。

此时，白方的王就是这样一个能够发挥巨大能量的棋子。白王抢占到 d5格之后，直接支持白方 c 兵向前挺进。

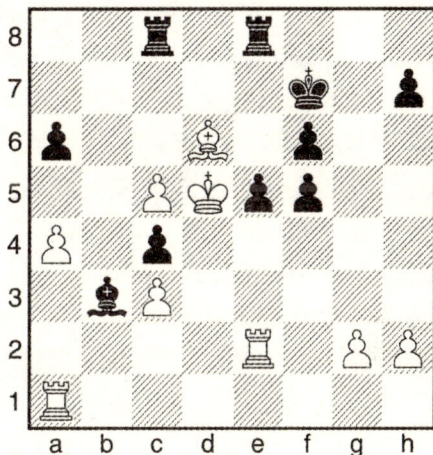

图 17

当白兵的位置从 c5 前进到 c7 格时，威力就会得到几何级的提升。

29... f4　30. c6　Rg8　31. c7　h5　32. Kc6　Ke6　33. Bc5! h4　34. Kb7

白王御驾亲征，黑方的两个车都被白方 c 兵升变所牵连，一动不动。

34... h3　35. g×h3　f3　36. Rd2　e4　37. Re1　f5　38. Rd6+ Ke5　39. R×a6 Bc2　40. Bd4+ Kd5　41. Rf6

黑方 e 兵和 f 兵也即将面临失守，黑方回天乏术，停钟认输。

6

约谢里阿妮—刘适兰

1983 年弈于奥地利女子世界冠军候选人赛

1980 年，中国女棋手初次登上世界比赛的舞台。仅仅两年以后，刘适兰在世界冠军赛区际赛中创历史地闯入了前三名，成功晋级更高一级的候选人赛，成为中国也是亚洲第一位女子国际特级大师。作为中国第一代女棋手的代表性人物，刘适兰的棋风轻灵，会避实就虚，在攻杀的局部处理方面更显示了出众的计算能力。

接下来的对局发生在 1983 年的女子世界冠军候选人赛。

1. e4 c5　2. Nf3 Nc6　3. d4 cxd4　4. Nxd4 Nf6　5. Nc3 d6　6. Bg5 e6　7. Qd2 Be7　8. 0-0-0 0-0　9. f4 Nxd4　10. Qxd4 Qa5　11. Bd3?!

形成了西西里防御中一个看似激烈对攻，实则是在双方子力交换过程中平稳过渡的局面。现在，白方的任务不是继续调动子力瞄准黑方的王，而是应该琢磨如何控制住中心，争取获得空间上的优势。正确的变化是 11. Bc4 Bd7 12. e5 dxe5　13. fxe5 Bc6（图 18）

利用黑后对白方 g5 象的牵制，黑方成功地摆脱了中心受到攻击的子力。白方显然不能采取 14. exf6 的下法，因为黑棋可以回应 14...Qxg5+。白方可能的走法是 14. Bd2 Nd7　15. Nd5 Qd8 16. Nxe7+ Qxe7，由于双方已经进行了一定数量的子力兑换，再加上中心线路呈现开放状态，因此形成的是一个双方互有机会的局面。

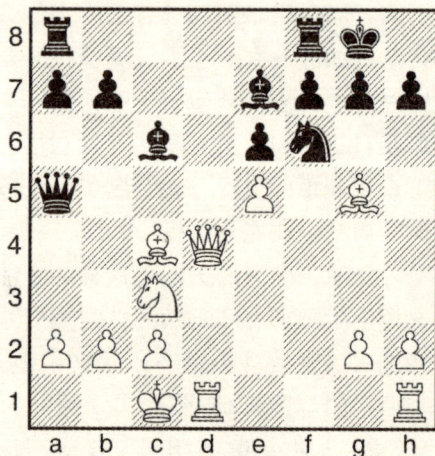

图 18

11... e5

在 11...h6 之后，白方可以应以 12. h4，黑方不敢消灭白方 g5 格象，造成王翼 h 线的开放只会令黑王遭到攻击。

12. Qe3 h6　13. Bxf6

白方进攻不坚决！应该采取 13. h4！的下法，经过 13...hxg5　14. hxg5 exf4　15. Qxf4 Ng4　16. Nd5！Qd8　17. Nxe7+ Qxe7　18. Rh4 Qe5　19. Rxg4 Bxg4　20. Qxg4 g6 的变化之后，双方的机会大致相当。

13... Bxf6?!

黑方更好的下法是采取"过门"式的下法 13...exf4！打开中心，接下来 14. Qe1（假如 14. Qxf4 Bxf6，黑方获得绝对优势）　14...Bxf6　15. Nd5 Qd8 之后，局面混乱。

14. Qe1

白方错过了能够控制中心的机会，现在应该采取 14. Nd5！将马走到一个超级能够发挥作用的中心位置当中。接下来的变化可能是 14...Bh4（假如黑方采取 14...Qxa2　15. Nxf6+ gxf6　16. fxe5，白方获得稍优局面）　15. Kb1

（图 19）。白王摆脱开 c1—h6 斜线，彻底回避黑象在 g5 格牵制的可能。

14. … e×f4　15. Nd5　Qd8　16. N×f6+

白方的 d5 马交换黑方的 f6 象是好主意吗？恐怕未必！虽然这两个棋子都处于良好的位置，能够发挥积极的作用，但是显然白方的 d5 马更主动一些。此外，为了尽快将失去的兵夺回来，白方此时也应该考虑采取 16. Rf1 的下法。白方现在不能走 16. N×f4，因为黑方可以利用先弃后取的战术取得胜势局面，即 16. … B×b2+　17. K×b2　Qf6+　18. e5

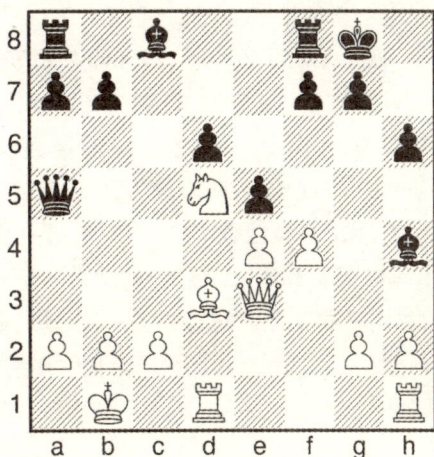

图 19

Q×f4　19. e×d6　Bg4　20. Rd2　Rfe8　21. Qf2　Qb4+　22. Ka1　Rad8。

16. … Q×f6　17. Rf1　Be6　18. a3　g5！

棋手在临场对局时，最怕墨守成规。例如，通常各种理论书上都强调"中局子力数量多的时候，不要轻易挺进王前方的兵，以免造成王前空虚，被对手攻击"等等，但是在实际操作的时候，就要视情况而定，决不能生搬硬套每走一步棋都去寻找理论支持，一遇到"违背"理论的情况就不去考虑。弈战时，要具体形势具体分析。像黑方刚刚挺兵 g5 就是一步非常务实的好棋！白方根本来不及进攻。

19. g3

假如白方采取 19. h4 进行王翼行动的话，黑方可以应对 19. … Qe5　20. h×g5　h×g5　21. Rh1　Kg7　22. Qb4，白方王翼来不及有所行动，黑方子力位置灵活积极，占有巨大的局面优势。

19. … f3　20. Qe3　g4

如何妥善防护 f 兵是黑方最重要的事情，而完成这个任务最好的棋子就是 g 兵。现在，假如黑方采取 20. … Bg4 的下法，白方可以通过 21. h4　Rfe8（如果 21. … g×h4　22. g×h4　Q×h4　23. Rh1　Qg5　24. Q×g5+　h×g5　25. Rdg1 的变化，白方能够在王翼行动上获取实际的机会）　22. Rh1 之后，黑方的象受到保护 f3 兵的牵连，难以走到更灵活的位置上发挥作用。白方在王翼谋求到反击机会。

21. h3　Qg5！

好棋！黑方已经获得多兵的实际收益，兑换威力巨大的后，将棋局转入残局是非常聪明的下法。

22. Q×g5+ h×g5　23. h×g4 Kg7！

好棋！不必着急吃掉 g4 兵。黑方从容调动子力，目的是将车走到 h8，争夺开放线路。假如黑方急于吃回 g4 兵的话，就会面临 23... B×g4　24. Bc4 Rac8　25. Bb3 Rfd8　26. Rd4 Bh5 27. Kd2 的变化，白方的棋子位置活跃，虽然子力数量处于下风，但拥有较好的战斗机会。

24. c3?

白方没有抓住一瞬即逝的机会将子

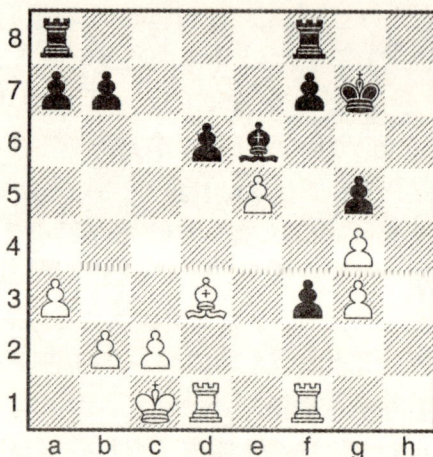

图 20

力调动到最具效能的位置当中，现在，白方应该采取 24. e5！（图 20）

接下来的变化可能是 24... d×e5　25. Be4 Rad8　26. R×d8 R×d8 27. B×b7 B×g4　28. B×f3 B×f3　29. R×f3 e4　30. Rc3 f5。虽然局面依旧对黑棋有利，但是白棋拥有不错的防守机会。

24... Rh8　25. Bc2 Rh3（图 21）

黑方更多的子力投入到战斗当中。由于白方兵形中存在弱点，因此黑方 h 线路车的入侵，标志着黑棋已经进入到取得胜利成果的收获季节。

26. R×d6 R×g3　27. Bd1 B×g4

局势已经明朗。黑方继续保持多兵优势，将迈着从容的步伐走向胜利。

28. Rd5 Be6　29. Rc5 b6　30. Rc7 g4　31. e5 Rg2　32. c4 Rd8　33. B×f3 g×f3　34. R×f3 Rd7　35. R×d7 B×d7 36. Rd3 Bf5　37. Rd4 Re2　38. b4 R×e5 39. Kd2 Re4　40. R×e4 B×e4

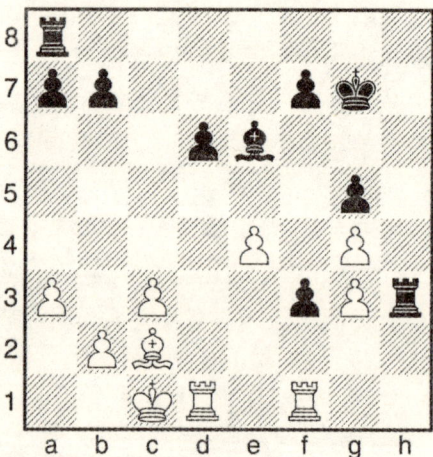

图 21

40 回合终于完成。伴随着双方棋手顺利度过第一时限，接下来黑棋将拥有更充分的时间将取胜的步骤——实现。

见到白棋防守无望，约谢里阿妮放弃对弈，黑胜。

7

马特维娃—吴敏茜

1985 年弈于苏联女子世界冠军区际赛

当中国第一位女子国际特级大师刘适兰在 1982 年世界冠军区际赛中成功闯入前三名，成功晋级候选人赛之后，很多西方人都觉得这里面多少有些运气成分。因为，中国女棋手的面孔出现在世界赛场不过始于 1980 年，仅仅两年的时间，怎么可能培养出高水平的棋手？不过，当 1985 年在苏联举行的女子世界冠军区际赛结束，又一位中国女棋手昂首晋级候选人赛的时候，没有人再去用"运气好"来形容了。因为，随着时间的推移，中国女棋手在越来越多的国际大赛中展示着自己的风采，用中国女性特有的勤奋和聪明智慧证明了自己的实力。此次区际赛，苏联棋手占尽了天时、地利、人和，在这样的条件下，来自中国杭州西子湖畔的女棋手吴敏茜不畏强手，敢打敢拼，凭借实力夺取的成绩最具说服力。

接下来我们看到的对局发生在前面刚刚提到的世界冠军区际赛当中。执白棋的是苏联初出茅庐的 16 岁小将马特维娃。对局中两位棋手采取了针尖对麦芒的对冲下法。顺便提一句，几年之后马特维娃成长为苏联（后来是俄罗斯）队的主力选手，并且保持一贯冲击性极强的攻击型下法。

1. d4 d5 2. c4 c6 3. Nf3 Nf6 4. Qc2 e6 5. g3 Ne4?!

黑方开局次序走得不够细致。马直接跃入中心格之后，黑棋后续走法的灵活性受到制约。现在更好的出子次序是 5... Nbd7，经过 6. Bg2 Be7（黑方如果 6... Bd6，白方将应以 7. 0-0 0-0 8. Nbd2 Re8 9. Rd1 Qe7 10. e4 Nxe4 11. Nxe4 dxe4 12. Qxe4 e5 的变化，局面呈现混乱状况） 7. 0-0 0-0 8. Nbd2 b6 形成复杂局面。

黑方也可以采用 5... dxc4 6. Qxc4 b5 7. Qc2 Bb7 8. Bg2 Nbd7 9. 0-0 c5 10. a4 b4 的下法，白方在空间上未占上风。

黑方还可以采取直接从中心反击的下法，经过 5... c5 6. cxd5 exd5 7. dxc5 Qa5+ 8. Nc3 Bxc5 9. Bg2 Nc6 10. 0-0 之后，形成比较平稳的局面。

6. Bg2 Nd7 7. 0-0?!

白方易位有些早，这样就给黑方提供了直接从王翼行动的可能，白王容易成为黑棋的进攻目标。现在白方比较好的变化是 7. Nc3 Bb4 8. 0-0 Bxc3

9. b×c3 Qa5   10. c×d5 e×d5   11. c4 0-0   12. Bd2 Qa6   13. Rfc1 Re8
14. Be1 Nb6   15. c×d5 c×d5   16. Qd3，白方获得稍好的局面。

7. . . Be7   8. Nbd2?!

白方将马出动到 d2 位，造成自己
c1 象出动困难。现在应该采取 8. Bf4
0-0 9. Nbd2 f5 10. h4 的下法，白方
获得稍好的局面。或者，白方采取
8. Nc3 f5 9. Bf4 的下法，在空间上也
能占到一定的先机。白方还可以考虑采
取 c1 象从 b2 格出动的计划，经过 8. b3
0-0 9. Nbd2 f5 10. Bb2 Qe8 11. Ne1
N×d2 12. Q×d2 Nf6 13. Nd3 Qh5
14. f3 Bd7 之后，形成一个双方机会大
致相当的局面。

图 22

8. . . f5   9. Ne1 Bf6   10. Ndf3 g5!（图 22）

黑方敏锐地觉察到白王过早易位给自己带来的机会，决定暂不易位，率先
在王翼展开行动。

11. Nd3 Qe7   12. b3 h5!（图 23）

黑方当然不会采取 12. . . 0-0，那样的话刚刚王翼冲兵的行动就变得意义
不大了。并且白方可以采取 13. Nfe5 的应对方式，在中心上展开行动。

13. Nfe5 Qg7   14. f3 h4!!（图 24）

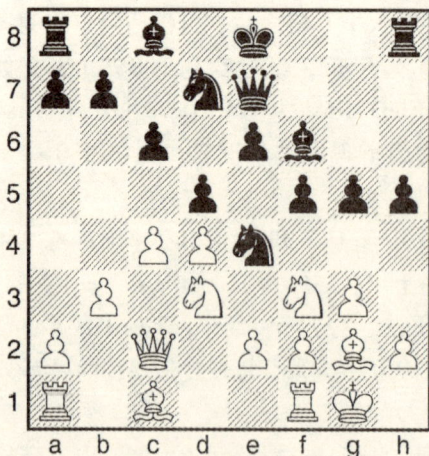

图 23

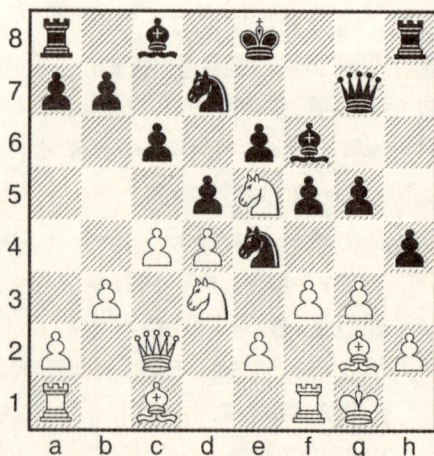

图 24

黑方置中心马而不顾，全力抢夺进攻速度。记住，在局面呈现双方对攻状态的时候，进攻速度是衡量局面最关键的因素。

15. fxe4?!

显然，白方接受黑方送上门来的"礼物"有些太早了！现在，不让黑棋打开王翼 h 线的下法是 15. g4，经过 15... h3　16. Bh1　Nec5!!　17. N×c5　N×c5　18. c×d5　Nd7!!　19. d×c6　N×e5 之后，形成复杂的局面。

白方还可以考虑先从中心行动，经过 15. c×d5　h×g3（如果 15... e×d5　16. g4，显然对白棋有利）　16. f×e4　g×h2+　17. Kh1　c×d5　18. e×d5 之后，白方王翼上承受的压力比对局时要小得多。

15... dxe4（图 25）

对局发生的情况与我们刚刚分析的白方采取 15. c×d5 下法最大的区别之处在于——白方在后翼上没有取得开放线路，因此难以进行有效的反击。

16. Bb2?!

白方以为把收受的礼物送还回去就万事大吉了，但事情哪里有这么简单？现在，假如白方采取 16. Nb2!?　N×e5　17. d×e5　B×e5　18. Rd1　h×g3　19. h×g3　Qh6 的下法，黑方将获得理想的局面。白方正确的下法是 16. Nf2!?　h×g3　17. h×g3　N×e5　18. d×e5　B×e5　19. Rb1　B×g3，黑方弃子获得充分的补偿。

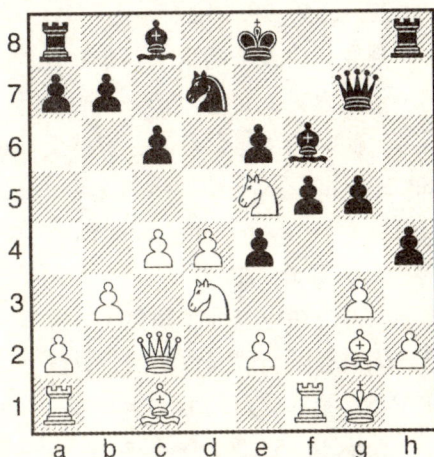

图 25

16... exd3　17. exd3

如果白方采取 17. Q×d3 的下法，棋局将沿着 17... h3（如果 17... h×g3　18. h×g3　N×e5　19. d×e5　B×e5　20. B×e5　Q×e5　21. Rad1 的变化，双方将会是一场乱战）　18. Bh1　N×e5　19. d×e5　B×e5　20. B×e5　Q×e5　21. Rad1　0-0，黑方占据主动。

17... h×g3　18. h×g3　N×e5　19. d×e5　B×e5　20. B×e5　Q×e5

黑方获得理想的局面，王翼行动收到了良好的效果。

21. Qf2　Qf6　22. Qc5

白方应该考虑 22. Rae1　Kf7　23. d4 的下法。白棋虽然少了一个兵，但是黑方要想扩展多子的威力，并不是一件容易的事情。

22...Bd7?!

黑方应该赶紧改善王的位置，采取 22...Kf7！ 23. Rae1 Rd8 的下法。

23. Rae1 Kf7 24. Re5 Rad8

25. Rfe1 Bc8 26. d4 b6！（图26）

27. Qa3

白方不能采取 27. Q×c6 R×d4 28. Qc7+ Rd7 29. Qc6 Rd2 的下法，黑方优势明显。

27...a5 28. Qb2

现在，白方虽然少了一个兵，但是棋子位置良好，能够组织充分的反击。

图26

不过，此时白方还须忍耐，贸然反扑，只会令黑棋的多兵优势充分发挥。例如 28. d5 c×d5 29. c×d5 e×d5 30. B×d5+ Kg6 31. Re6 B×e6 32. R×e6 R×d5 33. R×f6+ K×f6 34. Qb2+ Re5，黑方获得理想的胜利机会。

28...Rd6 29. c5?

白方现在应该继续调整子力位置，采取 29. Qf2 Rhd8 30. Qe3 f4 的下法，黑方优势有限。需要说明的是，刚才黑方不能 30...R×d4，因为白方可以采取 31. Bd5，重新获取局面均衡。

29...b×c5 30. d×c5??

败招！开放 d 线的后果是令黑棋一下子找到了入侵的机会。现在白棋应该采取 30. R×c5 R×d4 31. R×c6 Rhd8 的下法，尽管依旧形成了黑棋有利的局面，但是黑方要想取胜，还要颇费一番周折。

30...Rd3 31. Qf2 f4 32. B×c6 Rh3

现在，白棋大势已去，只剩下等待黑方犯错误了。越是在局面获得巨大优势的时候，棋手越不能掉以轻心。例如，此时黑棋不能采取 32...R×g3+的下法，因为白方可应以 33. Q×g3 f×g3 34. Rf1。

33. g×f4 g×f4 34. Bg2 Rdg3 35. R5e4 f3 36. Rf1 R×g2+ 37. Q×g2 f×g2 38. R×f6+ K×f6 39. Rf4+ Ke5 40. Rf7 Rg3 41. Rc7 Ba6 42. Ra7 Bf1 43. R×a5 Rh3 44. c6+ Kd6 45. Rg5 K×c6

白方防守无望，投子认输。

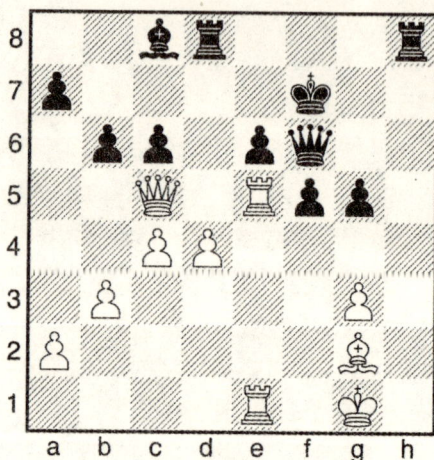

8

波尔蒂什—齐布尔达尼泽

1988 年弈于西班牙国际邀请赛

作为历史上第六位女子世界冠军，齐布尔达尼泽垄断世界棋后宝座长达13 年。从 17 岁第一次获得冠军，到 30 岁之后又率领格鲁吉亚女队四次夺取团体冠军，齐布尔达尼泽打造了一座难以逾越的丰碑。

齐布尔达尼泽出现之前的时代，女棋手在性别混合的重大比赛中登顶不曾发生。历史是需要有人来创造的，这个人就是齐布尔达尼泽！技术鼎盛时期，她不止一次在大型国际公开赛中夺取桂冠。齐布尔达尼泽的胜利激励了更多的女棋手。重温女子国际象棋事业的发展，齐布尔达尼泽的影响无疑是举足轻重的。

接下来我们看到的对局是匈牙利老牌男子国际特级大师波尔蒂什执白棋。他在开局中获得了一定的主动地位，接下来波尔蒂什试图用一种稳健的局面下法拿下对手。但是，计划赶不上变化，波尔蒂什的计谋被齐布尔达尼泽识破，我们的棋后以敏锐的局面洞察力顽强防守反击，神不知鬼不觉地制服了对手。

1. d4 Nf6 2. c4 g6 3. Nf3 Bg7 4. g3 0-0 5. Bg2 c6 6. 0-0

白棋并没有在开局阶段使什么特别的狠招，而是采用稳健的下法顺其自然完成出子。这里，白方还有 6. Nc3!? d5 7. c×d5 c×d5 8. Ne5 e6 9. 0-0 Nfd7 10. Nf3!? Nf6（黑方不好的出子是 10... Nc6，白方可以应对 11. e4！经过 11... d×e4 12. N×e4，白方出子速度快的优势逐渐显现，黑方位于 c8 的象很难活跃起来） 11. Bf4 的下法，将局面带入一个复杂的战斗状态。

6... d5 7. Nbd2

白方的出子方案是：b3，Bb2，e3，Qe2，把子力逐渐走向中心。白马出动到 d2 监控 b3、c4、e4 格，需要的时候还可以调动到 f3 格，具有很大的灵活性。在此，白方不够精确的走法是 7. Nc3，经过 7... d×c4 8. Ne5 Ng4 之后，局面基本平先。白方还有 7. c×d5 c×d5 8. Nc3 Nc6 9. Ne5 e6 的下法，形成复杂的局面。此外，采取 7. Qb3!? Qb6 8. Nc3 Bf5 9. Ne5 的下法，白方同样没有什么特别的便宜可占。

7... Ne4

假如 7... a5!?，目标在于把 a 兵压到 a4 格，控制住白方后翼兵挺进，从而限制 c1 象自由出动。接下来的变化可能是 8. b3 a4，黑方从后翼不断争取空间，获得了理想的斗争机会。

8. Qb3 N×d2

显然，这步换子不仅加快了白方的出子速度，又给白棋得到较大的发展空间。现在黑方可能比较理想的下法是 8...a5，经过 9. c×d5 c×d5，局面基本均势。黑方走 8...Qb6!? 的出子方式也值得推荐，经过 9. c×d5 Q×b3 10. a×b3 c×d5 11. N×e4 d×e4 12. Ne5 Rd8，形成基本平先的局势。

9. B×d2 d×c4 10. Q×c4 Bg4 11. Qb4!（图 27）

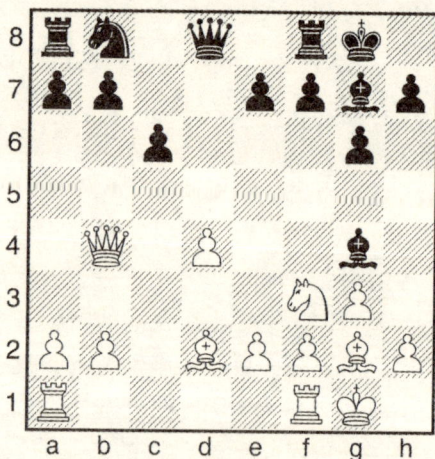

图 27

好棋！白方的后走到了一个能够限制对手棋子自由出行的位置，并且还不影响自己其他棋子的走动。

11... Qd7

黑方无奈进行防护，避免子力受损。

12. Ne5! B×e5 13. d×e5 Na6（图 28）

黑棋这步出子非常必要。当出子速度落后的时候，千万不能蛮干贪吃，那样只会令对手的行动更加可怕。例如，现在如果黑方贪吃白兵 13...B×e2?，白方将会在中心果断行动，经过 14. e6! f×e6 15. Rfe1 之后，黑棋的局面全面受制，陷入被动。

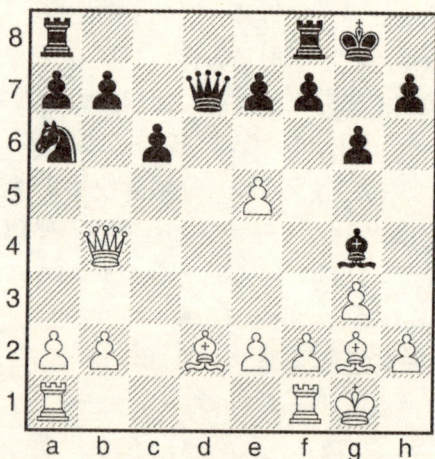

图 28

14. Qc3 B×e2 15. Bh6 Qd3

白方在王翼上的动作确实挺吓人的，于是齐布尔达尼泽选择了弃子谋求反击。其实，现在黑方完全可以通过 15...Rfd8! 16. e6 Qd4! 17. Qb3 Qc4! 18. Q×b7 Q×e6 的下法将棋局引入混乱的扭杀状态。但是，相信临场对局时不会有谁真的这样神经坚强，面对白方的进攻面不改色。

16. B×f8 B×f1?

黑方的走子次序不够精确，应该是 16...Q×c3 17. b×c3 B×f1。

17. B×e7?!

坏棋！白方应该 17. Q×d3！保留双象且兵形相对完整，经过 17...B×d3 18. B×e7 之后，白方获得较好的局面。

17... Q×c3 18. b×c3 B×g2 19. K×g2 Re8 20. Bd6

形成平先局面。此时白方可以考虑 20. Bf6!?（图 29）

目的是控制住 d 线开放线，从而获得持久的优势。

20... Rd8 21. a4 Rd7

黑方的想法是走 Nc7，将马调回中心。不过，黑棋的设想被白方很快阻止了。

22. Rb1！f6

黑棋走子次序精确。现在如果 22...b6，白方可以通过 23. c4 f6 24. a5 b×a5 25. Ra1 获得稍优的局面。

23. f4 Kf7

如走 23...b6，白则 24. c4 获得好一些的局面。

24. Kf3 Ke6 25. Ke4?

坏棋！白方应该考虑在后翼上做点什么。25. a5！Kd5 26. Ke3 获得稍好的局面。黑马脱离战斗，是黑棋阵营当中最大的问题。

25... b6

对局至此，黑方已经没有困难了，现在局面大体均势。

26. a5 b5 27. g4?（图 30）

白棋还停留在优势感觉当中，因此没有选择稳健的下法 27. Rf1。白方王翼上挺兵的行动不会带来什么实际收益，还耽误了时间。

27... f×e5 28. f×e5 Rf7 29. Ke3 g5 30. h4 g×h4 31. Rh1 Kd5 32. R×h4 Nc7 33. Rh6 Ne6 34. a6 c5 35. Bb8 Rg7 36. Rh1?!

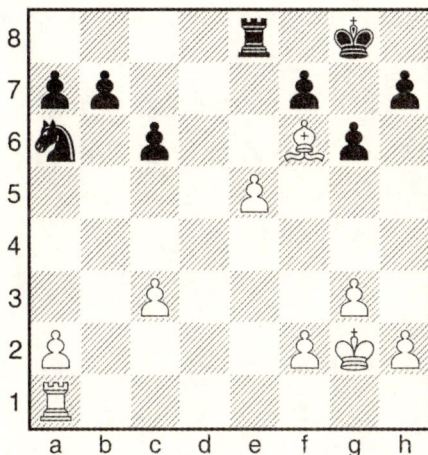

图 29

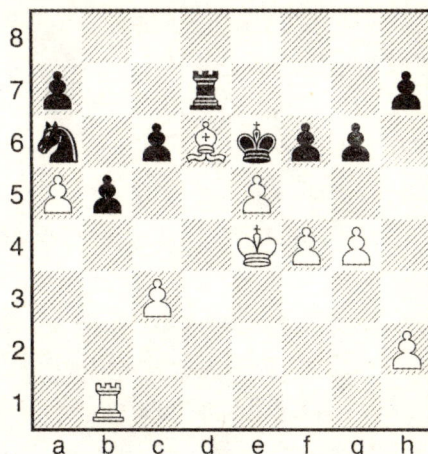

图 30

白方再次试图进攻，其实应该走 36. Kd3，取得平先局面。

36... Kc4　37. Ke4?!

接近 40 回合时限，双方所剩的时间都不多了，白方的思路一点点陷入迷津。现在白棋应该走 37. Rh6 Nc7（37... Kd5 是个平先局面）　38. Kf4 Nd5+ 39. Kf5 b4　40. c×b4 c×b4　41. e6 Ne3+，均势。

37... Rf7　38. Rb1??

败招！白棋如果采取 38. Rh6 Ng3+ 39. Ke3 K×c3 的下法，黑方不过取得稍好的局面。

38... Rf8！（图 31）

黑方抓住了机会，一举获得胜势局面。

39. Bd6

白方如果采取 39. B×a7 Ra8 40. Kf5 Ng7+ 的下法，黑方一样可以看到胜利的曙光。

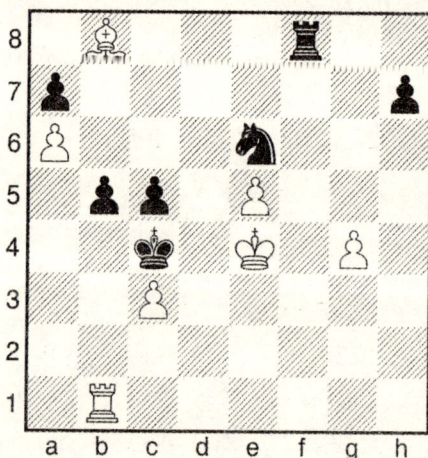

图 31

39... Rf4+?!

时间紧张的情况下齐布尔达尼泽错过了最佳的招法，现在应该采取 39... Ng5+！因为 c3 兵更为重要，g4 兵不是重点。接下来，如果白方 40. Ke3 Rf3+　41. Ke2 R×c3，黑方获得胜势局面。

40. Ke3 R×g4　41. Rh1 Rg7?

40 回合的时限终于过去了，但显然齐布尔达尼泽还停留在时间紧张的惯性快速走棋的状态。现在，如果她的头脑足够清醒，一定能发现黑棋可以通过 41... Rg3+　42. Kd2 R×c3　43. R×h7 b4　44. R×a7 Rd3+！　45. Ke1 Ra3 的下法获得胜势局面。

42. Rh6 Kd5　43. Kd3 Nf4+　44. Kc2??

白方再次犯下致命错误。如果 44. Ke3 Ne6　45. Kd3，白方拥有非常好的防守机会。

44... Rg2+　45. Kb3 Nd3　46. Rh1 c4+?!

错误的方向！现在黑棋应该走 46... h5！获得胜势局面。

47. Ka3 Rc2　48. Bb4 Nc1?!

不够精确，更好的招法是 48... Rc1！。

49. Rd1+ K×e5　50. Bc5??

白方错过了最后的防守机会。应该走 50. Ba5，黑方虽然仍然占优，但白棋还是拥有挽救局面的机会。

50... Nd3　51. Bd4+ Kd5　52. Rh1 b4+　53. Ka4 b3　54. B×a7 Ra2+　55. Kb5 b2

黑方 b 兵升变不可阻挡，白方认输。

9

波尔加（中）—切尔宁
1989 年弈于意大利罗马公开赛

如果说来自匈牙利的波尔加三姐妹以一个家庭的力量便在世界团体赛上神勇夺冠的故事演绎了世界棋坛上的神话，那么让外界留下更深印象的无疑是小妹朱迪特·波尔加和大姐苏珊·波尔加，三姐妹中的老二索菲亚·波尔加的棋艺生涯没有她的姐姐和妹妹那么辉煌。

不过，尽管成年后索菲亚·波尔加最终没有达到冲击女子个人世界冠军的水准，但是在她青少年时代所表现出来的棋艺才华还是令同时代的女棋手汗颜。甭说别的，在 1989 年索菲亚只有 15 岁的时候，她便以九轮比赛取得八胜一和的战绩血洗参加意大利罗马公开赛的众多男子国际特级大师。接下来的对局中，我们将看到波尔加执白棋迎战同样来自匈牙利的男子国际特级大师切尔宁。

两位棋手之间的年龄相差 14 岁。切尔宁是匈牙利男子棋手中的佼佼者，对局时他的技术等级分超过波尔加 235 分。大家可以猜想得到，比赛正式开始前，切尔宁满脑子想到的都是如何在棋局过程中好好给波尔加上堂课，却没有想到事态发展与两位棋手技术等级分所表现出来的差距恰恰相反。

1. e4 c5　2. Nf3 e6　3. d4 c×d4　4. N×d4 Nc6　5. Nc3 Qc7　6. Be2 Nf6　7. 0-0 Be7　8. Be3 0-0　9. f4 d6　10. Kh1

西西里防御是国际象棋最流行的一个开局变化，而此时双方棋手又在最流行的变化当中采用了热门的舍维宁根变例。刚才白方将王走到边线的目的是避免黑方借助牵制快速冲起 e 兵反击中心。例如，白方不采取避王，而是直接将子力调往王翼的话，就可能发生下面的变化：10. Qe1 N×d4!　11. B×d4 e5! 典型的反击手段！这之后的变化是 12. f×e5 d×e5　13. Qg3 Bc5! 好棋！黑方

借助白王在 g1 格受到间接牵制，成功
化解局面压力。白方只能应对以
14. B×c5 Q×c5+ 15. Kh1 Kh8，局面
复杂，双方各有机会。

10...a6（图 32）

黑方一方面是为将来挺兵 b5 实施
后翼反击做准备，另一方面，预防白马
跃入 b5 格进行袭击。现在，黑方直接
从中心行动也不失为一种值得考虑的走
法，例如 10...N×d4 11. Q×d4 e5
12. Qd3 e×f4 13. B×f4 Bd7 14. Rad1

图 32

Bc6，黑方把行动的目标集中在瞄准白
方中心兵上。黑方另外一种调动子力的方法是 10...Bd7 11. Qe1 N×d4
12. B×d4 Bc6 13. Qg3 Rad8，白方试图在侧翼行动，黑方从中心牵制反击。

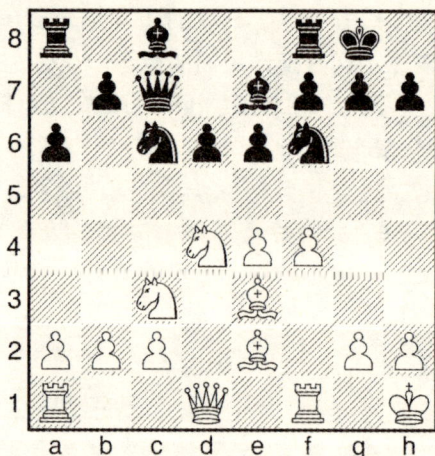

11. Qe1

白方另外一个常见的变化是 11. a4
（图 33）

a4 的目的是限制黑方挺进后翼的 b
兵到五线，从而获取更大的后翼空间。
面对白棋大打空间战的下法，黑方有多
种应对的策略，其中最常见的是
11...Re8，11...Rd8 和 11...Bd7，古
往今来众多高手在这些开局变化中进行
了有意义的实践。

11...Na5

黑方谋求后翼上的子力行动，另外

图 33

一种局面处理方式是 11...N×d4!? 12. B×d4 b5!（黑方不能贸然从中心行动
12...e5 13. f×e5 d×e5 14. Qg3 Bd6 15. Be3 Kh8 16. R×f6! g×f6 17. Nd5
Q×c2 18. Qh4 Rg8 19. Q×f6+ Rg7 20. Bh6 Bf8 21. B×g7+ B×g7 22. Qd8+，
白方将取得足以获取胜利的王翼攻势）13. a3 Bb7 14. Qg3 Bc6 15. Rae1
Qb7 16. Bd3 b4 17. a×b4 Q×b4 18. Ne2 Qb7 19. e5 Nh5 20. Qh3 g6
21. Ng3，白方王翼上的进攻给黑方的棋局带来巨大的压力。

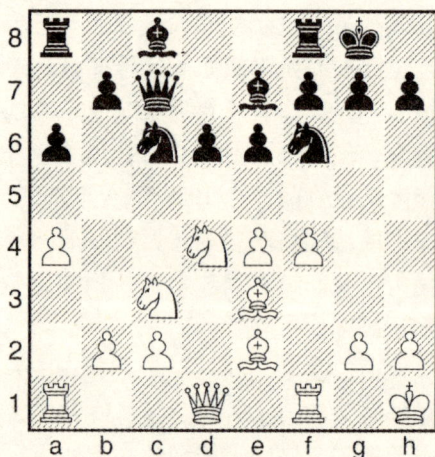

12. Qg3

白如 12. Rd1 b5　13. Bf3 Bb7　14. e5 Ne8　15. Qg3 Nc4　16. Bc1，将迎来复杂的战斗。

12...Nc4　13. Bc1

白方采取 13. B×c4!? Q×c4　14. e5 Ne8　15. Rad1 f6　16. e×d6 N×d6 17. Bg1 的下法同样值得参考，黑方中心的兵形存在一定的欠缺。

13...b5　14. a3

白方在后翼谨慎防护，如果中心行动 14. e5，黑方将应以 14...Ne8，形成非常有弹性的局面，白方中心和王翼上的行动不能马上收到效果。如果白方 14. b3 Nb6　15. a3 Bb7，将与实战相近。

14...Qb6?!

黑方还是应该赶快出子，14...Bb7!?　15. b3（15. Bf3 Rac8　16. b3 Ne3　17. B×e3 Q×c3，复杂的局面）　15...Nb6　16. Bb2 Rac8（不好的变化是 16...N×e4　17. N×e4 B×e4　18. N×e6! 白方弃子入局）　17. Bf3，形成长久作战的局面。

15. Rd1 Bb7?

黑方错过了中心反击的大好机会，应改走 15...e5!　16. B×c4!（16. Nf5 B×f5　17. e×f5 Rfe8，黑方同样拥有非常好的战斗机会）　16...b×c4 17. f×e5 d×e5　18. Q×e5 Bd6　19. Qg5 Re8，黑方用一个兵的代价换取了非常活跃的子力位置，局面复杂。

16. b3 Na5　17. Bf3 Rac8

可以考虑 17...Nc6，试探 d4 马的动向。

18. Bb2（图 34）

白方的象部署在 a1—h8 斜线上，接下来准备进行的攻击手段是 19. Nd5 e×d5　20. Nf5。

18...Rfd8?

坏棋！黑方没有意识到危险的征兆。应该采取有弹性的防守走法 18...Rfe8，接下来白方 19. Nd5 并不能奏效，因为黑方可以 19...N×d5! 20. Nf5（20. N×e6 g6　21. Bd4 Qc6 22. e×d5 Q×c2　23. Ng5 N×b3，并不能收到实效。又如 20. e×d5 Bf6!

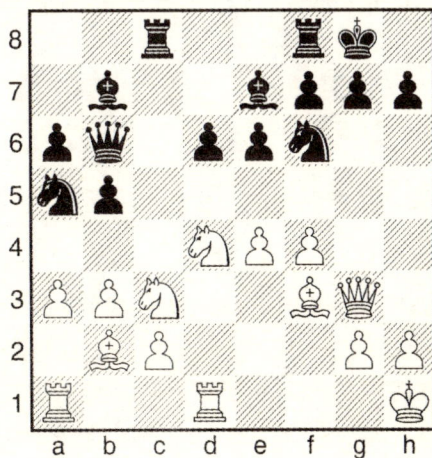

图 34

21. d×e6 f×e6，黑方同样局势舒展） 20... g6 21. N×e7+ N×e7 22. Qg5 e5 23. f×e5 d×e5 24. Q×e5 f6，白方的进攻烟消云散。

此时，黑方同样不宜采用王翼挺兵的方式18... g6，试图不让白方的火力都聚焦在黑方 g7 格上，但是白方仍然能够找到合适的突破目标。接下来白方 19. f5！e5 20. f×g6 f×g6 21. Nf5，白方王翼上的进攻线路逐渐清晰起来。

19. Nd5！！（图 35）

凌厉的战术弃子进攻手段！黑方的阵营顿时面临被击破的危险。

19... N×d5

黑方不能 19... e×d5 20. Nf5 Bf8 21. N×g7 B×g7 22. B×f6，白方取得王翼突破。同样，黑方 19... B×d5 之后，白方简单应以 20. e×d5 取得胜势局面。

20. N×e6！g6 21. N×d8?!

白方应该采取 21. Bd4！f×e6 22. B×b6 N×b6 23. Bg4 Kg7 24. B×e6（图 36）

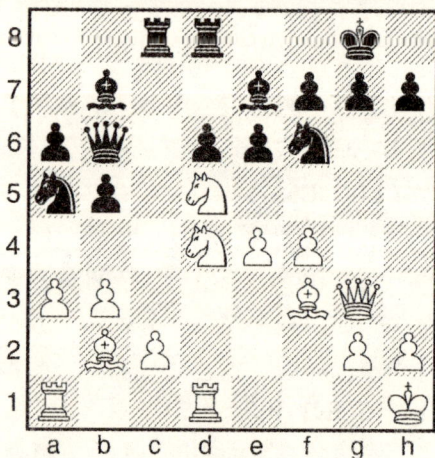

图 35

黑方的阵营支离破碎。

21... Q×d8 22. e×d5 R×c2 23. Rab1 Bh4 24. Qh3 Bc8 25. Bg4 B×g4 26. Q×g4 N×b3 27. g3?!

缓着，应该 27. f5！Rc4 28. Qf3，白方牢牢掌握棋局行动的节拍。

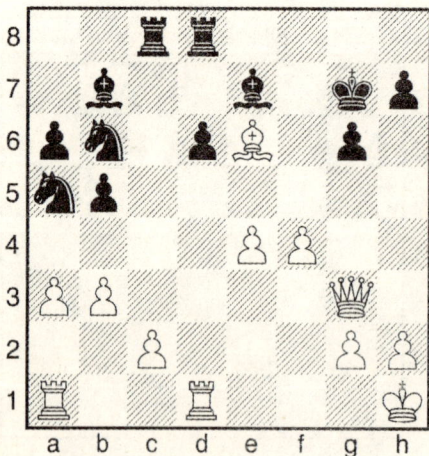

图 36

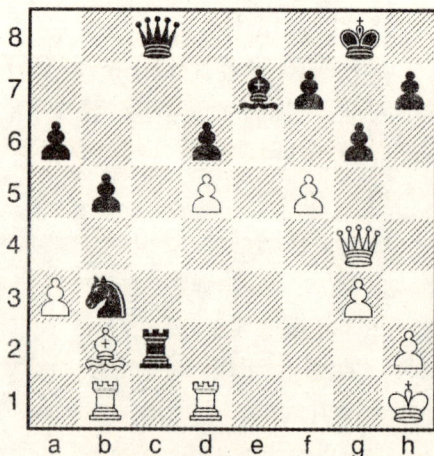

图 37

27...Be7　28.f5　a5?

坏棋，黑方应该采取 28...Qc8！（图 37）

黑方牢牢在 c8—h3 斜线上牵制白方子力，令白方王翼的行动难以继续。接下来的走法可能是 29.Qe4 Q×f5！　30.Q×f5 g×f5　31.Re1，白方取得稍好一些的残棋局面，不过要想取胜可不是一件容易的事情。

29.f×g6　h×g6　30.Qh3！　R×b2

黑方难以阻挡白棋来自 a1—h8 斜线上的打击，显然 30...Bf6　31.B×f6 Q×f6　32.R×b3 的变化会让黑方遭受重大的子力损失。

31.R×b2　a4　32.Rf2　Nc5　33.Rdf1　f5　34.g4！　Ne4　35.Rg2　Bf6

对局至此，黑方在时限内没有完成规定的 40 步棋，白胜。

10

齐布尔达尼泽—威兹曼阿温
1990 年弈于土耳其库萨达斯公开赛

从 1978 年第一次怀抱女子世界冠军奖杯起，到 1990 年，齐布尔达尼泽将棋后皇冠稳稳保持了 13 年。在这期间，向她冠军宝座发起挑战的都是同样来自格鲁吉亚的棋手。据说这几位顶尖水平的格鲁吉亚女棋手都居住在同一座城市的同一条街道上，因此人们将 1978～1990 年女子世界冠军赛比喻成街区比赛。

为了备战 1991 年即将开始的新一届女子世界冠军对抗赛，齐布尔达尼泽开始频频参加各种赛事进行练兵。虽然真正的挑战者需要到决赛开始前半年左右的时间才会明朗，但事实是年轻棋手正在不断成长，女子世界冠军赛决赛不再是格鲁吉亚籍棋手"自家人"的事。

接下来我们看到的棋局是齐布尔达尼泽与来自苏联的男子国际特级大师威兹曼阿温在土耳其一次公开赛中的对局，已经稳居世界棋后宝座十余年的齐布尔达尼泽棋风依然锐利。

1.e4　c5　2.Nf3　e6　3.d4　c×d4　4.N×d4　a6　5.Bd3　Qc7　6.0-0　Nf6　7.Kh1　b5?！

白方的后翼马并未明确位置，现在黑方的后翼兵挺进没有实际效益，不如采取继续出子的方式来推进棋局。例如 7...Bc5！？　8.Nb3 Be7　9.f4 d6

10. c4 b6 11. Nc3 Bb7，黑方虽然看起来空间不如白棋那么大，但是在西西里防御中黑棋阵型的特点就是弹性足。一旦黑棋在后翼或者中心成功地将小兵挺起，就能产生强大的冲击波，从而达到破坏白方行动计划的目的。

8. f4 Bb7 9. Qe2（图38）

白方的行动意图很明显，就是不断加强中心，将来在机会成熟的时候实现中心兵的突破。

9...Nc6 10. N×c6 Q×c6

黑方的子力瞄准了白方的 e4 兵，白棋势必予以回应。

11. Nd2（图39）

白马走到 d2 格，这个位置既不会遭到黑棋 b 兵的冲击，也保留了己方 c 兵前进的空间，为将来实施 c2—c4 行动打好埋伏。现在我们看到，黑方的兵在 b5 格意义不大，不仅不能有效发挥进攻的作用，还可能成为白方挺进 c 兵之后造成后翼线路开放的窗口。这也是为什么在很多时候，明明黑棋可以将 b兵直接挺进到五线，但是执黑的棋手却"狡猾"地选择 b7—b6，只把兵向前进一格的原因。

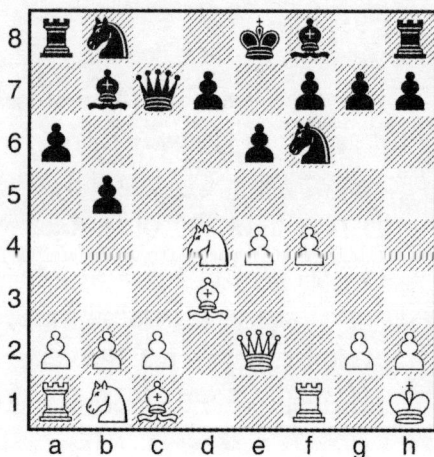

图 38

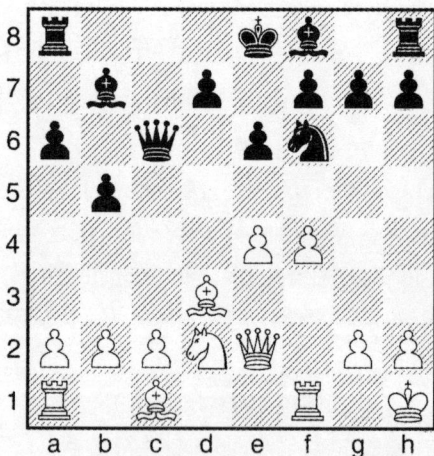

图 39

11...Be7 12. e5

白方在中心的表态有点早，完全可以直接采取后翼行动的方式推进棋局，例如 12. c4!? b×c4 13. N×c4 之后，白方还保留了跃马到 e5 格的可能。

12...Nd5 13. c4 Nb4?!

因为黑方的后处于 c6 格，因此执黑的威兹曼阿温不愿意过早打开 c 线，以免后受到进攻。不过，在 13...b×c4 14. N×c4 Nb4 15. Bb1 Rc8 16. b3 0-0 的变化中，白方的象受到攻击时只能退回到 b1 格，而在对局实战中由于白方的马仍然位于可以支持 e4 格的位置，白棋可以顺势得到先手进攻的机会。

14. Be4 Qb6 15. c5?!

借助攻击位于 b6 格的后达到打开
局面的目的实在是太吸引人了！但是，
我们应该清醒地看到，白棋此举不是没
有付出代价的，而由于黑方王前兵阵并
未遭到实质性的破坏，因此采取弃兵强
攻的行动到底有多大把握还是一个未知
数。此时，白棋比较稳妥的下法是
15. a3 Nc6 16. b4！（图40）

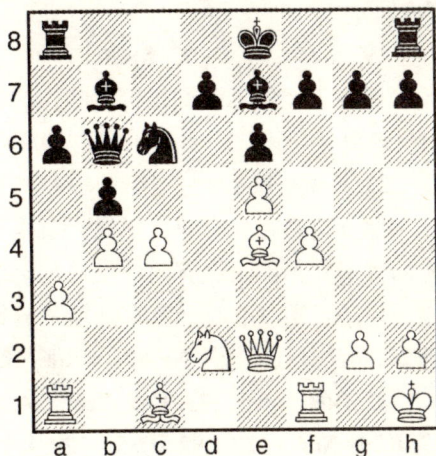

图 40

白方接下来的计划可以是继续挺进
c 兵，获得巨大的空间优势；或者采取
开放后翼线路的下法，从而达到在 c 线
上有所作为的目的。

通常棋手在不同年龄和不同心境下会采取不同的战法，因此我们揣摩判断
对手行棋策略时，不仅要考虑到棋局本身，还要考虑一些综合的东西。例如像
齐布尔达尼泽这样的棋手，随着年龄的增长，在她后来的对局当中更多采取稳
健的下法，像本局这样激烈战斗弃子争速度的下法，只在她 30 岁之前的对局
中经常出现。

15... Bxc5 16. Bxb7 Qxb7 17. Ne4 Be7 18. f5 0-0-0??

败招！虽然这步棋看起来并没有立即造成丢子，但是却在局面判断上犯了
严重的错误。白方王翼上的行动看起来气势汹汹，令执黑棋的威兹曼阿温误以

为只有在后翼才能找到黑王安全的格
子。现在，黑棋应该采取 18... exf5
19. Rxf5 0-0 20. Bg5 Bxg5 21. Rxg5
Kh8 的下法，白方获得积极主动的子力
配置，但是黑方的王城坚固且多一兵，
棋局将进入混战状态。

19. Bg5！（图41）

假如把黑方的黑格象从棋盘上拿走，
那么 d6 格无疑成为黑棋阵营中的重灾
区。但是，真实情况是黑方的 e7 象已经
无处可走，伴随着白方走出 19. Bg5 这步
棋，棋局胜负立见分晓，白方已经获得

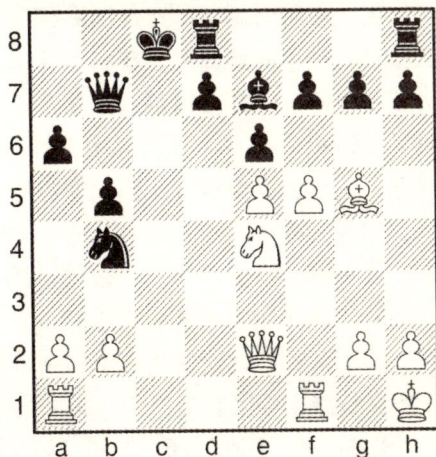

图 41

胜势局面。

19. ... d5   20. e×d6   B×d6

黑方已经处于顽固抵抗之势。假如采取 20. ... B×g5，白方将先行开放 f 线 21. f×e6！f×e6   22. N×g5，黑方的阵营中到处都是破绽，难以进行有效防守。

21. B×d8   Bb8

黑方这是在弃车吗？没错，黑棋忍痛退象形成少一车的局面，但实际上这样的弃子并不能组织有效的反攻行动。恐怕此时黑棋已经失去了继续防守的信心，但是又不甘心马上草草认输，显得缺乏斗志。现在，黑如 21. ... R×d8，白则 22. f×e6   f×e6   23. N×d6+   R×d6   24. Rf8+，黑后将会被抽吃掉。

22. f×e6   f×e6   23. Ba5   Nc6   24. Rac1   Bc7   25. B×c7   Q×c7   26. Rc3   Kb8 27. Rfc1   Nd4   28. Qf2   Qe5   29. Rd1   b4   30. Re3   Qf5   31. Qg3 +   Ka8 32. Q×g7   Rf8   33. h3   e5   34. Nc5

对局至此，黑方实在找不出继续进行无谓抵抗的理由了。威兹曼阿温投子认负，白胜。

11

波尔加（大）—阿兹曼巴哈什维立
1990 年弈于德国多特蒙德大师赛

德国多特蒙德大师赛是国际象棋年度最高级别的传统赛事之一，从某种意义上讲，棋手能够受邀参赛，本身就是一种荣誉。又因为这个比赛门槛太高，每年赛事组织者都会保留一张外卡定向发给年度表现最为出色的青年棋手和女棋手。1990 年，曾率领自己两个妹妹代表匈牙利夺得女子世界团体赛桂冠的苏珊·波尔加成为多特蒙德大师赛外卡的受邀对象。

作为三姐妹中的大姐，苏珊·波尔加的棋手成长之路无疑受到了广泛的关注。从 4 岁开始学棋到 27 岁如愿获得女子个人世界冠军，苏珊·波尔加完成了从天才少女到成熟棋手的转变。

接下来我们看到的是波尔加在多特蒙德大师赛中与时年代表苏联参赛的男子国际特级大师阿兹曼巴哈什维立的对局。

1. d4   d6   2. Nf3   g6   3. c4   Bg7   4. Nc3   e5   5. e4

来自格鲁吉亚的棋手都有一个共同的开局套路，就是侧翼出象，执白棋

（g2—g3），执黑棋（g7—g6），这样的开局变化更适合阿兹曼巴哈什维立。因为除了自己作为棋手独立参加比赛之外，这位棋风粘缠的男子国际特级大师另一个身份是世界冠军卡斯帕罗夫的助手。因此，阿兹曼巴哈什维立采用不落常套的开局变化，就不太会暴露世界棋王训练过程中的开局信息。在以往的实战对局中，白方曾经采用过 5. d×e5 d×e5 6. Q×d8+ K×d8 7. Be3 的变化，取得稍优的残局。

5...Nc6

黑方另外一个下法是打开中心，5...e×d4 6. N×d4 Nc6 7. Be3 Nge7。这种走法主要依靠棋手对局面的体会和临场发挥，并非人人适用。

6. Bg5

开局不仅较量的是两名棋手对棋局局势的理解，更是二者之间相互琢磨心理的过程。波尔加似乎已经猜透了黑棋的心思，自顾自实施出子方案，迟迟不选择中心兑换兵的下法。现在，白棋采取 6. d×e5 N×e5（不能 6...d×e5，因为 7. Q×d8+ N×d8 8. Nb5 Ne6 9. Ng5 之后，白方取得理想的局面）7. N×e5（白方也可以 7. Be2 Ne7 8. N×e5 d×e5 9. Q×d8+ K×d8 10. Bg5 f6 11. 0-0-0+的下法，获得比较理想的残局）7...d×e5 8. Q×d8+ K×d8 9. Bg5+ f6 10. 0-0-0+ Bd7 11. Be2，白方残局稍好。

此时，白方无论选择开放中心还是继续等待都是合理的下法，但是如果采取封闭中心的下法就会吃亏了。例如 6. d5 Nce7 7. Be2 f5 8. 0-0 Nf6，黑方得以快速挺起 f 兵进行反击。

6...f6

如果 6...Qd7 7. d×e5 d×e5 8. Nb5f6 9. Be3 Qe7 10. Qd5 Nb4 11. Qd2，白方获得优势局面。

7. Be3 Nh6 8. d×e5（图42）

白方不再等待，适时打开中心。现在，如果白方继续采取等待的下法，将会迎来以下变化：8. h3 Nf7 9. Be2 0-0 10. 0-0 f5 11. e×f5 g×f5 12. d×e5 d×e5 13. Qd5 局面复杂。

8...d×e5

黑如 8...f×e5，白方应以 9. c5

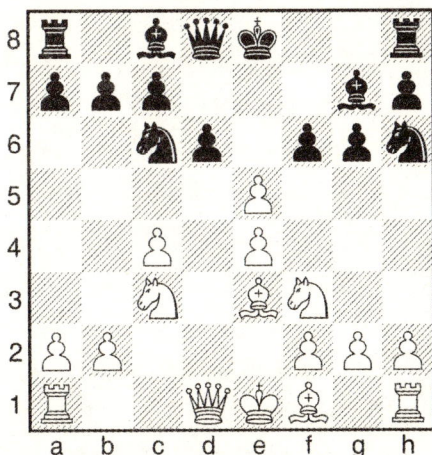

图42

（图43），白方子力位置灵活，黑方将面临出现兵形被弱化的问题。

9. Q×d8+ K×d8

如果 9... N×d8，白方将通过
10. Nd5 Ne6 11. B×h6 B×h6 12. N×f6+
的变化获得实际的收益。

10. h3?!

为了防范黑方子力入侵 g4 格，白
棋进行预防性下法。现在，白方应该采
取 10. 0-0-0+ Bd7 11. h3 Nf7（如
11... f5，白方将简单应以 12. g3，获取
有利的局面） 12. c5 Kc8 13. Bc4
Ncd8 14. Rd3 Be6 15. Nd2，白方获
得理想的残局。

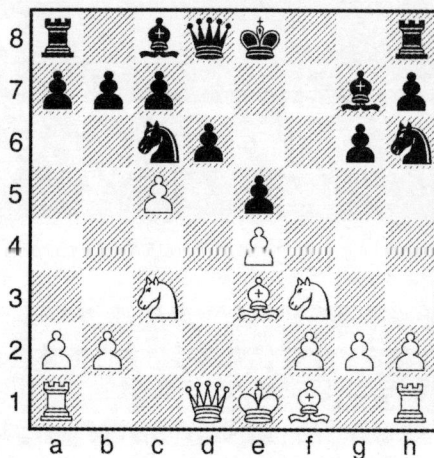

图 43

10... Be6

黑方采取 10... f5 反击中心的下法时机不够成熟，因为白方可以应以
11. Bg5，黑棋面临子力受牵制。

11. 0-0-0+ Kc8

如果 11... Ke8 12. Nd5，白方实际占领了中心。

12. g4 Nf7

现在，假如黑方采取 12... f5
13. g×f5 g×f5 的变化，白方将应以
14. Rg1 占领线路。如果 12... Rd8，白
方将采取 13. Nd5 从中心行动。

13. Rg1！（图 44）

白方这步棋的用意在于阻止黑棋挺
兵 h7—h5。类似具有限制对方实现反
击计划的走法，最能反映出棋手对棋局
的理解水平。

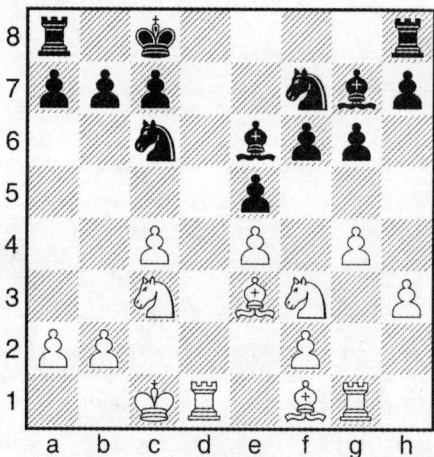

图 44

13... b6

在 13... Bh6 14Nd5 的变化中，白
方对黑棋的 f6 兵发起有效进攻。

14. c5！Kb7 15. Nd5 Rad8

黑方不能采取 15... Ncd8 的走法，试图将棋子调动到积极位置，因为白方
可以即刻实施厉害的战术打击 16. Ba6+！K×a6 17. N×c7+ Kb7 18. N×e6，

白方获得实际的收益。此外，黑方采取预先在 c 线等待的下法也不值得推荐。因为在 15...Rac8　16. b4 的变化中，白方将不断加强后翼的前提下，并不着急打开线路，因此黑车在 c8 格不能发挥作用。

16. Ba6+ Kb8　17. a3?!

白方挺进边兵的意义不大，不如采取 17. Kb1 避王，为后面打开 c 线提前做好准备。

17...Bc8?

坏棋！黑方应该奋起反击，例如 17...bxc5!?　18. Bxc5 Nd6（图 45）

黑方位于 d6 格的马对白方的 e4 兵形成了有效进攻，接下来 19. Nc3 Bh6+ 20. Kb1 Bb3 的变化，将把棋局引向复杂的局面。

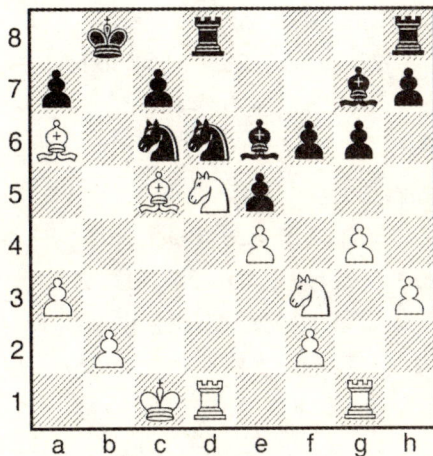

图 45

18. Bxc8

白方也可以考虑采取 18. Bc4 的下法。

18...Kxc8　19. b4 b5　20. a4! a6

后翼上，白方占据了行动先机。现在，假如黑方采取 20...bxa4　21. b5 Na5　22. Nd2 的下法，呈现在我们面前的也是一个白方线路清晰、黑棋子力位置欠佳的局面。

21. axb5?

白方何必着急马上开放 a 线呢？完全可以再继续加强局面，选择 21. Kb2 Kb7　22. h4，待时机更加成熟之后再开放后翼线路也不迟。

21...axb5　22. Kb2 Kb7　23. Kb3 Nb8

黑方防守失去了章法。现在应该采取 23...Rae8，待白方的进攻方向明确之后，再进行有力的防守。

24. Ra1

白方开始在后翼上实施入侵。

24...Nc6

黑棋如果此时采取 24...c6 的下法，将会迎来 25. Nb6 Rd3+　26. Kc2 Rhd8　27. Ne1 的变化，白方的所有子力即将爆发进攻能量。

25. Nc3 Na7

黑方采取 25...Rd3 的下法也无法解救岌岌可危的局面。因为在 26. Rgd1

Rhd8 27. R×d3 R×d3 28. Ne1 之后，黑棋仍然难以找到有效的防守计划。

26. Ra5 c6 27. Rga1

白方如果行动缓慢的话，将会允许黑棋组建防线。例如 27. Kc2 Ra8 28. Rga1 Rhb8 29. Ra6 Nc8 的变化，黑方总算能够喘口气了。

27... Nc8 28. N×b5! c×b5 29. R×b5+ Kc7 30. Ra6

此时，白棋有多种下法实施进攻。例如 30. Rba5 和 30. Ra8，都会让黑棋感到难受。

30... Rd1 31. Rba5 Nd8 32. Kc2 Rh1 33. b5 R×h3 34. Nd2 h5

黑棋总算腾出手来在棋盘的另一个方向有所行动。现在，如果 34... R×e3 35. f×e3 h5 36. g×h5 g×h5 37. c6 h4 38. Nc4 将令白棋的攻势不可阻挡，白方下一步棋的威胁是 39. Ra7 。

35. g×h5 g×h5 36. Nc4（图46）

白方的 b、c 两个兵虎视眈眈，不仅控制住黑王和双马的行动，同时也具有升变的长久威胁。

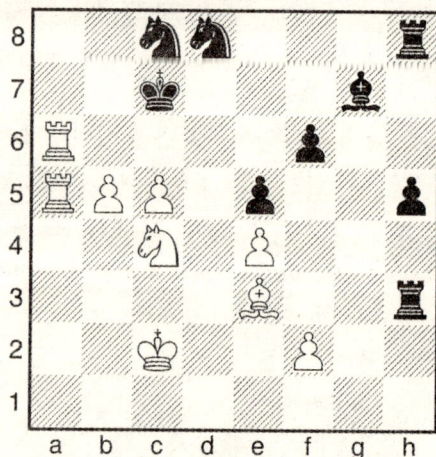

图46

36... Nb7 37. Ra1 Bf8 38. Rc6+ Kb8 39. Ra8+! K×a8 40. R×c8+ Ka7 41. c6+ R×e3 42. f×e3

黑方防守无望，投子认输。

12

齐布尔达尼泽—谢军

1991 年弈于菲律宾女子世界冠军赛

1991 年，在菲律宾马尼拉女子世界冠军赛的日日夜夜是难忘的。第一次参加这么高级别的比赛，第一次离世界冠军的宝座距离那么近，第一次与自己小时候心目中的偶像在棋盘上交手，所有的一切对于不满 21 岁的我来讲都是新鲜的。年轻棋手的好处是冲劲儿足，不足之处当然是经验少，状态不稳。

在漫长的 16 局对抗赛较量中，两名棋手不仅比拼棋艺，更多的还有棋盘外的素养。正是通过这样一场大赛的洗礼，自己得到锻炼成长，国际象棋小小棋盘在自己心目中从此变得更加宽广。

对抗赛前 7 局的结果是齐布尔达尼泽以 4∶3 领先。随着比赛不断深入，自己身上新手的毛躁情绪也逐渐得到有效控制，全身心进入到比赛的状态当中。当然，目前最紧要的任务就是尽快将比分追平，然后才能实现反超。比赛第 8 局，我尽量拉长战线，全力争胜。

1. e4 e5 2. Nf3 Nc6 3. Bb5 a6 4. Ba4 Nf6 5. 0-0 Be7 6. Re1 b5 7. Bb3 0-0

故意没有采取常规的西班牙开局的出子次序。黑方没有挺兵 d6，就有可能将棋局引入马歇尔弃兵变例当中。到底允许不允许黑方将棋局引入复杂的激烈对杀变化呢？这对齐布尔达尼泽是个小小的考验。

8. d3

白方选择回避 8. c3 d5 9. e×d5 N×d5 10. N×e5 N×e5 11. R×e5 c6 将棋局引入复杂的马歇尔变例，这样的选择多少有一点妥协的成分。

8. ... d6 9. c3 Na5 10. Bc2 c5 11. Nbd2 Nc6 12. Nf1 Re8 13. h3 Bb7

在这次对抗赛的第 4 局比赛中，我执黑棋曾经采取过 13. ...h6 的下法，经过 14. Ng3 Be6 15. d4 c×d4 16. c×d4 e×d4 17. N×d4 N×d4 18. Q×d4 Rc8 19. Bb3 之后，形成白方略占优势的局面。黑方另外一种可行的变化是 13. ... Qc7 14. Ne3 Bf8 15. a4 Rb8 16. Nh2 Be6 17. Nhg4 N×g4 18. h×g4 b4 19. Qe2 b×c3 20. b×c3 Na5，白方在中心和王翼上谋求突破，黑棋在后翼组织反击。

此时，黑方采取 13. ... Bf8 的子力调动方案不是好办法，因为白方可以应对 14. Bg5 h6 15. Bh4 Be7 16. Ne3 Nd7 17. Bg3 Bb7 18. d4 Bf8 19. d5 Ne7 20. c4 Nb6 21. a4，黑方的象为了避免白方 g5 格象的牵制，不得不重复走动，效率不高。

14. Ng3 Bf8 15. Nf5

由于白马已经走到 g3 格的位置，因此在 15. Bg5 h6 的变化中，白象就很难找到退路，处境比较尴尬。

15. ... Ne7 16. N×e7+ B×e7（图 47）

成功地将黑方位置最不好的、位于后翼的马交换了白方千辛万苦调动到中心的马，是黑棋的战略收获。对局至此，白方已经没有什么开局先手优势可言。

17. a4 Bf8   18. Bg5 h6   19. Bh4?! Be7（图48）

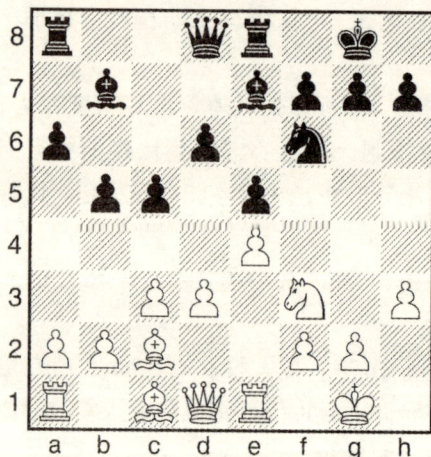

图47

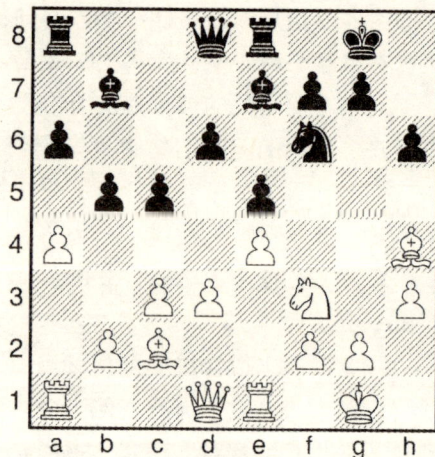

图48

黑方的黑格象已经在e7和f8格之间重复进行了好几次调动。与无效重复走子不同，黑方每一次象的走动都有收获。刚刚实现了换马的目的，现在的目标是兑换双方的黑格象。要知道，黑方的中心兵阵都处于黑格位置，因此白方的黑格象显然效能更强。

20. d4 Qc7   21. d × e5 d × e5
22. Qe2 c4!   23. Red1 Qc5（图49）

黑后走到战线前沿，下一步目标明确，挺进b兵在后翼动手。

24. Nh2?

对于黑方后翼行动的"预告"，白方不理不睬，策略是不对的。白方应该24. a×b5 a×b5 25. Bg3 Bd6 26. Nh4 R×a1 27. R×a1 Qc6 28. Re1，形成一个大体均势的局面。

更奇怪的是，明明开放后翼可能取得平先的局面，但是齐布尔达尼泽不去选择。当走完24. Nh2这步棋之后，她却主动向我提出和棋建议。

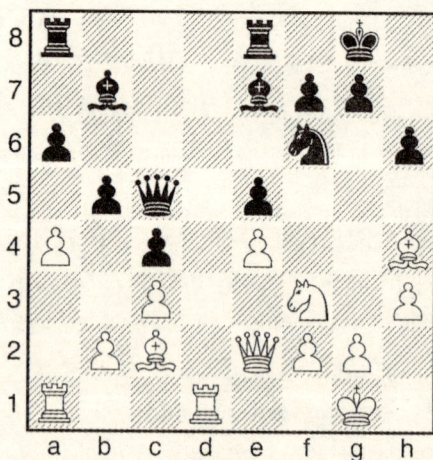

图49

24... b4

齐布尔达尼泽早不提和晚不提和，偏偏在黑棋可能采取后翼行动的时候将和棋的绣球抛出来。经过思考和深度权衡后，我决定拒绝对手的提和建议，选择继续战斗。

25. c×b4 Q×b4　26. Nf3 Nh5　27. B×e7

白方不能贪吃中心兵，在 27. N×e5?? B×h4　28. Q×h5 B×f2+　29. K×f2 Qc5+的变化中，黑方取得优势。

27. . . Q×e7

在 27. . . R×e7　28. Qd2 Q×d2　29. R×d2 Nf6　30. Re1 Rb8 的变化中，将形成一个大体均势的残局。

28. g3

白方应该接受挑战，欣然吃兵，经过 28. Q×c4 Rec8（28. . . Rac8，白则 29. Qb3）　29. Qe2 Nf4　30. Qd2 Rc4，黑方弃兵换取良好的子力位置和战斗机会。

28. . . Qe6　29. Kh2 Nf6　30. Ra3 a5　31. Re3 Bc8　32. Qf1

在 32. Ng1 Rb8 的变化中，白方的子力位置也不是很理想。

32. . . Rb8　33. Rb1 Ba6

黑方采取 33. . . Rb4 的走法也值得考虑。

34. Qe1　Rb4　　35. b3　Reb8 36. b×c4 Nd7（图 50）

对局至此，虽然白方多一个兵，但是无论是 c4 兵还是 a4 兵都已经成为黑方的靶子。再加上黑方在后翼开放线路上掌握主动，棋局发展的天平已经向黑棋倾斜。

37. Reb3 Q×c4　38. R×b4?!

白方防守的耐心因黑方后翼子力不断入侵而消减殆尽。建议 38. Qd1！Qc7　39. Qd2 Qb7，尽管白方后翼阵营仍然处于被动防守，但是黑方想实现突破也不是一件容易的事情。

图 50

38. . . a×b4　39. Bb3 Qd3！　40. Qd1 Q×d1　41. R×d1 Nc5　42. Rb1 Bd3 43. Rb2 B×e4　44. N×e5 N×b3　45. R×b3 Bd5！（图 51）

形成了黑棋前景明朗的残局。虽然双方子力数量相当，但是黑方的象和车处于积极主动的进攻位置，而白棋的车和马的配合就没有那么默契。

需要特别指出的是，棋手在残局阶段要特别小心。例如刚才黑棋假如采取 45. . . Bc2?，就会让白棋得到 46. Rb2 b3（46. . . B×a4，则 47. Nd3）　47. Nc6 成功防守。

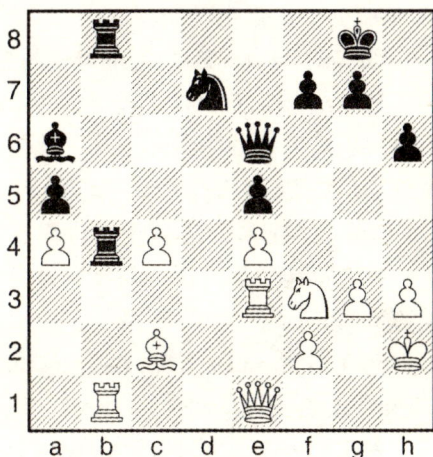

46. Rb2　b3　47. Nd3　f6　48. g4
Bc4　49. Nc5

受到黑象攻击的白马只得不停地寻找新的落脚点。现在假如白方采取 49. Nc1 Rd8　50. Rb1（在 50. N×b3 Rb8 的变化中，黑方获得胜势局面）50...Rd1，黑方取得胜势局面。

49...Rc8　50. Ne4 Bd5　51. Ng3
Ra8

黑方现在必须走出精确的招法才能实现胜利，如果不小心走了 51...Rc2？就可能让白棋通过 52. R×c2! b×c2　53. Ne2 的变化起死回生。

52. Ne2 R×a4　53. Nc3 Ra2!（图52）

战术组合弃子的方式入侵，一举突破僵局，击溃白方防线。现在，如果白方采取 54. N×a2 的话，黑方可以 54...b×a2，白车无法有效防范黑兵升变，以车换兵的话将白少一象，更是无法继续棋局。

54. Rb1　R×f2+　55. Kg1　Rg2+
56. Kf1 Rh2

黑车如入无人之境，齐布尔达尼泽见状停止抵抗，投子认负。

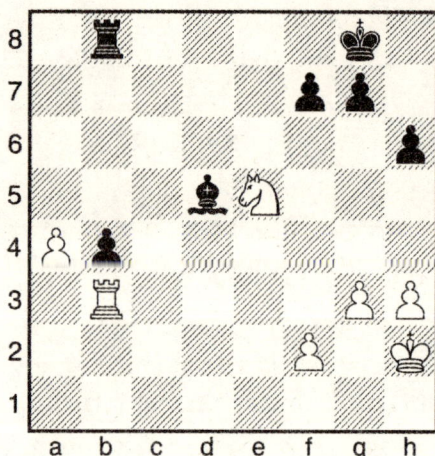

图 51

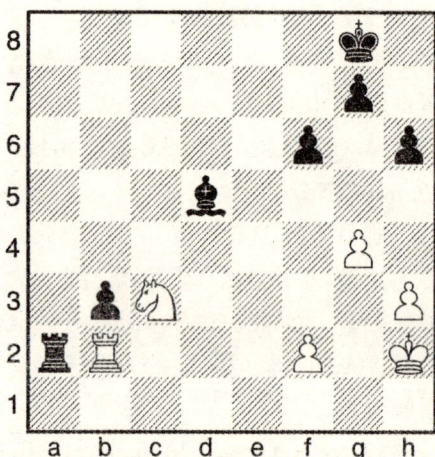

图 52

13

谢军—拉尔森

1994 年弈于摩纳哥女子明星与男子元老对抗赛

男子国际特级大师拉尔森是 20 世纪西方棋手最杰出的代表之一，虽然他从未夺得世界冠军，但却是在美国棋手费舍尔之前第一个具备向国际象棋的霸主苏联棋手挑战的西方人。他曾经多次跻身世界冠军候选人赛，鼎盛时期他的技术等级分一直保持在世界前 10 位。拉尔森的棋风飘逸，充满浪漫主义情调，不知道是不是来自童话故乡的丹麦人都特别具有想象力。

从 1992 年开始，一个名为女子明星与男子元老的对抗赛开始举办。两支队伍各有 5 名选手参赛。女棋手是按照当时的技术等级分和年度突出表现的新人进行邀请，男棋手则是年龄在 50 岁以上，曾经进入过世界冠军候选人赛（也就是世界前八名）的选手。每次比赛都会选择不同的国家举办，接下来的棋局发生在 1994 年的摩纳哥。

1. e4 g6　2. d4 Bg7　3. Nc3 c6　4. Nf3 d6　5. h3

与这些经验丰富的前辈对抗，最聪明的选择就是走常规开局，千万不要琢磨个冷僻变化骗对手上当。要知道，这些在 20 世纪中期就跻身世界八强的棋手，尽管伴随着年龄增长会出现棋力下降的情况，不过单从他们的棋龄大于自己年龄这一条，我就知道在开局上不能耍小聪明。

白棋选择了最为稳健的一路变化。之所以做出这样的决定，主要是因为拉尔森的棋风特点是不喜欢稳扎稳打，总想着闹点儿事。因此，何不以静制动，等着对手主动送上门。

除了挺进边兵的下法，白方还可以选择 5. Be2 Nf6　6. 0-0 0-0　7. a4 Nbd7　8. a5 Qc7　9. Be3 Rb8　10. h3 b5　11. a×b6 a×b6　12. d5 Bb7　13. Nd4 Ra8 的下法，获得微小的先手。如果白方采取 5. Be3 Nf6　6. Qd2 b5　7. Bd3 Nbd7　8. Bh6 0-0　9. B×g7 K×g7　10. e5 d×e5　11. d×e5 Ng4　12. Qg5 Nc5　13. Rd1 Qc7　14. 0-0 的下法，双方的王都选择了短易位，棋局发展事态平稳。白方把象走到 a2—g8 斜线上意义不大，经过 5. Bc4 Nf6　6. e5 d×e5　7. N×e5 0-0　8. 0-0 Nbd7　9. Bg5 Nb6　10. Bb3 a5　11. a4 Nbd5　12. Qf3 Be6 之后，形成大体均势的局面。

5...Nf6　6. a4 0-0

白方挺兵 a4 的主要目的是控制黑方冲兵 b5 制造后翼的反击。当然白方也可能继续采取兵 a5 推进的方式占据更大的后翼空间。对此，黑方一如既往出子是正确的应对方式，如果急于在后翼采取 6...a5 的方式取得空间均衡，后面经过 7. Be2 0-0　8. 0-0 Na6　9. Be3 Nb4　10. Nd2 d5　11. e5 Ne8　12. Na2 N×a2　13. R×a2 f6　14. f4 的变化，白方在王翼上拥有一定的主动权，而后翼上兵形相对固定，黑方折腾不出太多的花样来。

7. Be3 Nbd7　8. Be2 e5　9. d×e5

面对黑方中心兵的行动，我在临场采取了及时回应的态度，因为我不太喜欢 9. 0-0 e×d4（黑方如果马上采取 9…d5 中心反击不太成熟，接下来 10. e×d5 e4 11. Nd2 c×d5 12. Nb5！Ne8 13. c3 之后，白方的计划是挺兵 a5，并把后放在 b3 的位置上） 10. B×d4 Re8 11. Bd3 Nc5，白方的中心 e 兵成为黑棋进攻的目标。

9… d×e5

黑方也可以采取 9…N×e5 的走法，接下来经过 10. Qd2 Qa5 11. 0-0 N×f3+（如果 11…Qb4 12. Nd4 Re8 13. b3 a6 14. a5 c5 15. Ra4 N×e4 16. N×e4 Q×d2 17. N×d2 c×d4 18. R×d4 的变化，白方获得一定的先手） 12. B×f3 Qb4 13. Rab1，白方需要设法将黑方位于 b4 格的后驱赶到其他位置。

10. 0-0 Qe7 11. Qd3！（图 53）

好棋！白方的目标是在开放 d 线上叠车，白后调整到 c4 格才更能发挥作用。

11… a5

黑方假如采取 11…Nc5 攻击白后的方式占据先手的话，经过 12. Qc4 Na6 13. Qb3 Be6 14. Bc4 B×c4 15. Q×c4 Rfd8 16. Rfd1 之后，白方的子力位置更加主动一些。

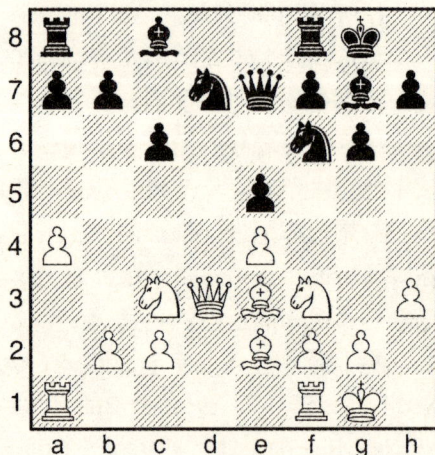

图 53

12. Qc4 Re8？!

黑方把车走到 e8 意义不大，因为 e 线既不是开放线，黑方的 e5 兵也无须加强防护。现在黑方应该采取 12…Nh5 的下法，将目标瞄准白方的王翼阵地，准备跃马到 f4 格，并续以后到 f6 格加强支撑。对此，白棋可能采取 13. Rfd1 Nf4 14. Bf1 Qf6 15. B×f4 Q×f4 16. Rd2 的走法，用开放 d 线上的行动来制约黑方王翼制造出来的动静。

13. Rfd1 h6？!

黑方还是应该考虑采取 13…Nh5 在王翼行动的反击计划，经过 14. Rd2 Nf4 15. Rad1 Nf8 16. Bc5 Qf6 17. Qb3 之后，白方获得的优势并不明显。

14. Nd2 Nh7？

坏棋！黑马已经失去了从 h5 格调动到更加积极主动位置的可能，那么黑棋就不需要再去调整此马的位置。此时，黑方应该采取 14…Qb4，在后翼给白方阵地制造压力。

15. Qb3 Ng5

黑马走到了一个看似很主动的位置。但是由于黑方在王翼并未发动实质性的进攻，因此黑方的马放在 g5 格意义不大。现在，黑方恐怕还是应该考虑采取 15...Qb4 将棋局子力简化，经过 16. Bc4 Re7 17. Na2 Q×b3 18. N×b3，白方残局略占优势。

16. Nc4（图 54）

黑方的 b6 格和 d6 格都成为白方位于 c4 马瞄准入侵的位置，黑方的子力调动受到极大的制约。

16...Nc5??

局面被动时，棋手首先需要做的一件事情就是耐心防守，而不是采取不成熟的反击。现在，黑方应该采取 16...Ne6 的下法，经过 17. Nd6 Nd4 18. B×d4 e×d4（如果 18...Q×d6 19. Be3 Qb4 20. Bc4 Q×b3 21. B×b3 Nf8 22. Rd2 的变化，白方也能获得理想的局面）19. N×e8 Q×e8 20. Nb1 Q×e4 21. Bd3 Qe7 22. Nd2，白方的子力源源不断向后翼进军。

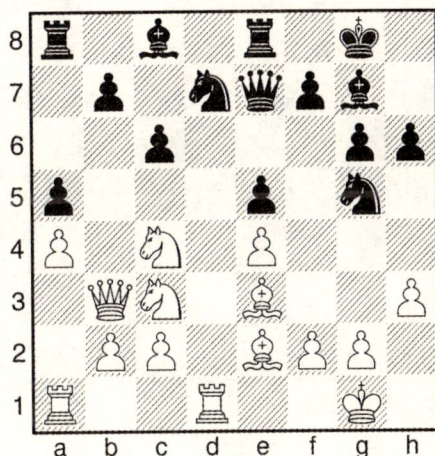

图 54

17. Qa3 Nce6

假如黑方采取 17...Nge6 的方式调动子力，经过 18. Bg4 Nd4 19. B×c8 Ra×c8 20. Rd2 之后，黑方后翼及中心开放 d 线上的问题也没有得到彻底的解决。

18. Q×e7 R×e7 19. Nb6 Rb8 20. Bg4 Re8 21. B×g5！（图 55）

双方的后已经兑换掉，标志着残局序幕拉开。现在，白方思考棋局脉络的主要思路应该围绕如何将黑方子力闷在"窝"里，以象换马的局面处理方式正好能够达到巩固白方 g4 象的目的，从而加强在 h3—c8 斜线上的牵制力量。

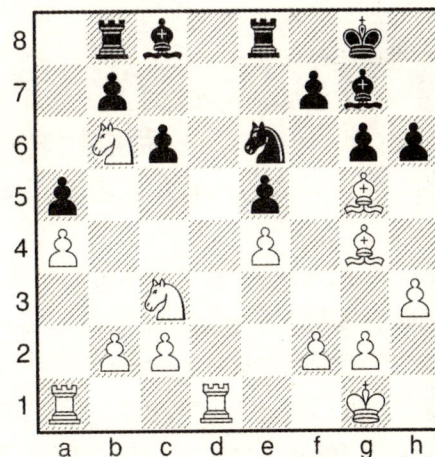

图 55

21...h×g5 22. Nb1（图 56）

白方的子力调动目标明确，就是尽快将另外一个马调到 c4 格发挥作用。

此时，马退到原位 b1 格看起来有点消极，但却是最佳的途径。

22...Bf8　23.Nd2 Bc5　24.Ndc4 B×b6　25.N×b6 Kf8　26.Rd2 Ke7
27.Rad1 Rf8　28.N×c8+ Rf×c8　29.Rd7+ Kf6　30.B×e6 f×e6　31.g4（图 57）

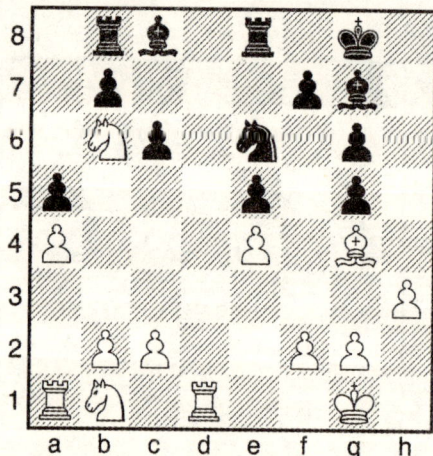

图 56

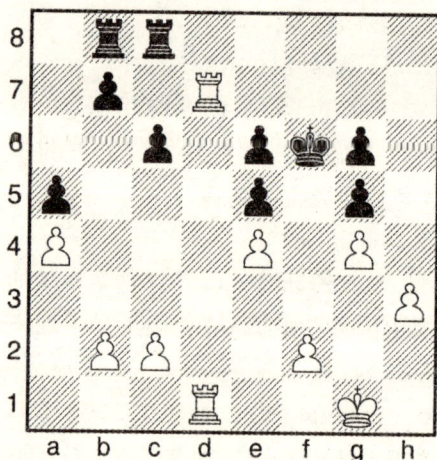

图 57

对局至此，拉尔森潇洒停钟认输。因为接下来白棋 R1d3–f3 将杀无法阻挡。白胜。

14

克拉姆林—科尔奇诺依

1995 年弈于捷克女子明星与男子元老对抗赛

生于 20 世纪 60 年代的瑞典女棋手克拉姆林真正是一名棋坛上的女剑客！虽然在她棋艺生涯鼎盛时期正好与齐布尔达尼泽为代表的苏联女棋手"撞车"，一直有实力没机会获得女子世界冠军称号，但当与她同龄的女棋手纷纷退出一线，甚至在一线赛场上生于 20 世纪 80 年代的棋手也称得上是老字辈的时候，已经到了知天命的年纪克拉姆林还像年轻人一样在赛场上拼杀。

不过，当众人纷纷对克拉姆林一直没有机会染指棋后头衔而惋惜的时候，她本人倒很坦然："有冲击女子世界冠军的实力不等于像真正的冠军那样强大，我的身体素质和神经类型不太适应过于紧张的比赛，所以拿不到世界冠军也没有什么可遗憾的。"

如果把克拉姆林比喻成为棋坛女剑客，那么男棋手中堪称斗士的无疑是代表瑞士出战的苏联棋手科尔奇诺依。当剑客对上斗士，真的是充满了浓浓的火药味。

1. d4 Nf6　2. c4 e6　3. Nf3 d5　4. Nc3 c6

形成了后兵开局中的斯拉夫变例，这个开局变化的特点是黑方局形坚固，白方借助空间上的微小优势在后翼寻求突破机会。

5. Bg5 h6　6. B×f6 Q×f6　7. e3 Nd7　8. Bd3 g6　9. c×d5 e×d5

黑方不能采取 9... c×d5？的走法，因为白方可以直接 10. Nb5！入侵后翼阵营。

10. 0-0

这里，克拉姆林选择了一个相对稳健的变化，白方还可以采取长易位，瞄准王翼。具体走法是：10. h4 Bg7　11. h5 g5　12. Qc2 Qe7（值得考虑的是 12... Nb6！？，经过 13. 0-0-0 Bg4　14. Rdg1 0-0-0　15. Ne5 Be6，黑方采取与白方同方向易位，局面大体机会相当）　13. 0-0-0 Nf6　14. Kb1 Be6　15. Ne5 Ng4（如果黑方采取 15... 0-0-0，白方可以通过 16. f4 的走法获得一定的中心行动的主动权）　16. N×g4 B×g4　17. Rc1 0-0（黑方不能采取 17... 0-0-0，因为白方 18. Na4 之后，攻势即将展开）　18. Ne2 B×e2　19. Q×e2 Rad8　20. g4 Rd6　21. Bc2 Rb8　22. Qd3 b6！形成一个大体均势的局面。

10... Bg7　11. b4（图 58）

白方挺进 b 兵，拉开了后翼行动的帷幕。

11... Qd6

黑方必须对白方挺兵 b4—b5 有所回应。如果听之任之采取 11... 0-0，那么白方 12. b5 顺利实现之后，黑方的 c 兵将成为半开放 c 线上受攻的目标。除了对局中走出的招法之外，黑方也可以采取 11... a6 的方式防止白棋冲兵到 b5。

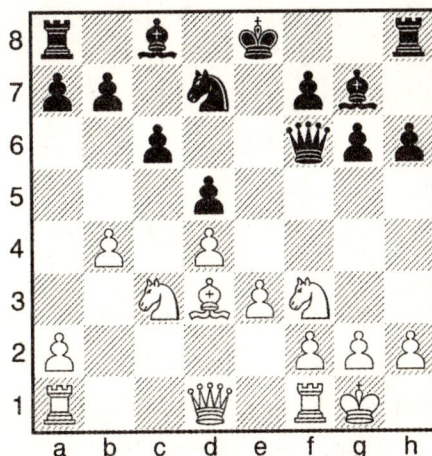

图 58

12. Qb3

现在白方冲兵 b5 的话，就会遭到黑棋挺兵 c6—c5 的反击。

12... Nb6

黑方可以考虑采取 12...0-0，经过 13. b5 Rd8　14. Rfc1 Nb8　15. h3 Bf8
16. Rab1 Be6 之后，黑棋出子顺利，后翼也做好充分的防范。

13. a4 Be6　14. Nd2

白方采取 14. a5 的下法意义不大，黑方正好可以借机走 14...Nc4。

14...Nd7

现在，14...0-0　15. Rfc1 Nd7 的变化也值得考虑。

15. Ne2

白方 15. b5 还是时机不成熟，黑方可以采取 15...c5 反击中心。

15...0-0　16. Rfc1 Rfe8

在同一个比赛中，克拉姆林执白棋与男子世界冠军斯巴斯基的较量中，黑
方走了 16...b6，后面棋局经过 17. Nf4 a5　18. Qc3 Rfc8　19. b×a5 R×a5
20. Nb3 Ra7　21. a5 c5　22. a×b6 Q×b6　23. R×a7 Q×a7　24. B×g6 c4
25. Nd2 之后，双方局势相差无几。

17. Rab1 Rac8　18. a5

如果白方采取 18. Nf4 Bg4　19. h3
g5 的变化，黑方在王翼能够制造反击。

**18...Bg4　19. Nc3 Be6　20. Qc2
f5　21. Nb3 b6!**（图 59）

好棋! 保持兵形接触，这样就能达
到制约白方后翼行动的目的。现在，在
21...a6　22. Nc5 的变化中，白马在 c5
难以撼动，子力位置理想。假如黑方采
取 21...Q×b4 的下法，经过 22. Nc5
Q×a5　23. N×e6 R×e6　24. R×b7，白
车入侵黑方阵营的次底线，将发挥巨大
的进攻力量。

图 59

22. Ba6 Rb8　23. Bd3 Nf6　24. a×b6 a×b6　25. Ne2 Bd7

黑方还是不能贪吃兵，在 25...Q×b4?　26. Nc5 Qa5　27. Ra1 Qb4
28. Rcb1 的变化中，黑后处境艰难。

26. Nf4 g5　27. Ne2 Ng4

黑方王翼上的行动很难收到实际成效，不如考虑 27...Ne4 的走法，力图
用占据中心好格的举动"刺激"白棋做出反应。接下来，在 28. f3 Nf6
29. Qd2 Qe7　30. Ng3 的变化中，白方获取的优势十分有限。

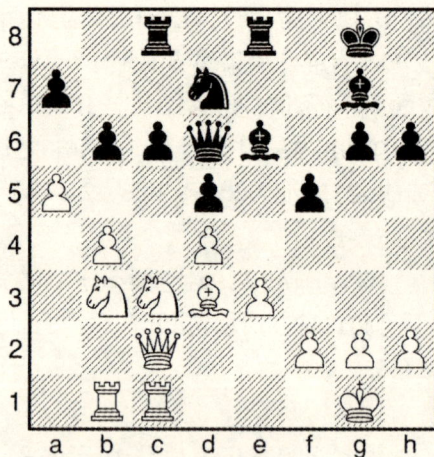

28. Ng3 Rf8   29. Nf1 f4（图60）

黑方把希望寄托在王翼，进攻是最好的反击。在后翼上，无论黑方采取怎样的防护措施，白方挺兵 b4—b5 是迟早要发生的事情。

30. e4 f3   31. e5 Q×b4   32. g3

白方用一兵的代价换取了中心兵的前行。现在，白棋必须稳定住王翼的兵形，不能让黑棋攻王计划得逞。假如此时白棋采取 32. Nc5 Q×d4   33. N×d7 f×g2   34. N×f8（白方不能 34. K×g2?，因为黑有 34...R×f2+的厉害将军）

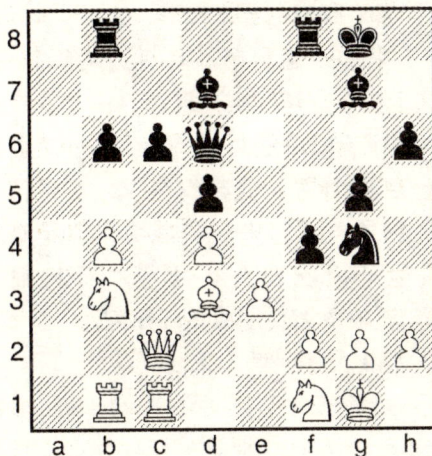

图 60

34...g×f1Q+   35. R×f1（在 35. B×f1 R×f8 的变化中，黑方取得胜势局面）35...Q×e5   36. Bh7+ K×f8   37. Qf5+ Q×f5   38. B×f5 Ne5，黑方获得优势。

32...Qe7   33. h3 N×e5   34. d×e5 c5?!

黑方应该走 34...B×e5！。

35. Ne3 Be6

假如 35...Q×e5 的话，白方有 36. N×d5！的应招。

36. Nf5

白方必须想尽一切办法去活跃子力，否则将陷入被动。

36...Qd7

在 36...B×f5   37. B×f5 Q×e5 38. Bg4 的变化中，白方能够获得一定的优势。

37. N×g7 K×g7   38. N×c5（图61）

白方此举非常明智。如果 38. Nd2 B×h3   39. Re1 Qe6!   40. Bf1 B×f1 41. N×f1 Qh3   42. Ne3 d4，黑方将获得优势。

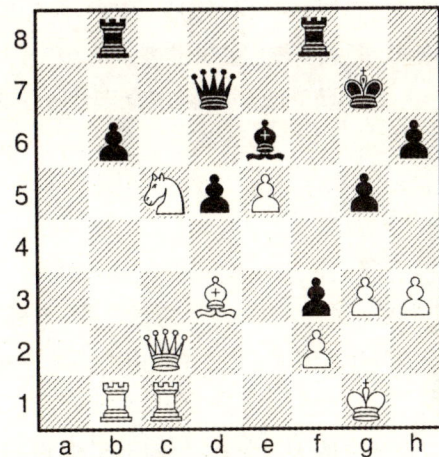

图 61

38...b×c5   39. Q×c5 B×h3?

坏棋！黑方应该通过 39...R×b1   40. R×b1 Rc8   41. Qd4 Qf7 的变化获取复杂战斗的机会。

40. Rb6!（图62）

将重子走到畅通且有力的线路上，这步棋一定是好棋！现在，白车在棋盘六线上，时刻配合 d3 象在 b1—h7 斜线上的 g6 将军。再看看黑棋，虽然位于 h3 格的象看起来颇具威力，但是缺少其他子力配合，不过是"看起来很美"，根本无法发挥实际作用。

40... Rbc8

如果黑方采取 40... R×b6 41. Q×b6 Kg8 42. Q×h6 的走法，白方将获得明显的胜势局面。

图62

41. Rg6+ Kh7?

黑王走到白象控制的斜线上不是自投罗网吗？现在黑方应该采取 41... Kf7 42. Qe3 R×c1+ 43. Q×c1 的变化，白方得到的是一个优势局面，而不是胜势局面。

42. Rd6+

黑王已经难以找到避难所了。假如接走 42... Kg8（走 42... Kh8 43. R×d7 R×c5 44. Rh7+ Kg8 45. R×c5 的变化，白方同样获得胜势局面）43. Q×d5+，黑王在劫难逃。

看到防守无望，科尔奇诺依投子认输，白胜。

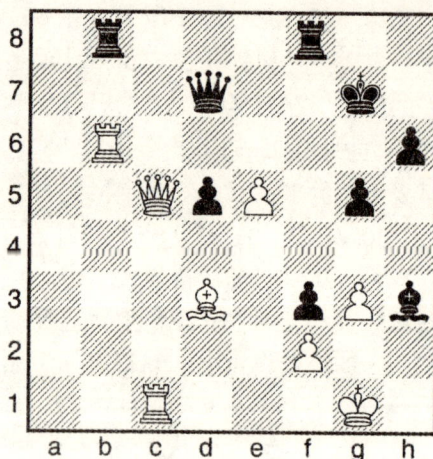

15

波尔加（中）—贾塔尔松
1995 年弈于冰岛国际邀请赛

冰岛的国际象棋传统始于 20 世纪 70 年代初那场举世瞩目的男子个人世界冠军对抗赛，美国棋手费舍尔以挑战者身份成功挑落苏联选手斯巴斯基，获得男子个人世界冠军。这场比赛被誉为有史以来最受关注的世界冠军对抗赛，因为参赛选手代表着两个制度不同的超级大国，费舍尔以一己之力挑战的不是斯巴斯基一个人，而是他背后同样来自国际象棋王国的苏联特级大师团队。

在这场比赛之后，国际象棋在冰岛逐渐成为人们喜闻乐见的一种智力运动项目，贾塔尔松作为冰岛棋手的领军人物曾经闯入过世界男子个人八强。

接下来的对局中，我们将看到波尔加姐妹中的老二，也就是通常被外界称作三姐妹中棋才"最差"的索菲亚与贾塔尔松之间的对局。

1. e4 c5　2. Nf3 Nc6　3. d4 c×d4　4. N×d4 Nf6　5. Nc3 e5　6. Ndb5 d6　7. Bg5 a6　8. Na3 Be6?!

黑棋选择了西西里防御中黑方最不讲究兵形结构的开局——拉斯克变例，通常，为了弥补不良兵形和中心弱格，黑方会快速冲兵活跃子力，以弥补兵形的不足。在此，黑方经常采取的变化是8... b5　9. B×f6 g×f6　10. Nd5。

9. Nc4 Rc8

黑方允许白方位于a3格的边马跃到中心，这样本身就有点吃亏。如果黑方寻求快速占领中心的话，也不能收到理想的预期结果。例如9... Nd4　10. B×f6 g×f6（如果10... Q×f6　11. Nb6 Rd8　12. Ncd5，白方子力出动速度更快）　11. Ne3 Rc8　12. Bd3，白方坚守住中心和后翼c2兵，黑方的d4格马只是暂时停留，过不了多久就会被白棋赶走。

10. B×f6 g×f6

如果黑方不愿意形成f线叠兵，那么在10... Q×f6　11. Nb6 Rb8　12. Ncd5 Qd8　13. c3的变化中，白方牢牢控制了d5格，取得稍优的局面。

11. Ne3 Bh6　12. Ng4！

好棋！不让黑象舒舒服服地停留在c1—h6斜线上，假如白方改走12. Bd3平稳出子的下法，将会遭到黑棋12... B×e3　13. f×e3 Qb6　14. Qc1 h5！15. 0-0 Rh6的计划，黑方子力位置活跃，拥有不错的反击机会。同样，假如白方只把目光放在占领中心d5格上面的话，也得不到什么特别的便宜，例如12. Ned5. f5　13. Qh5 Qg5　14. Q×g5 B×g5　15. h4 Be7　16. f3 Rg8　17. 0-0-0 Nd4 黑方的子力位置不错。

12... Bg7

黑象放弃了c1—h6斜线，这样的选择造成了后面棋局的被动。现在，黑棋应该采取12... Bf4！（图63）

接下来，棋局可能沿着以下的方向

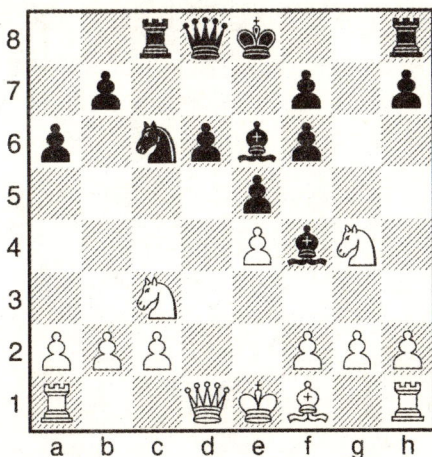

图63

051

发展：13. g3！ h5　14. g×f4　h×g4　15. f5　Bd7　16. Q×g4　Nd4　17. Qg7　Rf8　18. Bd3，白方获得稍优的局面。

13. Bd3

在过去的对局中，曾经出现过 13. h3f5　14. e×f5　B×f5　15. Ne3　Be6　16. Be2 0-0　17. g4　Ne7　18. g5　d5 的变化，黑方拥有不错的机会。不过，波尔加却为白棋找到了更好的发展方向，这就是限制黑棋中心兵反击，快速将白土走到安全的地方。白方的处境很舒服，接下来只要按部就班完成出子就好。而黑方因为阵地当中存在弱格、弱兵的问题，因此黑棋必须要想方设法找到路径进行反击。

13... Qb6　14. Rb1　Nd4?!

黑方的马走到中心 d4 格看似很厉害，但问题是这个格子迟早要受到白方 c 兵的进攻，因此黑马在 d4 格驻扎不稳。现在，黑棋如改走 14... Ne7 攻击 d5 格，白棋可以通过 15. 0-0 h5　16. Ne3　Bh6　17. Re1 的走法获得局面的主动权。

15. 0-0?!

白方应该强力阻止黑兵在中心的反击，应该走 15. Ne3！（图 64）。

这样一来，白方就能牢牢阻挡黑兵冲击中心的可能，这之后白方再腾出手来进行王车易位。

15... f5　16. e×f5　N×f5　17. B×f5！

好棋！ 在局面存在中心弱格的时候，马的威力要远远强于象。现在，假如白方没能正确判断子力价值的话，在 17. Nd5　B×d5　18. B×f5　Be6　19. Ne3 0-0 的下法中，黑方将获得不错的反击机会。

图 64

17... B×f5　18. Ne3　Be6　19. Qh5　Qc6　20. Nf5?

白方不应该轻易允许黑方简化子力，而是应该采取稳扎稳打控制局面的下法。白棋更有力的招法是 20. Rbd1。（图 65）

白方直指 d5 格。接下来如果黑方采取 20... 0-0，白方将通过 21. Ncd5 获得局面的掌控。

20... Bf8

黑方不舍得 20... B×f5 以象换马，贾塔尔松固执保留双象的决定并不值得推崇。

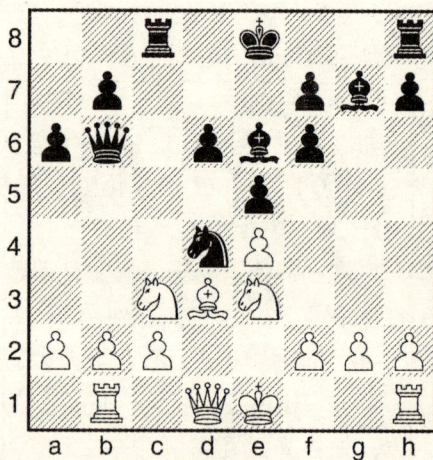

21. Rfd1   Rg8   22. Ne3   Rg6
23. Ned5

显然，波尔加还没有找到明确的突破办法，因此采取了等待观望。现在，白方不能贪吃兵，因为在 23. Q×h7? Bh6   24. Ned5   Kd7   25. g3   Rcg8 26. Nf6+ R×f6   27. Q×g8 Qf3 的变化中，黑方获得取胜机会。

23... Bh6 24. Rd3 Kf8?

黑方过高估计了自己的局面，没有看到以下变化：24... B×d5！   25. R×d5 Bd2！（图66）

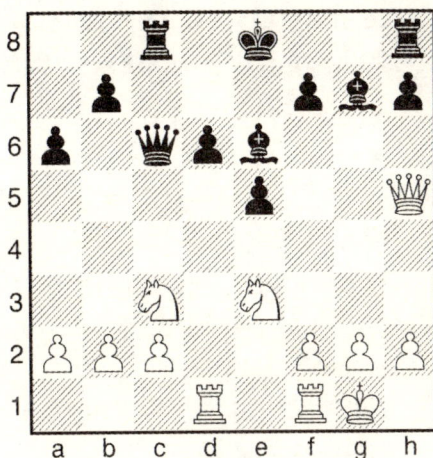

图 65

这样，白方就无法组织黑棋交换最后一对轻子，形成大体均势的局面。

25. Qh4?

波尔加也没有意识到黑方存在的战术机会，现在应该采取 25. g3（图67）

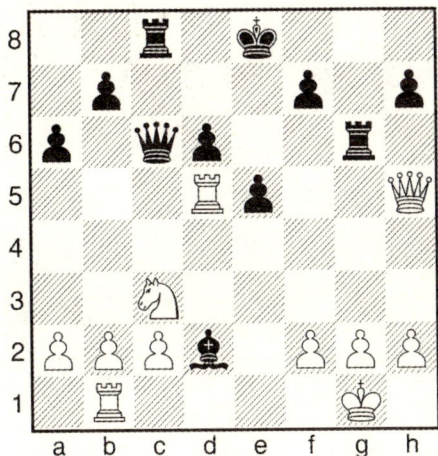

图 66

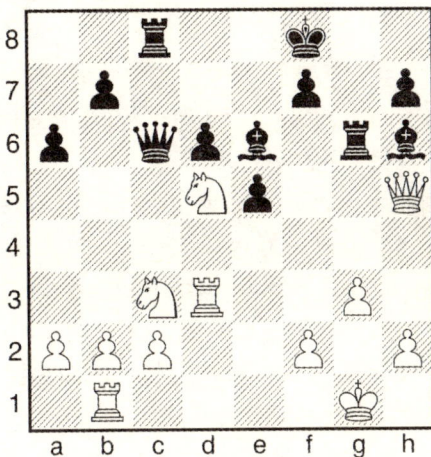

图 67

白方及时防护好王前阵地的弱点，接下来经过 25...b5   26. Rbd1   Bg4 27. Qh4 B×d1   28. Ne7 之后，大体均势。

25... Kg7?

当棋手的思路停留在另外一条线路上的时候，有些招法即便摆在眼前也看不到。现在，黑方还是应该采取 25...B×d5！   26. R×d5 Bd2 的下法，白棋一点便宜也占不到。

26. Rbd1 Bg5   27. Qh5 Bd8   28. Ne3

假如白方采取 28. Rg3R×g3   29. h×g3 b5 的下法，将形成复杂局面。

28... Rg5?!

看似先手，但实际上不过是把白方的后送到一个更好的位置。现在应该采取 28... Be7!?   29. Ncd5 Bg5，双方各有千秋。

29. Qe2 Bc4

原来是牵制白方的车和后深深吸引了黑棋。不过，黑方忘记了自己的白格象比对方的 d3 车作用要大得多。

30. h4 B×d3?

坏棋！黑方应该走 30... Rg6!。

31. Q×d3 Rg6

在 31... Rh5   32. Nf5+ Kf8   33. N×d6 的变化中，白方实现了中心突破。

32. h5 Rg5

如果 32... Re6   33. Nf5+ Kf8   34. N×d6 Rc7   35. N×f7 的变化，白方优势。

33. Ne4 R×h5??

黑方的防守出现了重大失误，现在应该及时送还子力 33... Kg8！
34. N×g5 B×g5   35. c3，白方优势有限。

34. N×d6 Bb6

黑方不能 34... Rb8 防守，因为白方可以采取厉害的 35. Qb3。一下子，黑方的 f7 兵便彻底失守了。

35. Nef5+ Kf6   36. Ne4+! K×f5

黑王被请到了“天”上，攻王可是波尔加姐妹的拿手绝活儿。现在，黑方采取 36... Ke6 也不能挽救局面，因为经过 37. Qb3+ K×f5   38. Q×f7+之后，白方攻势无法阻挡。

37. Qf3+ Kg6   38. Qg4+ Kh6   39. Rd6+ Q×d6   40. N×d6 Rf8   41. Nf5+ R×f5   42. Q×f5 f6   43. Qh3+

对局至此，执黑棋的冰岛人颇具风度地停钟认负。因为，黑如接走 43... Kg6，白方通过 44. Qg4+ Kf7   45. Qb4 Bd8   46. Q×b7+取胜。

16

加利亚莫娃—莫洛舍维奇

1997 年弈于俄罗斯杯男子大师赛

俄罗斯男子国际特级大师莫洛舍维奇是一名棋风诡异的怪才。他对传统的流行开局不屑一顾，在实战中经常走出一些有违常规理论的招法。莫洛舍维奇与众不同的棋风经常让诸多大师感到不适应，往往在开局中就花费了很多宝贵的赛时思考对策。随着棋局发展不断深入，莫洛舍维奇在中局和残局阶段开始施展大力杀手锏，往往令对手摇头苦笑不已。凭借着超强的实战能力，莫洛舍维奇多次进入世界男子技术等级分前十名的行列，在诸多高级别大赛中继续施展他非同寻常的棋艺才华。

1998 年初，我与莫洛舍维奇共同受到西班牙一次国际比赛的邀请。其间我们的话题谈论到即将开始的女子世界冠军赛挑战者赛，届时我和来自俄罗斯的女棋手加利亚莫娃将进行对决，胜者获得挑战世界冠军的资格。莫洛舍维奇讲道："加利亚莫娃太厉害了！我认为她能够顺利获得女子世界冠军！"当我继续追问是什么原因让莫洛舍维奇一下子把我和时任女子世界冠军的波尔加都不放在眼里，他说道："看看我输给加利亚莫娃的对局吧，最后 10 回合她剩下不到 3 分钟的时间，却走得比计算机还要准确。"

1. d4 c5 2. d5 d6 3. c4 e5 4. e4（图 68）

黑方选择了一个颇为"怪异"的开局变化，目的无非是避开白棋的开局准备，将对局引入到一个需要双方棋手临场发挥较量的形势当中。这里，之所以用"怪异"二字来形容黑方开局变化，是因为黑方主动将局面走入空间较小，且不利于自己子力出动的封闭局面中。

4... g6 5. Nc3 h5

黑方试图扩展王翼的空间。假如采取 5... Bg7 6. Nf3 Nf6 7. Be2 0-0 8. Bg5 h6 9. Bh4 Qc7 10. Nd2 Nh7

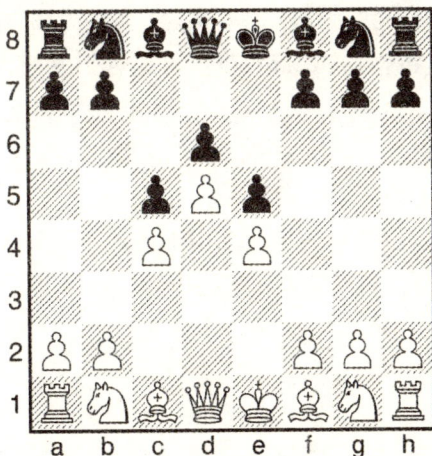
图 68

11. g4 的下法，白方在王翼上谋求

发展。

6. Bd3 Bh6 7. B×h6 R×h6 8. Qd2 Qe7 9. 0-0-0 Kf8 10. f4?!

白方中心兵挺进有些草率，这样将造成中心 e5 格成为黑方调动子力的好格。现在，白方比较好的走法是 10. Rf1 Kg7 11. g3，为冲兵 f4 做好充足的准备工作，白棋获得稍优的局面。

10... e×f4（图 69）

黑方用 e 兵交换了白方的 f 兵之后，我们发现 e5 格成为白方无法用兵实现进攻的格子，这样，黑棋就能够在这个中心强格上调动子力。通常，我们把这样一方无法实现用兵进攻的格子称作是另一方的好格，这样的好格对马特别适用。

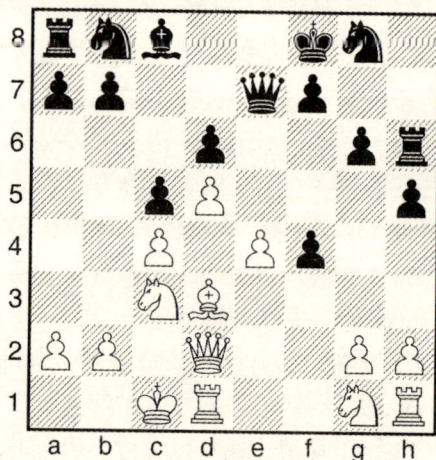

图 69

11. Q×f4 g5!?

黑方不愿意经过 11...Nd7 12. Nf3 的变化之后，白方能够用轻子防范 e5 格，同时控制住 g5 格。

12. Qd2 Nd7 13. h4

假如白方采取 13. h3!? Ne5 14. Nf3 Rg6 15. Kb1 Bd7 16. Rdf1 Re8 的变化，将面临一场混战。

13... g4 14. Nge2 Ne5 15. Ng3 Qf6!? 16. Rdf1 Qh8 17. Nce2!（图 70）

白马直奔 f4 格，这里是黑兵无法攻击到的格子，同时也是白方最能发挥子力作用的格子。

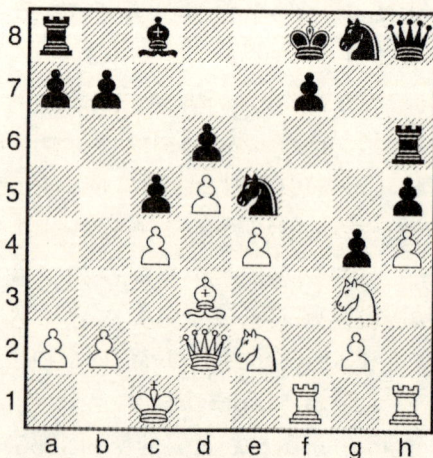

图 70

17... Ne7 18. Nf4 Kg8 19. Be2

白方如果采取快速行动的话，经过 19. Nf×h5 R×h5 20. N×h5 Q×h5 21. Rf6 之后，形成一个子力不均衡的局面，双方互有顾忌。

19... N7g6! 20. Rf2

现在，白方不能采取 20. Nf×h5 R×h5

21. N×h5 Q×h5 22. Rf6 Kf8 的下法，因为看起来白车可以直接消灭黑方 d6

兵，但实际上那里是一个陷阱。例如 23. R×d6 Ke7 之后，白车难以重新得到自由。

20. . . Bd7　21. Rhf1

如果白方采取 21. Nf×h5 R×h5　22. N×h5 Q×h5　23. Rf6 Kf8 的下法，我们看到的仍然是白车不敢对黑方 d6 兵下手的局面。

21. . . N×f4　22. R×f4 Kf8（图71）

形成了一个极不平稳的动态局面。看上去白方的子力位置更活跃一些，至少所有子力的目标方向一致。而黑棋则面临着车在 a8 格毫无用处，后在 h8 角格位置不良。但是，当我们仔细深入分析局面的时候，就会发现黑方位于 e5 格的马作用太大了。有了这样一个能攻善守的"铁将军"把守阵地，白棋很难实现有效的突破。因此，得出一个结论：黑方局面中暂时存在的不足之处，都能得到充分的时间进行调整改进。

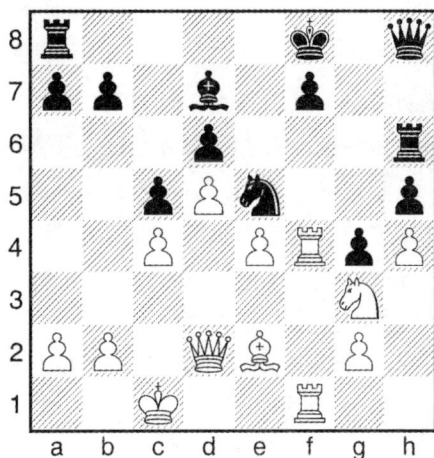

图 71

23. Qe3 a6　24. Qf2 Ke8！　25. Kb1

面对黑方即将逃出白方进攻视线的王，或许现在是时候采取果断的行动了。例如在 25. R×f7 N×f7　26. Q×f7+ Kd8　27. Nf5 Rf6　28. Qe7+ Kc7　29. Ng7 的变化中，白方虽然子力数量上处于劣势，但是积极主动的子力位置和咄咄逼人的攻势足以弥补白棋局面上的物质损失。

25. . . Kd8　26. a3 Kc7　27. Ka2 a5　28. Qe3 a4

黑方走得不够小心。现在 28. . . Rh7 提前预防 f7 格，应该更为精确。

29. Qc3！Ra6　30. Bd1 Kb8　31. R1f2 Qd8?！

黑方没有在意白棋 f7 格弃子突破的进攻手段，现在，黑方比较好的走法是 31. . . Rh7，对此白方将可能应对以 32. Nf1 方式的子力调动，不断寻找新的进攻目标。

32. R×f7！Q×h4

黑方不能接受白棋的弃子。因为在 32. . . N×f7　33. R×f7 Be8　34. R×b7+ K×b7　35. Qg7+之后，黑王彻底暴露在白方的火力进攻之中。

33. R×d7！（图72）

加利亚莫娃头脑清楚，行动果断。这样凌厉的弃子进攻是执黑棋的莫洛舍维奇事先没有预料到的。

33... N×d7 34. Rf7 Ne5 35. Nf5 Qh1?

在时间紧张的情况下，黑棋没有找到最佳的防守招法 35... Qg5！接下来白方 36. Re7 加强进攻压力，黑方应以 36... h4 在士翼冲兵，用威胁士翼兵升变的行动干扰白方对王的进攻。

36. Rf8+ Ka7 37. B×a4！（图73）

充满战斗激情！a4 格弃子一下子打开了白后攻击黑王的线路。当然，白方进行这样弃子的前提是计算清楚，不然的话干脆采取稳健的 37. N×h6 Q×d1

38. Nf5 Nd3？（黑方走 38... h4 也是值得注意的防守反击方式） **39. Ne3 Qe2 40. Qh8！Kb6**，白方能够获得比较主动的局面。

37... R×a4 38. Qb3！

好棋！在 38. N×h6 Q×g2 39. Nf5 N×c4 40. Kb3！R×a3+！？ 41. b×a3 Nd2+ 42. Ka2 Nc4+ 43. Kb1 Q×e4+ 44. Kc1 Qh1+ 45. Kc2 Qe4+ 的变化中，将形成一个长将和棋的局面。

38... Ra5

假如黑方采取 38... R×c4 的下法，白方将应以 39. Ne7！Rh7 40. Nc8+ Kb8 41. Nb6+ Kc7 42. Rc8+#取胜。假如黑方采取 38... Ra6 的下法，白方将采取 39. Ne7 b6 40. Qb5 Q×g2（如果 40... Qc1 41. Nc6+ N×c6 42. Rf7+ Kb8 43. Q×a6，白方获得胜势局面） 41. Nc6+ N×c6 42. Rf7+ Kb8 43. Q×a6，白方获得胜势局面。

39. Ne7！！（图74）

凌空的子力调动需要棋手超常的想象力和空间概念，特别是在时间紧张的时候，加利亚莫娃能够走出这样又狠又准的招法，显示出她对局面的理解和判断。现在，白方不好的走法是 39. N×h6？给了黑方 39…Qc1！的反击机会，接

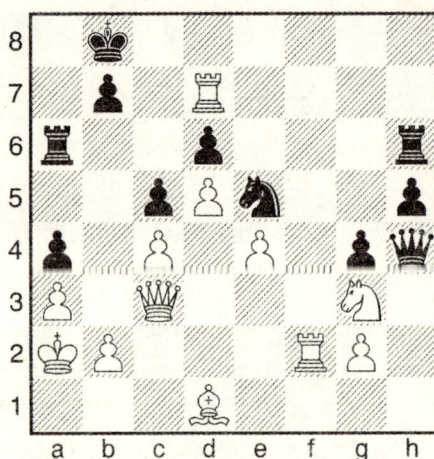

图 72

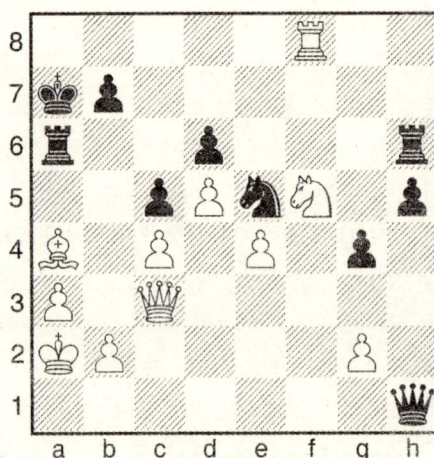

图 73

下来经过 40. Nf5 N×c4　41. Rf7 R×a3+!!
42. b×a3 Qd2+　43. Kb1 Qe1+　44. Ka2
Qd2+，长将和棋。

39... b5

黑方走 39... Nd7 也不能挽救局
面，经过 40. Rf7! Ka8　41. Nc6! Qe1
42. R×d7 b5　43. Q×b5 R×b5　44. Ra7+#，
白方成功将杀黑王。

40. c×b5 Qe1

黑方采取 40... Kb6　41. Rb8+ Kc7
42. Nc6! 的变化，也将面临一个没有希
望的局面。

图74

41. Nc6+ N×c6　42. b6+ Kb7　43. d×c6+ K×c6　44. Rc8+

莫洛舍维奇看到将杀在所难免，停钟认负。白胜。

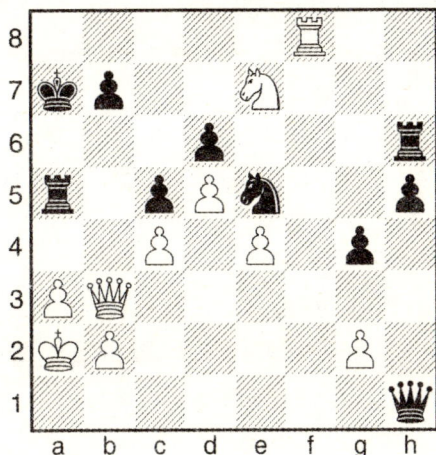

17

伊布亚基诺夫—加利亚莫娃

1998 年弈于圣彼得堡俄罗斯第 51 届国家男子个人冠军赛

通常，国际级别的比赛水准会比国家级别的高，但是俄罗斯国家男子个人
冠军赛是个例外。因为俄罗斯是国际象棋王国，很多高手在国内难有"出头"
代表国家参加比赛的机会，而这些棋手的水平绝对不比某些国家的顶尖选手
差。这就造成了俄罗斯国家男子个人冠军赛与我国国内的乒乓球赛事相仿，夺
得一个全国比赛的理想名次要比夺得国际比赛的优异成绩还难。

由于 1997 年在女子世界候选人赛上的突出表现，加利亚莫娃获得了参加
1998 年俄罗斯国家男子个人冠军赛的特别邀请。作为参赛等级分最低的、也
是唯一的女选手，加利亚莫娃令那些认为"女棋手参加这样级别的比赛最终
肯定要垫底"的人预测失灵。在单循环的赛事中，加利亚莫娃最终取得了中
游名次，大大高于她自己的等级分水平。

接下来我们将看到的对局中，执白棋的俄罗斯男子国际特级大师伊布亚基
诺夫原本采用迂回作战，慢慢消耗对手能量的策略，但是被执黑的加利亚莫娃

抓住时机从中路强行突破，上演了一出灵活机动的攻击战。

1. c4 e5　2. Nc3 Nc6　3. Nf3 Nf6　4. a3

白棋挺进边兵，除了能防止黑方 4...Bb4 之外，一时看不到什么明显的用处。白棋脱离了常规的开局下法，采取从后翼等待后发制人的策略。

通常，白棋会采取 4. e3 中心慢慢行动、4. g3 王翼出象或者 4. d4 直接从中心行动的方案。

4. ... d5

黑方采取从中心行动的方案。除此之外，还可以采用 4... g6 侧翼出象或者 4... d6 中心慢慢行动。

5. c×d5 N×d5（图 75）

假如把棋盘调转一下方向，我们会看到一个类似西西里防御的局面。唯一不同的是，棋子的颜色调换了角色。也就是说，在我们看到的这个局面中，白方套用了西西里防御的一种概念，并且由于对局是白方先行，因此某种意义上讲，这样的选择并不吃亏。

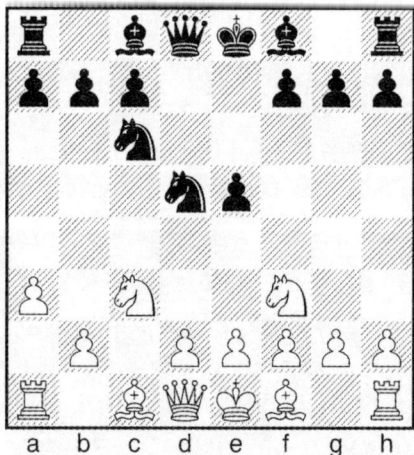

图 75

不过，道理上行得通并不等于在实战中好使。特别是棋手如果很生硬地套用就会造成临场过程中走出一些看似合理，但实际上与棋局却背道而驰的招法。

6. e4?!

现在白棋是按照颠倒了的西西里防御中的拉斯克变例来执行的，看似白方多走了一步 a3，黑马无法走到 b4，无法还原成正规拉斯克变例。

但是，黑方完全可以将中心马走到其他位置，白方多走出的 a3 对白方的未来发展意义不大。现在，白方可以考虑 6. Qc2 N×c3（如果 6...Be7　7. e3 a6　8. N×d5 Q×d5　9. Bd3，白方获得稍优局面）　7. b×c3 Bd6，形成一个漫长争斗的局面。或者白方采取中心慢慢行动的策略，经过 6. d3 Be7　7. e3 0-0　8. Qc2 Nb6　9. b4 之后，形成复杂局面。需要指出的是，在前面提出的两个变化中，白方的走法都充分发挥了 a3 的作用，因此想来更加符合棋理。

6. ... Nf4　7. d3?!

白方并没有按照以往对局中曾经出现过的变化行棋，而是采取了新的尝试。白方此时可以直接从中心挺兵，采取 7. d4 e×d4　8. B×f4 d×c3　9. Q×d8+

N×d8　10. b×c3　Ne6　11. Bg3　Bc5　12. Bc4　Bb6　13. 0-0-0　Bd7 的下法，形成一个大体均势的残局。

7. . . Bg4！

伴随着白方 f3 马受到牵制，黑方加强了对 d4 格的控制。此外，白方中心 d3 兵的位置，也限制了自己白格象的活跃程度。

8. Be3

白方还是采取了等待的下法，现在假如白棋采取 8. B×f4 兑子，黑方将应以 8. . . B×f3　9. Q×f3　Nd4，d4 格牢牢掌握在黑方手中。白方同样没有效果的走法是 8. h3，黑方顺势交换白方监控 d4 的 f3 马，接下来的变化可能是 8. . . B×f3　9. Q×f3　Nd4，黑方获得稍好的局面。

8. . . B×f3　9. Q×f3

若白方采取 9. g×f3，黑方将及时把 f4 格马撤回到 e6，继续加强对 d4 格的控制。

9. . . Nd4

黑方没有被白方失去防守的 d3 兵迷惑，在吃兵的 9. . . N×d3+ 变化中，白方的子力将得到充分活跃的机会，黑方多兵需要付出代价。例如 10. B×d3　Q×d3　11. Rd1（如果 11. Nd5 Bd6　12. Qg4 Kf8　13. Rd1 Qb5　14. Rd2 Qc4，黑后在 f1—a6 斜线上充分发挥作用）　11. . . Qc4　12. Qg4　B×a3　13. Qd7+　Kf8　14. Qd5　Q×d5　15. e×d5　B×b2　16. Na4，白方子力位置不错。

10. Qd1

如果白方试图把王走到后翼，在 10. B×d4　Q×d4　11. 0-0-0 的变化中，将遭遇黑方 11. . . B×a3。

10. . . c6！（图 76）

有效防范 d5 格，接下来黑方的计划是将位于 f4 格的马及时调整到 e6 格，加强对 d4 格的控制。

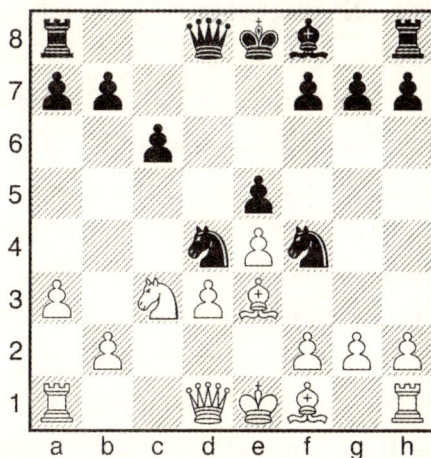

图 76

11. g3　Nfe6　12. Bh3

白方走得不够老实。在自己局势尚未稳定的情况下，不应该再去幻想进攻的事情。现在，白方应该采取 12. Bg2 Be7　13. 0-0 0-0 的变化，尽管棋盘中央的 d4 格被黑方牢牢控制着，但至少白方的阵型还很坚固。

12... Be7　13. 0—0　0—0　14. f4?!

不知道是不是因为执白棋的伊布亚基诺夫觉得自己面对的是一名女棋手，因此必须要把局面走出"生机勃勃"状，以此来显示自己身为男棋手的强大实力。白方此时挺进王前的 f 兵是不合时宜的举动，应该采取稳健防守的态度处理局面，经过 14. Ne2　N×e2+　15. Q×e2　Nd4　16. Qd1　a5，黑方略占局面上风。

14... e×f4　15. g×f4　f5!

好棋！将白方王翼行动的幻想彻底粉碎。假如黑方此时采取 15... Nc5 的下法，经过 16. b4 N×d3　17. Kh1　Ne6　18. Qc2 之后，白方获得理想的反击机会。

16. Ne2

白方应该把王走到更安全的位置当中。经过 16. Kh1!　Kh8!　17. Ne2　Bc5　18. B×d4　N×d4　19. N×d4　B×d4　20. B×f5　Rf6! 黑方虽然少了一个兵，不过活跃的子力令黑棋拥有良好的战斗机会。

16... Bc5　17. Rc1　Bb6　18. Rc4?

坏棋！白方不应该把自己的王一直停留在可能遭受打击的位置上。现在走 18. Kh1，会让白王相对安全。

18... f×e4　19. N×d4

此时 19. d×e4　N×e2+　20. Q×e2　N×f4 的变化，会令白棋直接遭受损失。同样，19. B×e6+　N×e6　20. R×e4　B×e3+　21. R×e3　Qb6 的变化，也会令黑棋占据绝对的优势。

19... N×d4　20. d×e4　Nc2!（图 77）

轻灵而又精准的战术打击！

21. R×c2

如果 21. Be6+　Kh8　22. Bc5　Q×d1 23. R×d1　Ne3　24. B×e3　B×e3+ 的变化，黑方也将收获颇丰，接下来 25... Rf4 不可阻挡。

21... B×e3+　22. Kg2　R×f4

23. Be6+　Kh8　24. Q×d8+　R×d8　25. R×f4

此时 25. Re1　R×e4　26. Bf5　Re5 的变化也将引领黑棋走向胜利。

25... B×f4　26. Rf2　g5　27. h4　h6

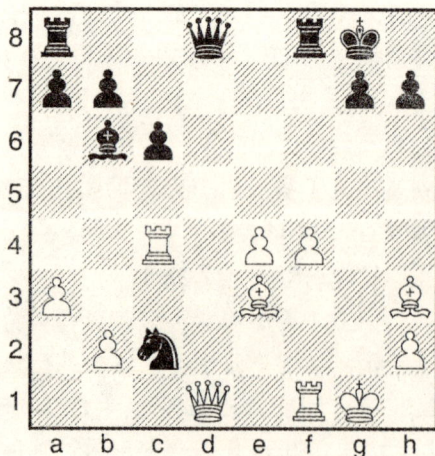

图 77

28. h×g5 h×g5   29. Kf3 Kg7   30. Rc2
Rd3+ 31. Kf2 Kf6 32. Bc8 Rb3（图78）

白方的子力位置实在是太尴尬了。
不仅棋子数量上少了一个兵，更难受的
是只看到了黑方攻击自己的棋子，自己
的子力却打不着对方的阵营。

33. a4 a5   34. Rc5??

劣势之下，白方走出了败招。看到
接下来黑棋可以采取 34...Be3+ 将军抽
车之后，伊布亚基诺夫没有让棋局继
续，投子认负。黑胜。

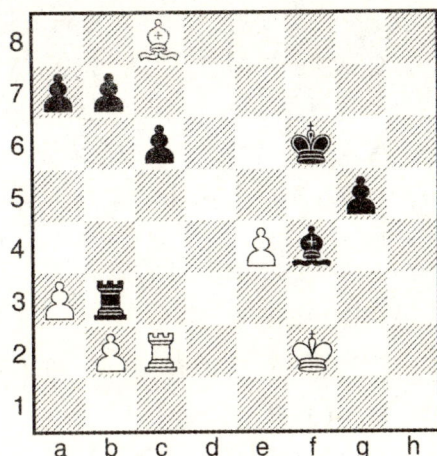

图 78

18

加利亚莫娃—蒂维亚科夫

1998 年弈于俄罗斯总统杯

俄罗斯女棋手加利亚莫娃在 1988 年 16 岁的时候就获得了女子世界青年冠
军，从那以后，她一直被看作是苏联最有希望的女棋手。加利亚莫娃下棋颇有
男子大师风范，无论从大局观还是细节的处理方面，都表现出了上佳的水准。
在 1997 年的女子世界冠军候选人赛中，加利亚莫娃一枝独秀，以冠军的成绩
率先晋级挑战者赛，被外界广为看好认为她即将成为新的世界棋后。但是，在
随后的两年里，加利亚莫娃在比赛中的发挥时高时低并不稳定。她可以在复杂
扭杀的混乱棋局中勇胜位列男子世界前十名的选手，也可能在一些名不见经传
的无名小辈手下败阵。心理素质不稳定可能是加利亚莫娃作为一名世界级棋手
的硬伤，致使她在 1999 年和 2006 年两次挑战世界冠军的比赛中失利。

不过，加利亚莫娃似乎就是为棋而生的。经历了这么多的起起伏伏，当她
同时代的女选手都已经从一线赛场隐退幕后的时候，加利亚莫娃还在代表俄罗
斯国家队出征世界团体赛，并起到了顶梁柱的作用。

接下来我们即将看到的对局是加利亚莫娃对阵同样来自俄罗斯、后来代表
荷兰出战的男棋手蒂维亚科夫。蒂维亚科夫在技术等级分鼎盛时期、曾经冲入

世界男子排名前 15 名。蒂维亚科夫是一名精于计算和擅长残局的选手，在很多看似平淡的局面中，他都用自己超人的耐心和细致，一点点积累优势，最终取得了理想的胜绩。不过，在本局中，加利亚莫娃从棋局开始便选择了攻势下法，因为这不是蒂维亚科夫擅长的领域。

1. Nf3 Nf6 2. c4 b6 3. Nc3 Bb7 4. d4 e6 5. a3

白方走得很细心。现在如果急于在中心行动的话，将会令黑方找到上佳的反击机会。例如 5. d5 Bb4，白方由于 c3 马受到牵制，中心 d5 兵反而成了需要看护的对象。

5. … d5 6. c×d5 N×d5 7. e3 Nd7 8. Bd3 Be7 9. 0-0 N×c3 10. b×c3 c5 11. e4 0-0 12. Qe2

白方的想法是把 d1 格留给车，另外一种下法是 12. Bf4!? 白象不选择从侧翼出动，而是将攻击目标瞄准中心。

12. … Qc7 13. Bb2 Rad8 14. Rad1 Nb8

蒂维亚科夫开始采用自己擅长的子力迂回方式。此举的目的是把马调动到更主动一些的 c6 格当中。现在，黑方也能考虑采取 14. … c4 的下法，经过 15. Bb1（15. B×c4 B×e4）15. … b5 16. h4，形成白方在王翼发展，黑方在后翼行动的复杂局面。

15. h4!（图 79）

当白方的子力出动基本到位之后，加利亚莫娃适时从王翼上挺兵开辟另外战场，这样走棋的方式表现出白棋强烈的求战欲望。

15. … Qf4

这步棋什么意思呢？黑方把后走到白方阵营当中，这步看似主动的棋实际上并没有什么太大的实际作用，而是更多反映出交战双方棋手的刺探心理。黑方这步棋似乎在说："我的后可以随便走到你白方阵营当中，看你能把我怎么样！"

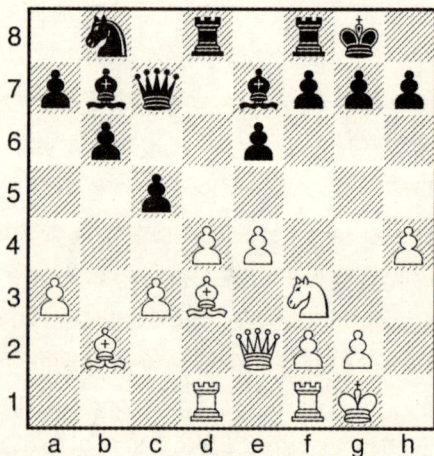

图 79

16. g3 Qc7 17. h5 h6

把黑后送回原位，加利亚莫娃继续执行她的白棋王翼行动计划。面对白方 h 兵的不断挺进，黑方也不能视而不见。17. … h6 可以起到一定的阻挡白棋王翼行动的效果。

18. Nh2 c×d4　19. c×d4 Nc6　20. Bb1

白方把象走到 b1—h7 斜线当中，攻击火力直接指向黑方的王翼。回味白棋这几步棋，加利亚莫娃走得有条不紊且线路清晰。

20... Na5　21. Rc1 Qd7　22. Ng4 Rc8

白方不断调动子力靠拢黑方的王翼阵地，黑方试图通过后翼开放 c 线上的兑子来减轻压力。对局至此，假如白方没有强力进攻突破手段的话，那么棋局也将进入到一个看着对白方有利，却没有办法把黑棋怎么样的尴尬境地。

23. d5！（图 80）

好棋！中心突破不是这步棋的目的，打开线路才是白棋真正的用意。

23... R×c1　24. B×c1?!

白方走得有点过于小心，看来加利亚莫娃不愿意看到自己采用 24. R×c1 之后，黑方继续在开放的 c 线获得更多的兑子机会。不过，虽然白方暂时可以避免进行更多的子力兑换，但是白象的位置应该是在能够瞄准到黑方王前阵地的斜线上，而 c1 格似乎不能让白象发挥最佳能量。

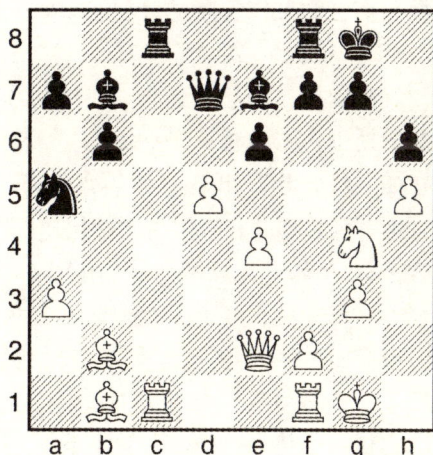

图 80

24... e×d5　25. e5！（图 81）

白方果断采取弃兵下法，保证 b1—h7 斜线通畅。类似的弃兵走法不属于马上就可以看到成效的战术组合，而是棋手的判断更多基于整体局面需要，从长远出发的一种手段。通常，这样的弃子行动会带来比较持久的压力和主动权而不是三两步棋之后就可以看得到摸得着的实际收获。因此，当棋手做出这样的弃子决定时，需要对棋局做出客观冷静的判断。

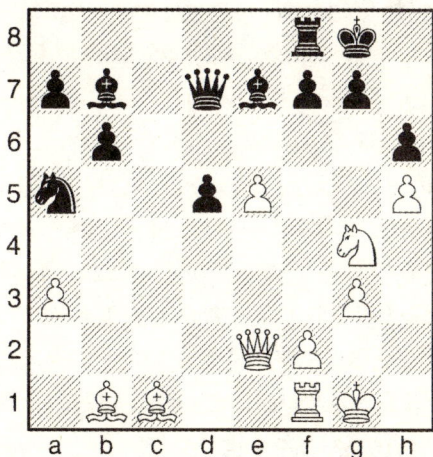

25... Qa4　26. Re1

图 81

白方坚信自己的局面可以长久地向黑方阵营施加压力，因此还是踩着稳健的局面控制方式继续行动。其实，现在白棋有机会做出一个大胆的决定

26. B×h6!!（图 82）

目标在于通过弃子击破黑方王前阵地，接下来的棋局发展可能是 26...g×h6 27. N×h6+ Kh8 28. e6，白方在棋盘上依旧处于子力数量劣势，但是却看不出黑棋有什么样的实际防守机会。

26... Qc4 27. Qf3

面对黑方的兑子邀请，白方因棋子数量处于劣势地位，因此只好躲闪。现在如果白方走 27. Bd3 Qc8 的变化对自己并不有利，如此一来黑后便可快速回防。

27... Bc8 28. Nf6+!（图 83）

对局至此，双方棋手所剩的时间已经不多，距离时限内走完 40 步棋的要求还有十多步呢。白方仍旧能在混乱不堪的棋局形势中采取弃子的走法，难道加利亚莫娃已经把后面的变化都计算清楚了吗？不一定，这个时候棋手走棋更多凭借的是直觉，而不是把所有可能发生的变化都算一遍。

28... g×f6 29. e×f6 Bd8??

坏棋！黑方错过了最佳的防守机会。现在，黑棋应该采用 29...Bc5! 的下法，经过 30. Bf5!（如果 30. B×h6 Bg4 31. Re5! B×f3 32. Rg5+ Kh8 33. Bg7+ Kg8 34. Bh6+ Kh8，将形成长将和棋） 30...B×f5 31. Q×f5 Qd4!（如果 31...Kh8 32. B×h6 Rg8 33. Bg7+ R×g7 34. f×g7+ K×g7 35. h6+! K×h6 36. Qf6+ Kh7 37. Q×f7+ Kh6 38. Re6+ Kg5 39. Qg6 的走法，白方仍然能保持明显上风位置） 32. B×h6 Q×f2+ 33. Q×f2 B×f2+ 34. K×f2 Rd8 35. g4，白方依旧略好，但黑方应该防守无忧。

黑方同样不值得推荐的是 29...Bg4，经过 30. f×e7 B×f3 31. e×f8Q+ K×f8 32. B×h6+ Kg8 33. Re8+#之后，白方成功将杀黑王。

30. B×h6

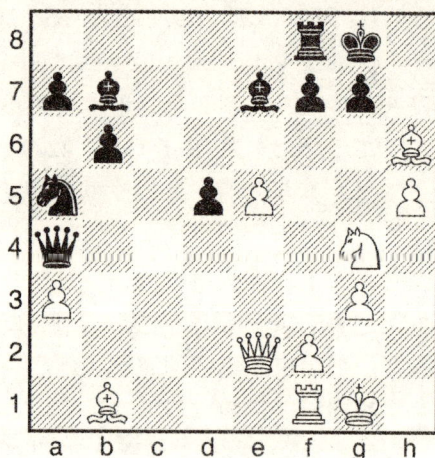

图 82

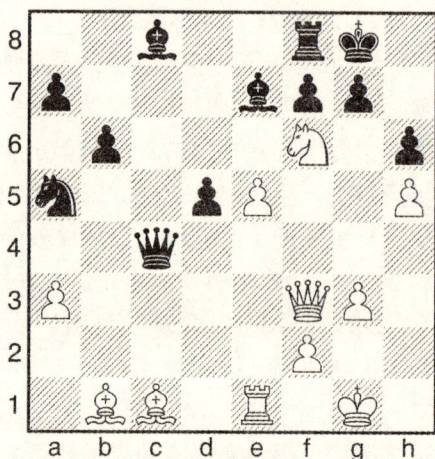

图 83

更为快捷的赢棋方式为 30. Qe3！B×f6　31. Q×h6。

30... Qg4

假如 30... Qd4，黑方也防守无望。因为白棋可以通过 31. Bg7　Qd2 32. Rd1　Qg5　33. h6 的变化取胜。

31. Q×d5　B×f6　32. B×f8　Bb7　33. Re8　Qa4　34. Bh7+　K×h7　35. Q×f7+

白方将杀的威胁势不可当，黑方认输。

19

谢军—加利亚莫娃

1999 年弈于俄罗斯女子世界冠军赛

1999 年的女子世界冠军赛仍延续世界冠军与挑战者进行 16 局对抗的传统，不过谁也没想到这场较量成为女子国际象棋发展史上值得特殊记录的一次。首先，自 1996 年苏珊·波尔加成为世界冠军之后，3 年间她忙于自己个人的生活安排再也没有以棋手的身份出现在赛场上，原本应该在 1998 年就进行的世界冠军对抗赛，波尔加以生孩子的理由延期了。比赛原本顺延到 1999 年举行，谁知从年初开始波尔加还是以这样那样的理由拒绝参赛，最终国际棋联判定以参赛资格顺延的原则，俄罗斯女棋手加利亚莫娃获得了参赛权。紧接着，由于中国申请比赛承办资格，加利亚莫娃认为在一方棋手的国家比赛不公平，于是她的故乡俄罗斯鞑靼共和国首都喀山临时提交承办比赛的申请，最终比赛分为前后两端在两个国家各战 8 局。好事多磨，经历了这么多插曲的女子世界冠军赛终于成功举办。但谁知道一年之后，也就是 2000 年，赛制全面改革，由对抗赛制变成淘汰赛制。因此，1999 年在俄罗斯喀山和中国沈阳举办的女子世界冠军赛成为传统赛制的最后一次较量。

1. e4　c5　2. Nf3　Nc6　3. d4　c×d4　4. N×d4　Nf6　5. Nc3　d6　6. Bg5　e6　7. Qd2　a6　8. 0-0-0　N×d4　9. Q×d4　Be7　10. f4　b5

这是比赛的第二局，加利亚莫娃采用了西西里防御当中一个对攻激烈的变化。显然，俄罗斯方面是想提前抢分，带着领先的优势去参加沈阳举办的后半段比赛。现在，黑方还有 10... Qa5　11. e5　d×e5　12. f×e5　Nd5　13. B×e7　N×e7　14. Bd3　Nc6　15. Qh4 的变化带来复杂的中心战斗。此外，10... 0-0　11. Be2　b5　12. Bf3　Bb7　13. B×f6　B×f6　14. Q×d6　Qa5　15. e5　B×f3

16. g×f3 Rad8　17. Qc5 的变化，白方虽然能够获取一定的子力优势，但是黑棋可以借助灵活的子力位置组织机动有效的反击。

11. B×f6

白方直接采取行动。另外 11. Be2 Bb7　12. Bf3 Rc8　13. B×f6 g×f6 14. f5 Qa5　15. f×e6 f×e6　16. Kb1，是一种稳健而长久施压的下法。

11. . . g×f6　12. e5（图 84）

在局面呈现开放状态的情况下，白方唯有抓紧时间行动，才能利用自己的出子先手。否则，待黑棋将一切子力布置停当，白方的马象子力配置就比不上黑方双象更能发挥作用了。

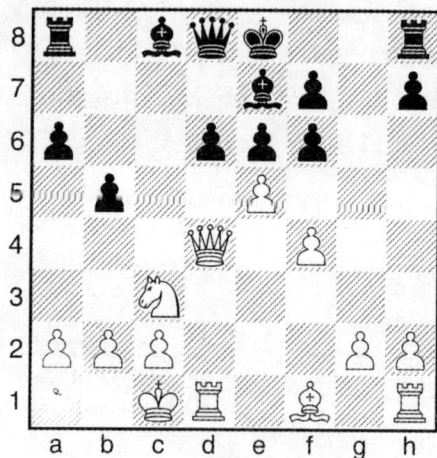

图 84

12. . . d5

假如黑方采取 12. . . d×e5 的下法，将遭到 13. Qe4 Bd7　14. R×d7 K×d7 15. B×b5+ a×b5　16. Rd1+ Bd6　17. N×b5 的打击，白方在中心快速行动，黑王在劫难逃。

13. Kb1（图 85）

由于白方已经采取将自己的黑格象兑换黑棋的马，因此白王再留在黑格的位置，可能遭受到来自 c1—h6 斜线的攻击。适时将王走到更安全的位置是非常明智的。

13. . . Bd7

黑方另外一种下法是 13. . . Bb7，经过 14. f5 f×e5　15. Q×e5 Bf6 16. Qg3 Qe7　17. f×e6 f×e6　18. Be2 h5　19. a4 h4　20. Qg6+ Qf7　21. Qd3

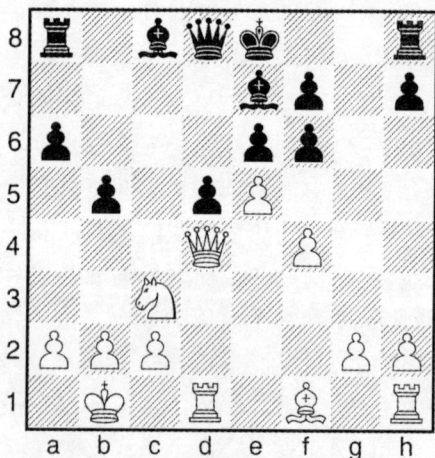

图 85

之后，白方子力位置活跃，黑王处于中心，将遭到进攻。

14. Qe3

在这盘棋下完之后，我惊讶地在棋谱数据库中发现另有一局白方采取 14. f5 f×e5　15. Q×e5 Bf6　16. Qe3 0-0　17. Qh3 Rc8　18. Bd3 Qe7 下法的对局，最终白方并未取得理想的局面。而这局棋执白的选手正是加利亚莫娃本人！难怪她选择这样的开局变化。

14...f5 15.g4!?（图86）

中心兵形封闭了，就在王翼采取行动，争取从侧翼入手开放局面。现在，白方如果选择稳健调动子力的方式，恐怕难以达到开放局面的目的。例如在15.Ne2 h5 16.h4 b4 17.Qf3 Bb5 18.Ng3 Bxf1 19.Rdxf1 Rg8 20.Nxh5 Rc8的变化中，白方能够收获具体子力，但是后续战斗过程中，黑方将利用积极的子力位置来组织反击行动。

15...fxg4 16.h3 gxh3 17.Bxh3 Qc7

黑方采取常规的出子，现在黑棋急需解决的问题是王的安全。

18.f5（图87）

白方开始把战火从侧翼向中心转移。虽然局面上少了一个兵，但是子力位置主动，且黑方多出来的兵在h线，一时半会儿与整个棋局的发展无关。

18...0-0-0 19.Rhf1 Kb8!（图88）

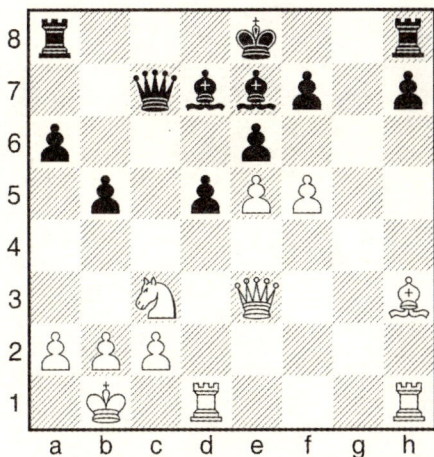

图87

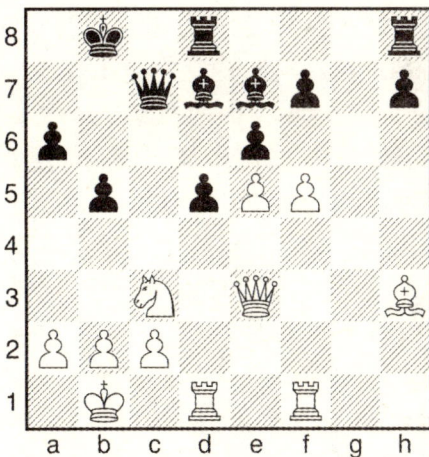

图88

与前面白方把王走到b1格寻求安全位置的道理一样，黑方适时将王走到黑格，目的就在于避开白方h3格象的持久攻击。

20.fxe6 fxe6 21.Rf7!?

说老实话，在对局的时候我预见到黑方将从中心采取行动，并且自己没有完全计算清楚后续变化中的每一个环节。但是我的脑海里很清楚地明白一件事，白方不能等待，必须尽早行动！否则，黑方这么多的兵会给我带来很大的麻烦。

21...d4！ 22. R×d4！

白方必须迎接挑战！现在白棋不能采取 22. Q×d4 Be8 23. Q×d8+ B×d8 24. R×c7 B×c7 25. B×e6 B×e5 的下法，虽然那样形成的残局看起来双方子力势均力敌，但是黑方拥有更佳的子力配置，h 线的通路兵也将发挥重要作用，这样的残局形势是白方不能接受的。

22...Bc5 23. Ne2！

好棋！白方要保留一切战斗机会，因为黑方的阵营中有一个重要的问题持久存在，那就是黑王的位置并不安全。现在，白方假如退让采取 23. Rd×d7？ R×d7 24. R×d7 B×e3 25. R×c7 K×c7 26. B×e6 Bd4 的下法，将很快失去战斗能力。

23...h5？？

此时，加利亚莫娃思考了很久，最终选择了挺进边兵，为今后残局中该兵升变进行提早准备。在混乱的局面中，她既没有找到能够马上为黑棋解决问题的办法，也没能看到白棋凌厉的进攻手法。现在，黑棋应该采取 23...Qb6 的走法，经过 24. b4（白方采取 24. b3 B×d4 25. N×d4 Rhg8 26. R×h7 的下法也能获得一定的局面补偿，但是不知道能不能抵消黑方拥有的子力优势）24...B×d4（不好的是 24...B×b4？？白方可以 25. Qe4，白棋子力在 h1—a8 斜线上发威）25. N×d4 Rhf8 26. R×h7 Rh8 27. R×h8 R×h8 28. Bg2，黑方虽然依旧子力数量占优，但白方牢牢掌控了 a8—h1 斜线，对黑王组织强力攻击。

24. b4！（图89）

霎时间，白王在底线的安全隐患得到解决，白棋所有子力一下子变得生龙活虎起来。

24...B×d4

黑方 24...Bb6 也不能进行有效的防守，因为白棋可以 25. Qf3 B×d4 26. N×d4 Rhe8 27. Bg2 Qb6 28. Nb3 Qa7 29. Nc5，围绕黑王的攻势强力展开。

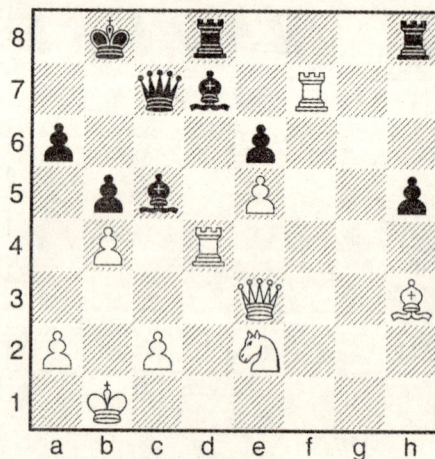

图89

25. N×d4 Rc8

如果 25… Qc4　26. Bg2　Q×b4+　27. Nb3，黑方子力难以回到有效位置进行防守。又如 25… Qb6　26. Bg2　Kc8　27. Qf3　Rhg8　28. Qa8+ Kc7　29. N×e6+ Q×e6　30. Qb7+#，白方将杀黑王。

26. Bg2

白象顺利走到 a8—h1 斜线上，凶狠地切割黑王的活动区域。对局至此，黑方已经无力进行有效防守。

26… Rhg8　27. Nc6+ Ka8　28. R×d7!

干净利索的入局方式！

28… Q×d7　29. Nb8+

非常漂亮的战术闪将！加利亚莫娃投子认输。

20

许昱华—朱科娃

2000 年弈于中国沈阳女子世界杯

自 1991 年中国女棋手首次获得女子个人世界冠军之后，一批出生于 20 世纪 70 年代的女棋手如雨后春笋般生长起来，在女子国际象棋赛场中代替了苏联女棋手的地位，呈现中国现象。在这批年龄相仿的棋手中，有那么几年的时间里，来自西子湖畔的许昱华的表现一直徘徊在团体队员主力和替补之间。直到 2000 年沈阳举办的首届女子世界杯，赛前被看好的种子选手一一落马，从来不显山不露水却又水平保持稳定发挥的许昱华力挽狂澜，一路杀到决赛，并将世界杯冠军揽入怀中。可以说，2000 年世界杯的胜利筑牢了许昱华的信心，也令她一下子站到了更高的视野。2006 年，许昱华终于修成正果，夺得了女子世界锦标赛冠军。

接下来我们看到的是沈阳世界杯中的棋局，执黑选手是来自乌克兰的女子国际特级大师朱科娃。每当坐到棋盘边，朱科娃总会是赛场当中气场最足的一位选手，满怀信心全面投入的神态贯穿在她比赛的每一分钟，即便是局势不佳的时候，朱科娃也会摆出一副自信的样子。

1. e4 Nf6　2. e5 Nd5　3. d4 d6　4. Nf3 d×e5　5. N×e5 g6　6. Bc4 c6 7. 0-0

白方开局获得了较大的空间，但付出的代价是兵形很不稳定，容易受到黑方的袭击。在后面的计划制定过程中，为了更有效地使用空间调动子力，白方行棋的过程中需要尽可能地避免兑子。而从黑棋的角度来讲，位于 g7 格的象受到白方 c3—d4 兵的遏制，难以充分发挥作用，因此挺兵 c7—c5 或 e7—e5 就成为黑棋很自然的反击手段。

在子力布局方面，白方常用的子力调动方式是：Re1 - c3，Bb3，Nbd2 - Nf1 或者 Nf3，Bg5。当黑棋采取 Nd7 邀请兑换中心马的时候，白方一般采取 Nf3 退马以求保留更多数量的子力。这样一来，黑方的双马就会由于空间小而难以进行有效调动，缺少理想的好位置。

7... Bg7 8. Re1 0-0 9. Bb3 a5

假如黑方采取 9... Nd7，白方将应以 10. Nf3 b5 11. B×d5 c×d5 12. Nc3 a6 13. N×d5 e6 14. Nc3 形成稍好的局面。如果黑方 9... Be6，白方将采取 10. Nd2 Nd7 11. Nef3 Nc7 12. c3 Bd5 13. Ne4 Re8 14. Bg5 Ne6 15. Bh4 Nb6 16. Qc2，同样有机会获得不错的发展。

10. a4?!

白方挺进 a 兵的结果是黑方位于 d5 格的马变得相对位置稳固了。因为只要白方挺兵 c4，黑方就可以跃马到 b4 格，这个位置是白方无法用兵进攻，也就是说没有有效的子力将 b4 马驱赶走。此时白方可以考虑采取 10. c4 Nb6 11. Nc3 N8d7 12. Nf3 Nf6 13. h3 Bf5 14. Bf4，形成白方稍好的局面。（图90）

形成了一个该开局变化中的典型局面，白方拥有一定的空间优势，黑方伺机反击。

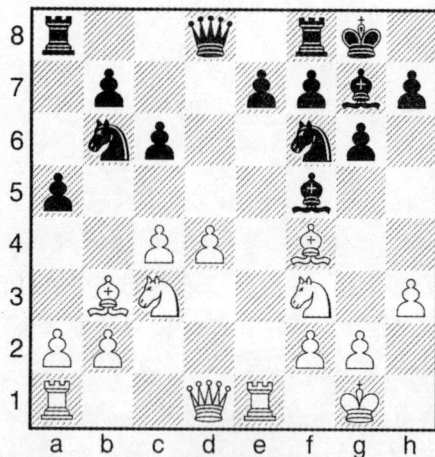

图 90

10... Be6

黑方如果采取 10... Nd7 11. Nf3 e6 12. Bg5 Qc7 13. Qd2 Re8 14. Na3 b6 15. Rad1 Ba6 16. Nc4 的变化，将会转入一个白方稍优的局面。

11. c3 Nd7 12. Nd3

通常，白方会采取 12. Nf3 来拒绝黑方兑换子力。

12... Bf5 13. Na3 Re8 14. Bg5 N5f6?

坏棋！黑方应该采取 14... N7f6 的下法，接下来 15. Nc4 Ne4 16. Bh4 B×e5

17. d×e5 Nc5，形成一个大体均势的局面。

15. Bh4 h6　16. h3 e6　17. Bc2

白方拥有较大的空间，因此耐心地调动子力，阻止黑方挺进中心兵反击是一个聪明的下法。现在，假如白方着急行动，就可能带来大量的子力交换，将局面引入一个毫无生气的残局。例如 17. Ne5？ N×e5　18. d×e5 Q×d1　19. Ra×d1 Ne4　20. g4 Nc5　21. Bc4 Be4，大致均势。

17... Nb6　18. Nc5 B×c2　19. Q×c2 Ra7?!

黑车走到一个奇怪的位置。现在黑棋自然的出子方式是 19... Qc7，经过 20. Bg3 Qe7　21. Qb3 Nfd5　22. Nc2，白方获得稍好的局面。

20. Qb3！（图91）

我们经常说威胁比直接打击更可怕。现在，白方位于 b3 格的后就对黑棋的阵营产生了牵制的威胁，黑方的 b7 兵成了累赘。

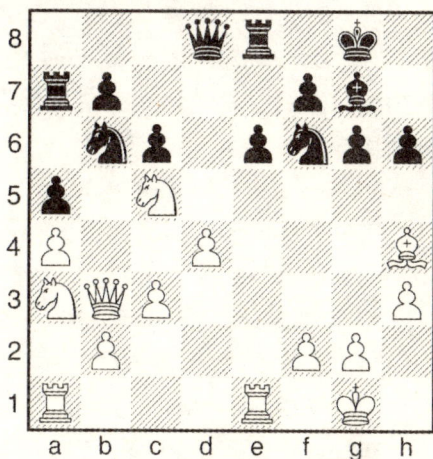

图91

20... g5　21. Bg3 Nfd5　22. Rad1 Qe7　23. Nc2 Nc8

如果黑方采取 23... Nd7 的下法，白方将同样应以 24. Nd3 拒绝子力交换。

24. Ne3

也许是因为这局棋发生在淘汰赛制的比赛当中，白方的行动非常小心，生怕破坏了局形，将眼前的空间优势化为虚影。现在，白方更厉害的招法是：24. c4！ Nf6　25. Ne3 b6　26. Nd3 Qd8　27. Ne5，白方在中心的空间优势将发挥更大的作用。

24... N×e3　25. R×e3 b6　26. Nd3 Rb7　27. Rde1?!

白方习惯了避免子力交换的思维，宁可选择等待式的下法，也不愿意通过 27. Ne5 B×e5　28. B×e5 的变化获取优势。

27... Nd6　28. Ne5 Rc8

黑方如果采取 28... Nf5　29. N×c6 Qd7　30. Ne5 Qd5　31. Q×d5 e×d5　32. R3e2 的变化，将形成对白方有利的局面。

29. R3e2 Qd8　30. Nf3 b5　31. a×b5 R×b5?

这里，黑方应该采取 31... Nf5 的下法进攻中心。需要注意的是黑方不能走 31... c×b5，因为白棋可以通过 32. B×d6 Q×d6　33. R×e6！ 的走法获取胜利的局面。

32. Qa2 Nf5 33. Be5 Bf8 34. Nd2?!

白方应该考虑采取占领中心线路的走法 34. Rd2！（图92）

接下来，棋局经过 34...Qb6 35. Bh2 c5 36. d5 之后，白方的空间优势逐渐发挥出更大的作用。

34...Be7?!

黑方没有抓住机会及时反击，削减白方的空间优势。在 34...c5！ 35. c4 Rb7 36. d5 e×d5 37. c×d5 Nd4 的变化中，白方的空间优势几乎荡然无存，局面接近均势。

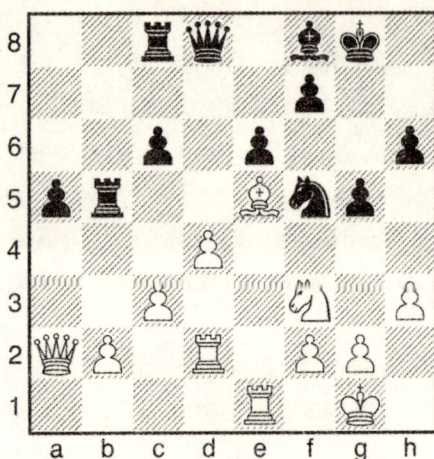

图 92

35. Ne4 Ra8 36. Qa4!? Rb6?

黑方再次将车走到了错误的位置。现在黑棋应该选择 36...Qb6 37. b4 Rc8 38. b×a5 R×a5 39. Rb2！ 的变化，白方的先手十分有限。

37. Ra1 Rba6 38. Ree1 Qb6 39. Ra2 Qb5 40. Nf6+

白方采取 40. Qd1 的走法，同样能获得明显的优势。

40...Kf8 41. Qc2 B×f6

棋局已经走完了40回合，经历了时间紧张的两位棋手都顺利度过第一时限。不过，当我们再来冷静审视局面的时候，我们会发现黑棋面临艰巨的防守压力。现在，黑棋采取 41...c5 的下法也不能妥善解决自己阵营中的问题，因为白方可以采取 42. g4 Nh4 43. Qh7 Bd8 44. c4 Nf3+ 45. Kh1 Qc6 46. d5 的下法将棋局引向胜利。

42. B × f6 Kg8 43. Re5 Qb7 44. Qe2!（图93）

看起来双方棋子数量是一样的，但是双方子力所处位置产生的功效却存在天壤之别。白棋掌控着进攻的主动权，

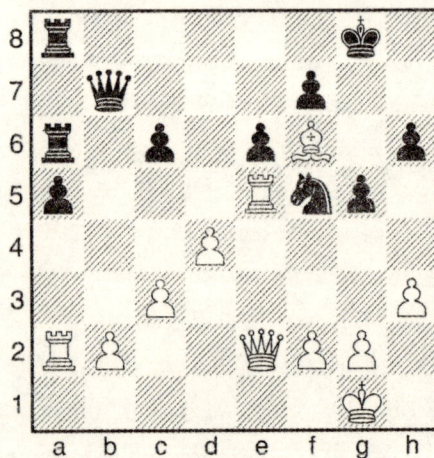

图 93

黑方兵形有弱点、王不安全以及缺乏有效反击这几个因素凑在一起，决定了黑

棋已经处于崩溃的边缘。

44...Kh7　45.Qh5　Rg8?!

黑方这样走无疑是承认自己处于败势了。此时更坚强一些的防守应该是 45...Ng7，白方将应以 46.Qe2，重新寻找进攻的最终突破口。

46.Rexa5　Rxa5　47.Rxa5　Rg6　48.Be5　f6　49.Bg3　Nxg3　50.fxg3　Qc7 51.Rc5！Qxg3　52.Qf3　Qe1+　53.Kh2　f5

如果 53...g4　54.hxg4　Qh4+　55.Qh3 的变化，白方胜势。

54.Rxc6　Rg7

黑方采取 54...g4 的下法，白方将应以 55.Rc7+　Kh8　56.Qg3，白方胜势。

55.Qg3　Qe4　56.Rc7　f4　57.Rxg7+　Kxg7　58.Qf3　Qf5　59.b4　Kg6 60.Qg4　Qd5　61.h4　Qc4　62.Qf3！Kf5

黑方走 62...Qb5 也不能令局面有所改观，白棋可以采用 63.Qe4+　Kf6 64.Qh7 的方式获得胜势局面。

63.Qh5！Qxc3　64.Qf7+　Kg4　65.Qxe6+　Kh5

黑方如果采取 65...Kxh4，白方将通过 66.Qxh6+　Kg4　67.Qe6+　Kh4 68.Qh3+　Qxh3+　69.gxh3 的变化获取胜势局面。

66.hxg5　Kxg5　67.Qg8+　Kh4

在 67...Kf6　68.b5　Qe1　69.Qf8+　Kg5　70.Qg7+　Kf5　71.Qe5+的变化中，白方取胜不难。

68.Qd8+　Kg4　69.Qd7+　Kg5　70.Qg7+　Kf5　71.b5　Qe1　72.Qe5+　Qxe5 73.dxe5　Kxe5　74.Kh3

黑王顾此失彼，无法同时兼顾阻止白方 b 兵升变和防守自己的 f、h 线路兵两个任务。对局至此，黑棋投子认输。白胜。

漫长的棋局，取胜不仅需要技术，还需要耐心和好身体。

21

波尔加（小）—卡斯帕罗夫
2002 年弈于莫斯科俄罗斯挑战全世界快棋对抗赛

从 20 世纪 80 年代起，世界棋坛上就被两个响亮的名字笼罩着。不管会不会下棋的人，只要一说到国际象棋就会想到这两个名字。这两个人就是很长时间成为男棋手追赶目标的俄罗斯男棋手卡斯帕罗夫和让女棋手感叹生不逢时的有外星少女之称的匈牙利女棋手朱迪特·波尔加。

朱迪特·波尔加是传奇波尔加三姐妹中的小妹。1988 年，她 12 岁的时候就在世界奥林匹克团体赛中获得全场最佳女棋手表现奖。也就在那次比赛之后，当时男子世界个人冠军称号拥有者卡斯帕罗夫半开玩笑地说道："看来，未来向我挑战的将是这个小女孩。"

小波尔加将自己的目标瞄准了男子赛场。虽然她不曾达到男子个人世界冠军的高度，但是作为一名女棋手，她创纪录地闯入了男子技术等级分世界前十位。这些年，波尔加一直在男子赛场中征战，几乎对阵过所有高水平的男棋手并都取得过胜绩，唯一未被攻克的高峰是世界男一号卡斯帕罗夫。但在 2002 年举办的俄罗斯挑战全世界快棋对抗赛中，她终于突破最后一道防线。

1. e4 e5 2. Nf3 Nc6 3. Bb5 Nf6

非常奇怪的是，执黑棋的卡斯帕罗夫采取了西班牙开局中最为稳健的柏林变例。看来，男棋王更愿意在平稳的残局当中与波尔加较量。也难怪，这毕竟是快棋比赛，在激烈的攻杀局面中，即便棋手的水平再高，也难免因为赛时有限而出现闪失。

4. 0-0 N×e4 5. d4 Nd6 6. B×c6 d×c6 7. d×e5 Nf5 8. Q×d8+ K×d8 9. Nc3 h6

黑方通过挺起 h 线边兵提前消灭白方入侵 g5 格的可能性。在此，黑方还有一种常见的走法是 9...Ke8，经过 10. h3（假如 10. Rd1 Be7 11. h3 h5 的变化，大致形成一个双方互有机会的残局） 10...Be7（假如黑方采取 10...h6 的走法，棋局可能沿着 11. Rd1 Ne7 12. Be3 Ng6 13. a3 Be7 14. Rd2 Be6 15. Re1 Rd8 16. R×d8+ K×d8 17. Nd4 的变化发展，白方获得稍优的局面） 11. Bg5 B×g5 12. N×g5 h6 13. Nf3 Bd7 14. Rad1 顺利兑换黑格象之后，黑方由于王的位置欠佳以及叠兵的因素，局面稍差一些。

除了采取挺进边兵和躲王的走法之外，黑方另外一种调整子力位置的走法，9...Ne7 10. h3 Ng6 11. Bg5+ Ke8 12. Rad1 Bd7 13. Rd2 Be7 14. B×e7 K×e7 15. Nd4 Rhd8 16. f4，白方同样顺利兑换了黑格象，取得微小的残局优势。

10. Rd1+ Ke8 11. h3（图 94）

白方挺进 h 兵有两个目的：一是在条件允许的时候挺兵 g4，充分发展王翼的空间；二是白方可能把王通过 h2 格缓慢运往中心更有利的位置。

11...Be7

黑象走到 e7 格之后，就不能进行 Ne7—g6 的子力调动了。现在，黑方还有旨在调动后翼子力的计划，经过 11... Bd7 12. Bf4 Rd8 13. Rd2 Be6 14. Rad1 R×d2 15. B×d2 Bc5 16. Be1 之后，形成一个看似平稳，但实际上双方都潜藏着复杂争斗的棋局形势。

黑方不好的走法是 11... Be6，因为白棋可以采取 12. g4 Ne7 13. Nd4 的方式快速行动，黑方子力受到进攻。

12. Ne2

白方耐心将自己的子力向棋盘的中心调动。现在，假如白棋采取 12. g4 Nh4 13. N×h4 B×h4 14. Kg2 h5 15. f3 的下法，将会使双方棋子走向一种互相纠缠的状态，在这样的局面中，需要棋手敏锐觉察对方的计划，在有效阻止对方意图的前提下推进己方的行动。也就是说，不要贸然采取不成熟的进攻，而是采取后发制人的方式缓慢而稳健前行。

12... Nh4

尽管是快棋比赛，但是在这步棋上，卡斯帕罗夫还是花费了相当的时间来思考。在以往的对局中，黑方较多见的走法是 12... Bd7，经过 13. b3 Rd8 14. Bb2 Rg8 15. Rd2 Bc8 16. Rad1 R×d2 17. N×d2 g5 18. g4 Ng7 19. Ne4 Ne6 20. Bc1 Rg6 21. Be3 c5 22. N2 g3 之后，形成白方稍好的局面。黑方另外一种走法是 12... a5，经过 13. a4 Bc5 14. Nf4 h5 15. Ng5 Be7 16. Ne4 之后，白方也能获得稍好的局面。

13. N×h4 B×h4 14. Be3！

好棋！白方采取稳健中心行动的策略。将子力中心化是国际象棋永恒的主题。

14... Bf5？

卡斯帕罗夫对局面的理解发生了偏差。在这个局面中，黑方正确的做法是把白格象停在 c8—h3 斜线上，这样才能有效达到监控白方王翼兵前进的目的。此时，黑棋应该采取 14... Bd7 的下法，经过 15. Rd4 Be7 16. Rad1 Rd8 17. Nf4 a6 18. Nh5 Rg8 19. g4 之后，白方获得稍优的局面。黑棋同样有效的尝试是 14... f5，经过 15. Rd2 Kf7 16. Rad1 Be6 17. a3 a6 18. Nd4 Rad8

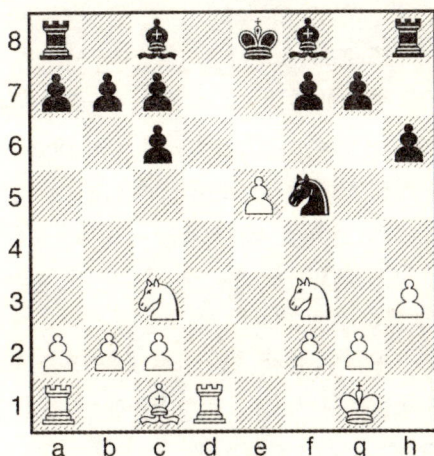

图 94

之后，黑方防线坚固。

15. Nd4 Bh7?!

黑方如果走 15...Bg6，经过 16. g4 Rd8　17. f4，白方获得稍好的局面；如果黑棋把象保留在 h3—c8 斜线上，经过 15...Bd7　16. g4 之后，白方同样能够获得稍优的局面。

16. g4（图 95）

王翼兵挺起之后，不仅打开了白王的通道，还开始了挺兵 f4 在中心上占领更大地盘的行动前奏。

16...Be7　17. Kg2 h5　18. Nf5（图 96）

对局至此，白方已经获得了绝对的主动权。比较双方棋子的位置，白方磨刀霍霍，黑棋则龟缩在家中，两者之间存在太大的差异。

18...Bf8　19. Kf3 Bg6　20. Rd2 h×g4+　21. h×g4 Rh3+

黑方如果试图简化局面，采取 21...Rd8 的走法，经过 22. R×d8 + K×d8　23. Rd1+之后，白方依旧牢牢掌控着 d 线。

22. Kg2 Rh7　23. Kg3 f6　24. Bf4

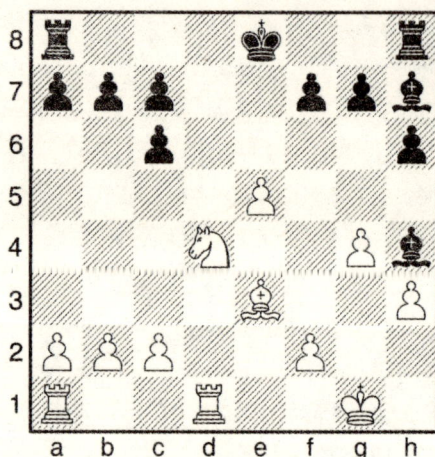
图 95

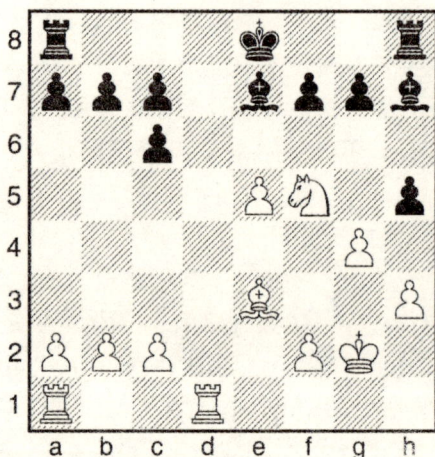
图 96

白方不肯轻易将局面封闭，采取了保持双方棋子间"亲密接触"的势态。不过，现在白棋走 24. e6 的话，白方 e 兵深入黑棋阵营，不可轻视。

24...B×f5　25. g×f5 f×e5　26. Re1 Bd6

假如黑方采取在 e 线死守的策略，经过 26...Be7　27. R×e5（如果 27. B×e5 Rd8　28. R×d8+ K×d8　29. B×c7+ Kd7　30. Be5 Bf6，黑方刚好可以进行防守）　27...Kf8　28. Rd7 Bd6　29. f6，白方的攻势凶猛。

27. B×e5 Kd7　28. c4! c5

白方仗着自己棋子占据着主动位置，不断发动新的进攻，黑方已经陷入疲于防守的状态。现在 28...b6 试图撑住局面的下法也不能挽救黑方的局面，因为在 29. b4　c5　　30. b×c5　b×c5　　31. B×d6　c×d6　　32. Re6 的变化中，白方的棋子顺利入侵。

29. B×d6　c×d6　　30. Re6　Rah8　　31. Re×d6+

白方有多种方式侵入黑方阵营，例如 31. Rd×d6+!?　Kc7　　32. Rd5 的变化，同样给白棋带来胜势局面。

31...Kc8　　32. R2d5　Rh3+

黑方如果采取 32...b6 的下法，将迎来白方 33. Rd7。

33. Kg2　Rh2+　　34. Kf3　R2h3+　35. Ke4　b6　　36. Rc6+　Kb8　　37. Rd7　Rh2　　38. Ke3

白王安然位于棋盘中央，黑方的两个车无法组织有效的进攻。

38...Rf8　　39. Rcc7　R×f5　　40. Rb7+　Kc8　　41. Rdc7+　Kd8　　42. R×g7　Kc8

（图 97）

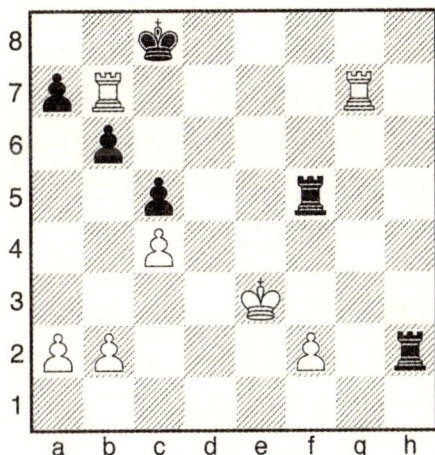

图 97

对局至此，黑方局面崩溃，白方深入到七线的两个车可以采取多种方式组织对黑王的有效进攻。

可能是担心继续抵抗下去，惨不忍睹，卡斯帕罗夫突然停钟认负。

福瑞斯尼特—塞巴格

2003 年弈于法国巴黎大奖赛

2003 年的塞巴格是一颗刚刚升起的新星——刚刚令自己的技术等级分超越 2400，刚刚获得女子国际特级大师，刚刚有资格代表法国队参加世界团体赛。法国是一个崇尚艺术与创造的国家，虽然很多年来法国国际象棋队鲜有出众的成绩吸引世人的目光，但是法兰西这片充满浪漫色彩的土地上却承办了不少高级别的传统赛事，成为国际象棋赛事活动的中心。

塞巴格的出现预示着法国女子国际象棋有了新的领军人物。尽管 2003 年的塞巴格不过是初露头角，但是这位女棋手却能得到不少高级别比赛的参赛外卡，与强手的对抗过程也促进了塞巴格棋艺水平的提高。

接下来的对局中，我们将看到塞巴格与时年也是法国男子新星级的选手福瑞斯尼特之间的较量。在激烈的对攻局面中，执白棋的福瑞斯尼特错误地估计形势，选择了错误的行动计划，让这场较量以女棋手获胜而告终。有趣的是，若干年后，这两位棋手都成为法国队的顶梁柱，但是男棋王却一直没有找到机会"报仇雪恨"，因为两位再无交手机会。

1. d4 d5 2. c4 c6 3. Nc3 Nf6 4. e3 a6 5. Qc2 b5

黑方选择了后翼快速行动的计划，目的当然是希望白棋早点在开放后翼战场或封闭后翼战场两种可能性之间做出选择。现在，黑棋也可以选择正常出子的方式走5... e6，接下来的变化是6. Nf3 c5 7. c×d5 e×d5 8. Be2 Nc6 9. 0-0 Be6 10. Rd1 c×d4 11. N×d4 N×d4 12. R×d4 Bc5 13. Rd1 Qe7，形成一个大体均势的局面。

6. b3 Bg4 7. Nge2 Nbd7

白方保持后翼的紧张状态，令棋局未来发展增添了更多的想象空间。现在，黑棋并没有采取7... e6正常出子的下法，因为白棋可以8. Ng3，如此一来黑象走到g4就显示不出多大意义。

8. h3

现在假如白方还是采取8. Ng3的走法，准备下一步挺兵攻击g4象的话，黑方应以8... e5（图98）快速实现中心反击，接下来的变化可能是9. h3 Be6 10. d×e5 N×e5 11. f4 Ned7 12. f5 Bd6 13. Nce2 Qc7 14. Kf2 0-0，形成混乱不堪的局面，双方机会相当。

8... Bh5 9. Nf4 Bg6 10. N×g6 h×g6 11. Bb2 e6

黑方继续采取平稳出子的方式推进棋局。鉴于后翼兵处于互吃的胶着状

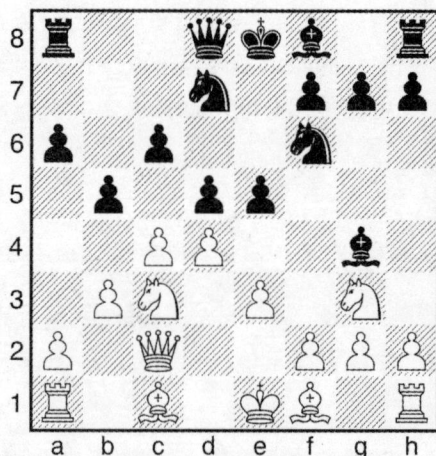

图98

态，而黑方此时尚未将自己的王走到安全的位置，因此，黑棋现在最重要的任务不是行动，而是顺利出子并完成王车易位。

12. Bd3 Bd6 13. c5 Bc7 14. 0-0-0

白棋不能采取14. f4 g5 15. f×g5 Ng4的下法，黑方子力位置活跃，能够造成有威胁的进攻。另外，黑方接走长易位不合时宜，因后翼兵冲击过高。

14...e5（图99）

此时，后翼兵形已经呈现相对封闭的状态，因此黑棋从中心反击就成为一个好主意了。

15. Kb1 0-0 16. h4

看到黑方位于 g6 的兵，白棋不由自主挺进 h 兵，期待着寻找合适的机会挺兵 h5 开放王翼线路。现在，白方另有 16. g4!? 的走法，目的在于对黑方的 f6 马施加压力。

16...Re8 17. Be2 e×d4 18. e×d4 Nf8 19. h5?

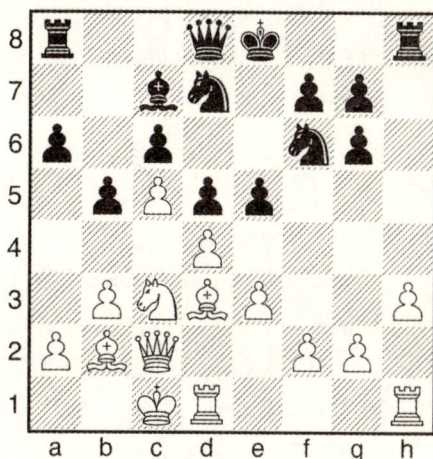

图 99

坏棋！白方一门心思寻求开放 h 线，似乎这样一来黑王就会暴露在白方的火力进攻之中。粗看之下，白棋制定这样的行动计划非常合理，但是白棋忽略了黑棋可以采取中心反击的方式来达到围魏救赵的目的。假如白方意识到黑棋的中心行动，此时一定会采取 19. g4!? Qe7 20. Rde1（图 100），这样就形成了双方争夺中心开放 e 线的局面，大概是一个均势。

19...b4! 20. Na4 Qe7 21. Bf3

现在白棋采取 21. Rde1 的走法已经来不及了，因为黑棋可以应以 21...g×h5，白方难以控制住局面。

21...g×h5 22. B×h5 N×h5 23. R×h5 Qe2（图 101）

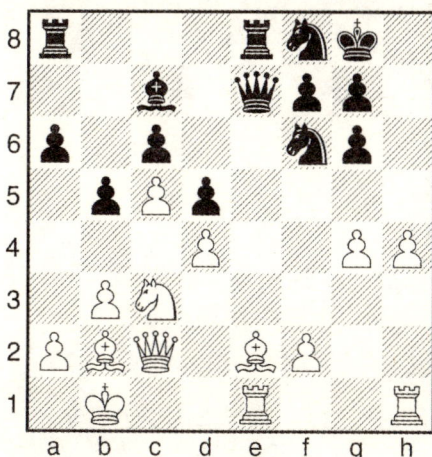

图 100

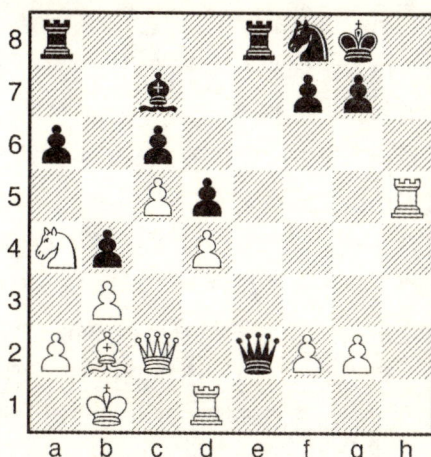

图 101

好棋！反击是最好的防守。此时黑棋已经牢牢掌握了开放 e 线，白方在开放 h 线上的行动只不过是看起来很美。

24. Rdh1 Q×c2+ 25. K×c2 Ng6 26. Kd1 f6?!

黑方担心自己的王被憋在家里，赶紧给王开了一个天窗。不过，相比较 26...f6 这样不疼不痒的招法，黑棋更有力度的走法是 26...Re7 27. g3 Rae8，牢牢将 e 线掌控在手中。

27. g3 Re4 28. Re1 Rae8 29. Rhh1 f5

黑方占据了较大的空间。但是，伴随着白方双车及时回防，在 e 线上将发生一场子力大兑换，黑方的主动地位将有所减弱。

30. R×e4 R×e4 31. Re1 Kf7

黑方接下来的计划是将马通过 f8 格走向 e6，攻击白方中心兵。

32. R×e4

32. Nb6 Nf8 的走法会令黑棋拥有较好的残局发展前景。

32...f×e4 33. Ke2 Ne7 34. g4 Ng6 35. Bc1??

白棋被黑方跳来跃去的马折腾晕了。现在白方应该采取谨慎的变化 35. f3 Nf4+ 36. Ke3 e×f3 37. K×f3 Ne6，黑方获得理想的局面，但是暂时看不到明显的取胜机会。

35...Nh4

这下子，白方的 f 兵被卡住不能动了，白方兵形上的缺陷逐渐暴露出来。

36. Be3 Bd8 37. Nb2 Nf3

黑方应该采取 37...g5！（图 102）

白方的局形仿佛固化了。位于 b2 格的马难以发挥作用，位于 g4 格的兵早晚成为黑方的盘中餐。接下来，黑方可以优哉游哉地采取 Nh4-f3-h2，白方眼睁睁地看着 g4 兵被消灭掉。或者，当黑方将马停留在 f3 格，采取 Bf6 的方式攻击 d4 兵，白棋同样奈何不得。

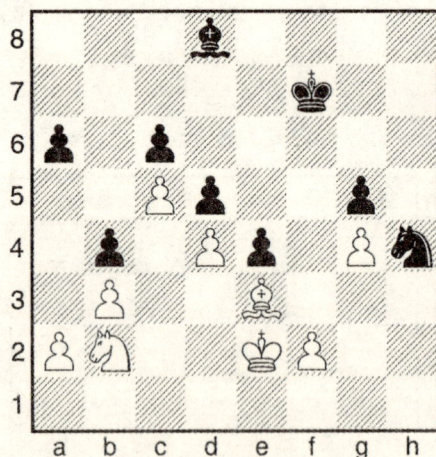

图 102

38. Nd3 a5 39. g5 Ng1+ 40. Kf1 e×d3

四十回合时限终于过去了。双方的马交换掉之后，棋局上的子力进一步简化，黑方还能组织有力的行动迎接胜利吗？

41. K×g1 Kg6 42. f4 Kf5 43. Kf2 Ke4

黑王御驾亲征！国际象棋的残局中，由于双方棋子数量已经减少到无法组织有效的攻杀时，王就变成了一个强大的攻击型棋子。比较黑白双方的王，我们看到黑王雄踞棋盘中心，威风八面，而白王则龟缩在被动的位置，难以发挥作用。由于双方王的位置天壤之别，再加上黑方强有力的兵形，现在双方虽然棋子数量相当，但是白方已经丝毫没有还手之力了。

44. Bd2 g6 45. Kg3 Be7 46. Kg4 Bf8 47. f5 g×f5 + 48. Kh5 Bg7 49. Kg6 B×d4 50. Kf7 f4

黑方可以用象从容看守住白方 g 兵前进的格子，而白象却无法同时监管住黑棋 d、f 两个兵前进的线路。白棋防守无望，投子认负。黑胜。

23

诸宸—格兰达

2004 年弈于荷兰维克安泽邀请赛

2001 年，诸宸在莫斯科夺得女子世界冠军。她是集世界少年、青年、成年冠军于一身的大满贯棋手，为此她付出了 13 年的时间。她的棋风很有韧劲儿，只要还有一丝机会，这位来自中国浙江温州的女棋手就会与对手继续战斗，直至对局分出结果为止。

棋迷津津乐道的还有她的跨国婚姻。经过了漫长的马拉松式恋爱，诸宸最终成为那位来自阿拉伯国家卡塔尔的男棋手的新娘。为了更好地兼顾家庭和事业，诸宸从 2006 年起转会至卡塔尔棋协，华夏大地成为她记忆中最美的故乡。

接下来我们看到的是诸宸参加荷兰传统赛事维克安泽邀请赛中与秘鲁男子国际特级大师格兰达的对局。格兰达这位来自南美的棋手，才华横溢但稳定不足。

1. d4 d5 2. c4 d×c4 3. e3 Nf6 4. B×c4 a6 5. Nf3 b5 6. Be2 Bb7 7. a4 b4 8. Nbd2 e6 9. 0-0 c5 10. a5 （图 103）

白方 a 兵走到 5 线驻扎在黑方后翼，未来可能在 b6 格为自己的马找到一个坚实的据点。在以往的对局中，曾经出现过 10. Nc4 Be7 （10...Nc6 11. a5 Be7 12. Nb6 Rb8 13. Qc2 c×d4 14. N×d4 N×d4 15. e×d4 0-0，形成平先局面） 11. d×c5 Q×d1 12. R×d1 B×c5 13. Nd4 0-0 14. Nb3 Be7 15. Nba5，白方获得稍优残局。

白方直接在后翼调遣子力的行动不够成熟。例如 10. Nb3 Nbd7 11. Bd2 c×d4 12. Nf×d4 e5 13. Nc2 a5 14. f3 Qb6 15. Be1 Bd5 16. Nd2 Bc5，黑方获得主动权。白方选择兑换中心兵的下法也不能带来理想的局面，例如 10. d×c5 B×c5 11. Nb3 Bd6 12. Nfd4 Ne4 13. Bf3 Qc7 14. h3 Nd7 15. Bd2 Ne5 16. Rc1 Qd8 17. B×e4 B×e4，黑方获得稍优局面。白方还有一种有趣的思路是 10. b3！？ Nbd7 11. Bb2 Be7 12. Rc1，在未来的棋局发展中双方各有机会。

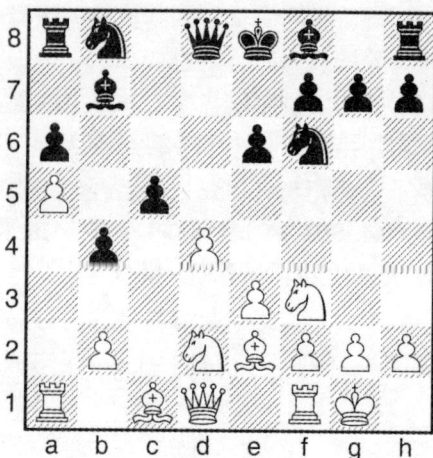

图 103

10. . . Nbd7 11. Qa4

假如 11. Nc4 Be7 12. d×c5 N×c5 13. Bd2 Nd5 14. Nd4 0-0 15. f3 Bf6 16. Nb3 N×b3 17. Q×b3 Bg5 18. Rad1 Qc7 19. B×b4 N×b4 20. Q×b4 Bd5 21. f4 Be7 22. Qb6 Qc8，将形成一个不均衡的局面，双方各有千秋。

11. . . Qc7 12. Ne5 Be7 13. Ndc4 0-0 14. Bd2 N×e5！？

白方虽然把棋子走向了中心，但黑方凭借稳固的阵型和理想的出子，白方的行动并不能马上奏效。黑棋选择交换中心马是一个重大的决定，假如此时格兰达继续采取稳健的下法，棋局应该沿着 14. . . Rfd8 15. Rac1 Rac8 16. Rfd1 Bd5 的方向发展，形成一个基本平先的局面。

15. d×e5

到了必须改变兵形的时候了。如果 15. N×e5 Bd6，黑方成功牵制，获得理想局面。

15. . . Nd7 16. f4 f6

破坏白方的中心，同时达到开放自己王翼线路的目的。现在黑方也可以考虑选择 16. . . Qc6 17. Q×c6 B×c6 18. Rfd1 f6，形成复杂的残局。

17. e×f6 N×f6 18. Rfd1 Rad8 19. Be1 Bc6 20. Qc2 Qb7 21. Bd3（图104）

看上去中心开放的 d 线将很快带来双方棋子的大交换，棋局形势大致均等。但是，我们同时能够感受到的是黑白双方的棋子都处于一种蠢蠢欲动的窥视状态，只待时机成熟便可立马扑出。因此，这是一个看似平淡但充满战斗机会的局势，不管哪一方走出松散的招法，都会招致对手的进攻。

21... Ne4？

坏棋！应该赶紧交换白方的 d3 象，这样白方就无法沿着 f1—a6 斜线发挥作用了。21...Be4！ 22.Bh4（22.Nb6 B×d3 23.R×d3 R×d3 24.Q×d3 Rd8 25.Qc4 Qe4，形成均势局面）22...B×d3 23.R×d3 R×d3 24.Q×d3 Rd8 25.Qe2 Qd5，双方机会大致均等。

22. Nb6！

好棋！白马在 b6 的位置上可以监控到 a8 格，接着白棋就要让自己的象和后都沿着 a6—f1 斜线发威了，黑方

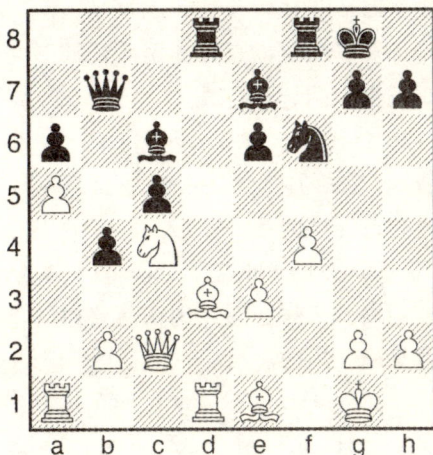

图 104

难以对 a6 兵进行有效的保护。白方如改走 22.Ne5 Bd5 23.Qe2 Bb3（不能 23...Ra8？？ 24.B×e4 B×e4 25.Rd7，白方得子）24.Rdc1 Ra8 25.Bc4 B×c4 26.R×c4，白方获得微小的优势。

22... Bf6？！

黑方没有意识到自己的错误，现在应该及时回调子力走 22...Nf6（图105），接下来，白方假如走 23.Bc4 Nd5，黑方可以让自己的马及时调动到最有力的 d5 格。如果 23.Qc4（白方走 23.Qe2 R×d3 24.Q×d3 B×g2 之后，形成双方子力数量不均衡的乱战局面）23...B×g2，棋局处于一种完全开放的状态，形成复杂对攻的阵势。

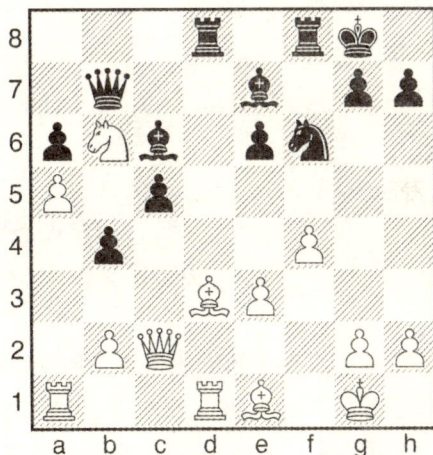

图 105

23. Bc4 Kh8

面对白方咄咄逼人的进攻，黑方不能马虎应对。例如 23...Rfe8 24.Qb3 Kf8 25.B×e6 B×b2 26.R×d8 B×a1 27.Rd1 Bf6 28.Nd7+的下法，将会让白棋从容得到胜利局面。黑棋同样不能 23...Bd5？？，白棋可以利用牵制 24.N×d5 e×d5 25.Q×e4 得子。

24. B×e6 Qe7 25. Bg4

白方准备把象走到 f3 格加强王翼。现在，白棋已经多了一个兵，更要步步为营小心谨慎。

25... b3?

坏棋！应该充分利用活跃的子力组织王翼上的行动：25... g5!？（图106）

26. f5 Qe5 27. R×d8 R×d8 28. Nc4 Qe7，黑方仍然少兵，但是白方需要时时防范黑棋的各种反击。

26. Q×b3 Nd6 27. Df2 c4 28. Qa3

白方 2 兵在握，现在需要做的事情就是稳住局面。

28... Qc7 29. Rac1 Nb5 30. Qb4 Qb7 31. Bh3 c3 32. b×c3 N×c3 33. R×d8 R×d8 34. R×c3

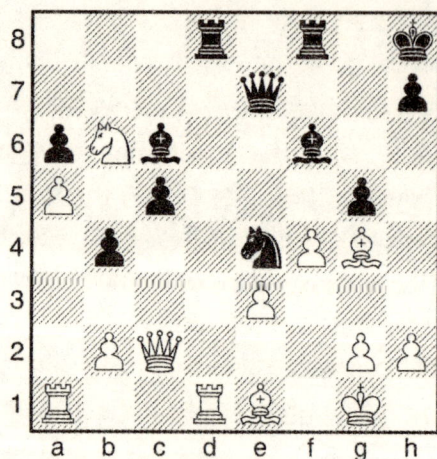

图 106

对局至此，黑方看到接下来 34... Rd1+ 35. Be1 R×e1+ 36. Kf2 Bh4+ 37. g3 的下法仍将是一个败势局面，便停钟认负。

棋手对局时一定要学会把握重点，沿着主干道设计行动方案。决不能抱着侥幸的心理实施冒险的偷袭，那样往往偷鸡不成反蚀把米。

24

奈迪斯科—诸宸

2004 年弈于荷兰维克安泽邀请赛

荷兰维克安泽的邀请赛更像是国际象棋的大派对。通常，面向专业级别的棋手分为 A、B、C 三个组别，而为普通棋艺爱好者设有公开组。每年 1 月底 2 月初的时候，上千名棋艺爱好者从世界各地赶过来，这一传统已经保持了近百年。

诸宸下棋最大的特点是顽强好斗，韧性十足，特别在一些看似平淡无奇的残局中，她能捕捉机会，然后耐心细致地推进局面。接下来我们看到的对局中，诸宸正是发挥了她的这一长处。在荷兰维克安泽 B 组比赛中，诸宸与德国新秀、男子国际特级大师奈迪斯克较量过程中不断将点滴优势积累，最终赢得胜利。

1. e4 c5 2. Nf3 e6 3. d4 c×d4 4. N×d4 Nc6 5. Nc3 Qc7 6. f4

　　白方还有几种下法 6. Be2、6. Be3 和 6. g3，每一种出子次序都蕴涵了不同的出子计划和行动方向。

6...N×d4

　　诸宸选择了直接在中心兑子，这样双方的出子速度都将得到大大提升。黑棋此时还有一种比较常见的下法是 6...a6，在后翼上挺兵为后面的行动积极准备，接下来的变化可能是：7. N×c6 Q×c6　8. Bd3 b5　9. Qe2 Bb7　10. Bd2，形成复杂的对攻局面。

7. Q×d4 a6　8. a4

　　白方不允许黑方的 b 兵轻易挺进。如改走 8. Be2 b5　9. Be3 Bb7　10. 0-0 Rc8　11. Bf3，形成白方在中心和王翼行动，黑方在后翼反击。

8...b6

　　一方面阻止白棋 a 兵进一步向前，另一方面也为 c8 象出动到 a8—h1 斜线打开了行动路径。假如黑方采取王翼出子 8...Ne7 的下法，接下来的变化可能是 9. Be3 Nc6　10. Qb6 Q×b6　11. B×b6 Bb4　12. 0-0-0 d6，形成一个复杂的残局。又如 8...Nf6　9. Be3 Ng4　10. Bd2 Qc5　11. Q×c5 B×c5　12. Bd3 Nf2　13. Rf1 N×d3+　14. c×d3 d6　15. a5 Bd7　16. Na4 Bb5，形成一个大体均势的残局。

9. Be3 Bb7 （图 107）

　　诸宸没有采取保护 b6 兵的下法，而是以攻击白方中心 e4 兵的反击手段来代替直接的防守。通常，在此黑棋会采取 9...Rb8 保护兵的下法，接下来经过 10. Be2 d6　11. Rd1 Nf6　12. 0-0 Be7　13. e5 d×e5　14. Q×e5 Q×e5　15. f×e5 Nd7　16. Ne4 之后，大体均等。

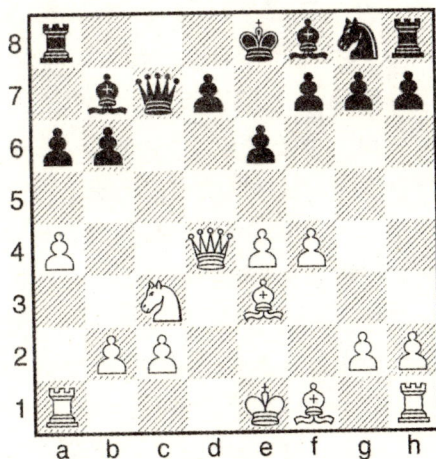

图 107

10. Q×b6

　　白方欣然笑纳黑方送上来的礼物，这意味着后面的变化会十分复杂。假如 10. Bd3 Nf6　11. Q×b6 Q×b6　12. B×b6 Bb4，黑方同样能够对白方的 e4 兵进行强有力的攻击，从而弥补失去一兵的损失。

　　如果白方采取 10. Rd1 Nf6　11. e5 Nd5　12. N×d5 B×d5 的变化，将会是一个大体均等的局面。如果白方不想简化局面，将可能采取 10. Be2 的下法，经过 10...Nf6 11.Bf3 Bc5 12.Qd3 B×e3 13.Q×e3 d6 14.Rd1 0-0 15.0-0 Rac8 16.Rd2 d5 17.e5 Nd7 之后，形成复杂的局面。

10...Q×b6 11.B×b6 Bb4（图108）

黑方弃兵以争取到更快的出子速度进攻白方的中心。

12.Bd4

假如 12.Bd3 Nf6 13.0-0 B×c3 14.b×c3 B×e4 15.Rab1 的变化，白方的子力位置显得灵活一些，但是付出的代价是后翼兵形被破坏成分散状态。

12...Nf6 13.0-0-0

白方决定将中心兵送还给黑棋，因为在 13.e5 Nd5 14.0-0-0 N×f4 的变化中，黑方同样夺回了弃掉的兵，白方

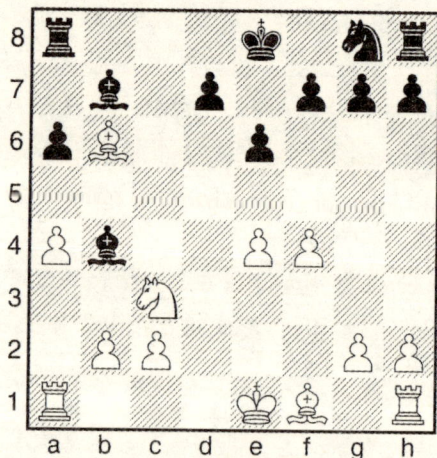

图 108

不能获得明显的先手。如果白方执意要保留多兵，采取 13.B×f6 的下法，在 13...g×f6 14.Bd3 Rg8 之后，黑方威胁冲兵 f5 破坏白方的中心兵阵，白方也将承受巨大的压力。

13...B×c3 14.B×c3 B×e4 15.Rg1

如果 15.Rd6 的话，黑方将应以 15...Bc6，白车入侵到6线却没有能力组织后续行动，意义不大。

15...Nd5!?

黑方采取活跃子力的下法，以子力的灵活攻击来抗衡白方在中心线路上的压力。现在黑棋另外一种处理方式是挺进中心兵，经过 15...d5 16.g4 0-0 之后，形成复杂的局面。

16.B×g7

如果白方采取 16.Bd2 Rc8 17.c3 Rc6 的变化，也不能得到明显的好处。

16...Rg8 17.Bd4

在 17.Bh6 Rg6（也可以采取 17...Ne3 18.Re1 N×f1 19.Re×f1 Rc8 的变化，获得均势局面） 18.Bg5 f6 19.Bh4 N×f4 的变化中，黑方残局没有困难。

通过变化分析，我们得出白方应该把象保留在中心线路的结论。不过，假如执白棋的奈迪斯克更加"狡猾"一点，此时更聪明的下法是 17.Be5（图109），接下来，当棋局沿着 17...f6 18.Bd4 N×f4 19.g3 Nd5 20.c4 的方向发展时，我们会发现黑棋的 f6 兵成为了受攻击的目标。棋局中白方采取直

接退象到 d4 的下法，就不能收到这样的效果。

17...N×f4   18. g3   Nd5   19. Rd2

在 19. c4 Nb4 的变化中，黑方的子力在后翼获得良好的位置。

19...d6   20. b3   Ke7   21. Bb2   f5

黑方的中心兵起到了强力支撑的作用。

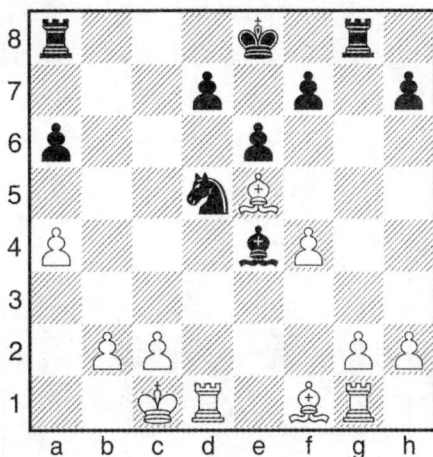

图 109

22. Ba3   Rgc8   23. Bc4

假如白方希望通过挺进 c 兵达到驱赶黑方 d5 马的目的，那么经过 23. c4 Rc6   24. Kb2   Ne3   25. Be2   Rb8 26. Rc1 之后，将进入到一个难以掌控的复杂局面。

23...Rc6   24. Bd3?!

白象放在 d3 不是好位置，应该考虑 24. Re1 Nf6   25. a5 的变化。

24...Rb8！   25. Kb2

如果 25. B×e4 f×e4   26. Kb2 e3，黑方的中心兵发挥作用。

25...Ne3

黑方可以考虑 25...B×d3！   26. R×d3 h5 的下法，局面掌控更稳妥。

26. Re1

白方陷入防守，现在 26. B×e4 f×e4   27. Re2 Nc4+   28. Ka2 N×a3 29. K×a3 d5 的变化，黑方掌握主动权。

26...B×d3   27. R×e3

如果 27. c×d3 Nd5   28. Rde2 Nc7   29. d4 Kd7   30. d5 N×d5   31. R×e6 Rcb6 的变化，局面对黑方有利。

27...Be4   28. g4   Kf7

若形成 28...Kd7   29. g×f5 B×f5   30. c4 的变化，只是均势。

29. g×f5   B×f5   30. Rg3?!

白方防守出现缓招。应该走 30. c4，局面大致均等。

30...d5   31. Rdg2?!

错误的计划！应该采取 31. Rc3 R×c3   32. K×c3 Rc8+   33. Kb2 Kf6 的下法，黑方获得一定的主动权，但是取胜并非易事。

31...Kf6（图 110）

虽然是异色格象的局面，但是黑方占据了进攻的主动地位。

32. Kc1 d4 33. Bb2 e5 34. Rf2 Rbc8 35. Rgg2 Ke6 36. Re2 Kd5
37. b4?

这步棋造成了局面中新的弱点，应该 37. Rd2 耐心进行防守。

37... Bd3（图 111）

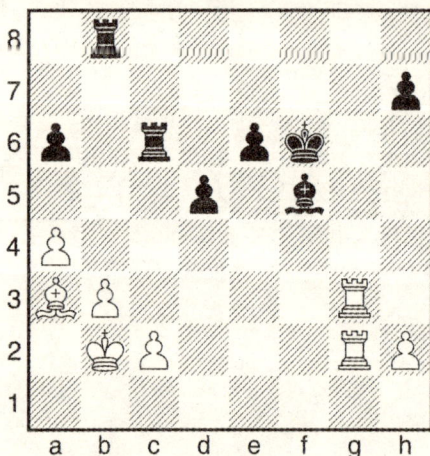

图 110

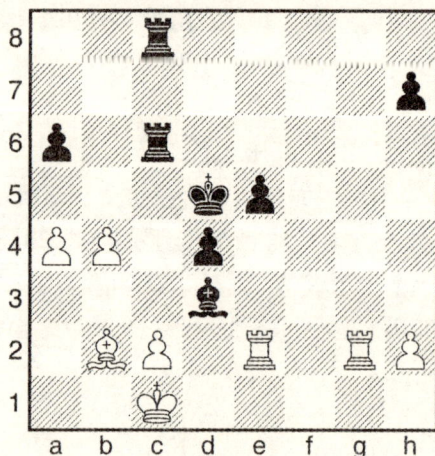

图 111

黑方巧妙调动子力，白方双车位置尴尬。

38. Rd2 Be4 39. Rgf2

如果 39. Rge2 Rc4 的变化，同样黑方占据绝对主动。

39... Rc4 40. b5

在 40. Ba3 a5 41. b×a5 R×a4 的变化中，黑方开始收获实际的利益。

40... R×a4

黑方采取 40... a×b5 41. a×b5 Rb4 的下法，同样获得胜势局面。

41. b6 Rc6 42. b7 Rb6 43. Rf7 Bg6 44. Re7 Kd6 45. Rg7 Ra2

白方无法找出有效的防守办法。

46. Bc3

如果 46. c3 Ra1+ 47. B×a1 Rb1+#，黑方成功将杀白王。

46... Ke6 47. Rg2 Kf6（图 112）

白棋唯一的幻想是 47... d×c3?? 48. R2×g6+！（48. R7×g6+同样可行）
48... h×g6 49. R×g6+ Kd7 50. R×b6 Ra1+ 51. Rb1 R×b1+ 52. K×b1 Kc7
53. h4 将棋局翻盘。

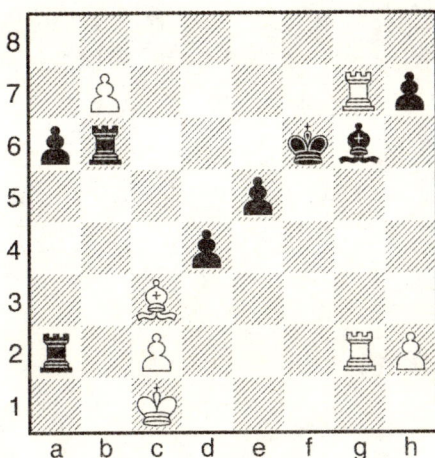

图 112

黑棋走出正确招法，奈迪斯克放弃抵抗，停钟认输。

25

沈阳—鲁布列夫斯基

2005 年弈于以色列男子世界团体锦标赛

由于获得了 2004 年世界女子团体冠军，中国女队持唯一外卡参加 2005 年于以色列举办的男子世界团体锦标赛。有别于奥林匹克世界团体赛动辄 100 多个国家参赛队，水平参差不齐，世界团体锦标赛可谓精英式赛制，一共 10 个参赛队伍，分别是奥赛前五名和四大洲冠军以及特别邀请参赛的女子世界冠军队。

1. e4 c5　2. Nf3 e6　3. d4 cxd4　4. Nxd4 a6

黑方的走子次序较为少见，显然是期待复杂战斗，同时避开常规套路。

5. Bd3 Bc5　6. Nb3 Be7

另外一种下法是 6...Ba7，经过 7. Qe2 Nc6　8. Be3 d6　9. f4 之后，白方获得稍好一些的局面。

7. 0-0 d6　8. Qg4

充分利用黑方王翼上非常规出子次序所造成的空当进行袭击。

8...g6　9. Qe2 Nd7　10. Nc3

白方这样走表明自己的兴趣不在后翼，否则会采取 10. c4 扩展后翼空间，经过 10... Qc7 11. Nc3 b6 12. Be3 Bb7 13. a4 之后，形成一个白方占有空间之利，黑方阵容弹性十足的局面，双方互有机会。

10... Qc7 11. Bd2 b6

黑方不能贸然挺兵 11... b5，以免让白方利用出子速度快的先机攻击黑方后翼兵形 12. a4 b4 13. Na2 a5 14. c3 b×c3 15. N×c3 Ngf6 16. Nb5 Qb6（如果 16... Qb8，白方应以 17. N×a5 获得胜机） 17. Be3 Qb8 18. Bh6，白方获得明显的优势。

12. Rae1 Bb7 13. Kh1

白方在行动之前，先把王走到安全的位置。如果 13. f4，黑则 13... Ngf6 14. e5 Nd5 15. N×d5 B×d5 16. Bb4 Nc5 17. N×c5 d×c5 18. Bc3 c4 19. Be4 B×e4 20. Q×e4 0-0，形成一个大体机会均等的局面。

13... h5（图 113）

黑方开始挑衅，不满足于常规的出子，而是从王翼挺兵试图制造更多战机。黑方挺兵 h5 的好处可以遏制白方王翼进攻的可能性。

作为俄罗斯男子个人新科全国冠军，鲁布列夫斯基心里想到最多的就是如何击败坐在棋盘对面的那个比自己等级分低了 300 多分的中国女棋手，不会按部就班采取 13... Ngf6 14. Bh6 Bf8（如果黑方采取 14... Ne5 15. h3 Nh5

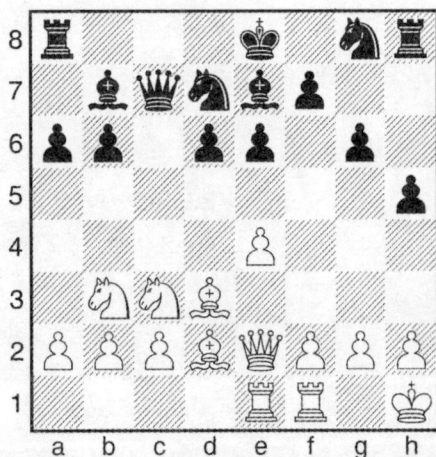

图 113

16. Qe3 的下法，白方将获得稍好一些的局面） 15. B×f8 K×f8 16. f4 Kg7 17. e5 d×e5 18. f×e5 Nd5 19. N×d5 B×d5 20. c4 Bb7 21. Nd4 Rhf8，棋局将朝着一个相对平稳的局面发展。

14. f4!?

白方针锋相对采取中心行动，现在白方还有一个值得考虑的计划是从后翼行动，采取 14. a4 针对黑方可能采取 0-0-0 把王走到后翼，白方预先做好进攻准备。

14... Ngf6 15. f5?

不给黑方占据中心阵地的机会。白应 15. e5（图 114），在 e5 行动打开局面才是白方挺兵 f4 的意义所在。接下来经过 15...d×e5　16. f×e5　Ng4　17. Bf4　g5　18. Bg3　h4　19. Q×g4　h×g3　20. Q×g3　f5!?　21. Nd4　Nc5　22. N×f5　e×f5　23. B×f5 之后，形成激烈对杀的局面。

15... g×f5　16. e×f5　e5!　17. Ne4 Rg8！

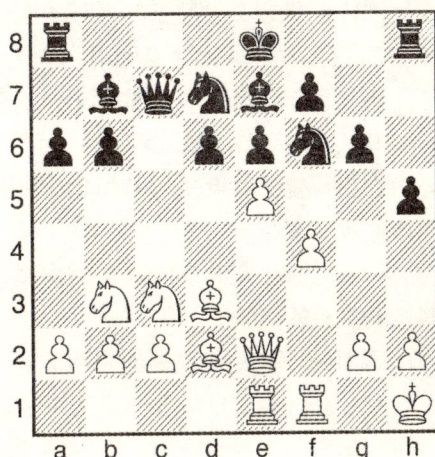

图 114

好棋！预防性下法。黑方改走 17...h4，同样能在王翼行动上抢得先机。

不过，黑方没有必要急于将 e4 兵揽入囊中。例如在 17...N×e4　18. B×e4　d5　19. Bd3　e4　20. Bf4　Ne5　21. Qe3　Bd6　22. Be2　0-0-0　23. Qh3 的变化中，将形成复杂的局面。

18. Ng5 Ng4　19. f6！（图 115）

好棋！白方弃兵，非常果断。

19... B×f6　20. Rf5　0-0-0 21. Ne4　Bh4　22. Ref1　d5　23. Ng5 B×g5

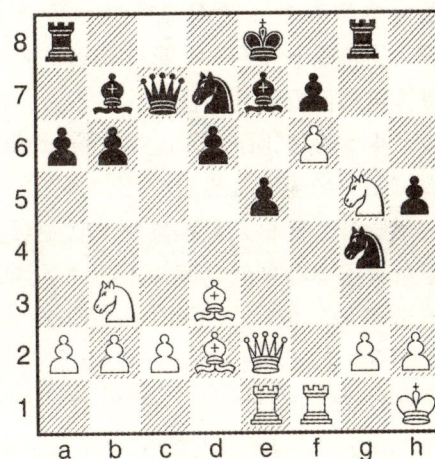

图 115

黑方取得了主动，在王翼的行动初步收到成效，中心上的兵群虎视眈眈。此时，黑方的策略是尽量保留双象，因为开放局面中具有远射程功效的象远比近距离发挥作用的马威力大。因此，黑方应该 23...e4　24. Bf4　e×d3　25. c×d3　Rde8！　26. Q×e8+ R×e8　27. B×c7　K×c7，稳稳控制局面的主动权。

24. B×g5 f6　25. Bd2 b5

黑方应该从中心行动，采取 25...e4　26. Bf4　e×d3　27. c×d3　Rde8 的下法获得优势。

26. h3

白方悄然发动反击，黑方位于 g4 格的马非常尴尬，是去是留难以定夺。

26... e4　27. h×g4　h×g4　28. Bf4　Qb6　29. Be3　Qd6　30. Bf4 Ne5

局面陡然复杂多变起来，这样的发展可能超出了鲁布列夫斯基的预想。刚才自己的局面不是还好好的吗？怎么现在掌控不稳了呢？

现在，黑方可以考虑的另外一种下法是30...Qb6。

31. Qd2 e×d3 32. Qc3+

白方不能采取32. c×d3 d4 的下法，黑方掌控了局面。

32...Qc6 33. Q×c6+ N×c6 34. c×d3（图116）

局面的发展趋势已经对白棋有利！

34...Rge8??

坏棋！什么时候了，黑方还不去想如何防范白棋的进攻？

当一方棋手持有显著的局面优势时，往往脑子里想到的只有一件事就是如何取得胜利。此时，当局面发生逆

图116

转，优势荡然无存，心理状态稳定的棋手能够做到及时调整对局策略，以走出最符合局面要求的招法为先。不过，这样水准的棋手太少了。更多时候，棋手会产生惯性思维，置局面客观需求而不顾，硬要实施"谋求主动"的下法，造成局面快速崩溃。

此时，鲁布列夫斯基扮演的就是后者。如果他能够及时意识到棋局已经处于白方优势，自己应该转入防守的话，他一定会选择 34...Ba8 35. Rc1 Kd7 36. R×f6 Rgf8 37. Rc×c6! B×c6 38. Nc5+ Ke8 39. Re6+ Kf7 40. R×c6 Rc8 的下法，白方虽然依旧优势，但取胜还非易事。

35. Rc1 Rd7 36. R×f6 Rde7 37. Rf×c6+ B×c6 38. R×c6+ Kb7 39. Na5+ Ka7 40. Kh2 b4 41. Nb3 Re6 42. Rc7+ Kb6 43. Nc5 Rc6 44. Nd7+ Kb5 45. a4+ b×a3 46. Rb7+ Ka4 47. b3+

面临被将杀，鲁布列夫斯基无奈投子认输。

这局棋令中国女棋手沈阳一战成名！虽然沈阳本人在国际比赛中露面的次数并不算频繁，但很长一段时间里，只要有中国女棋手参赛，棋迷们就会问一句："战胜鲁布列夫斯基的那位姑娘来了吗？"

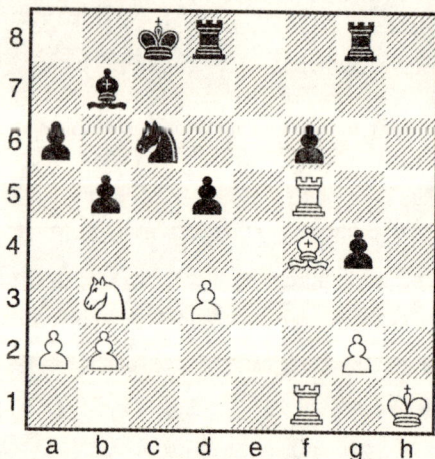

26

沃尔科夫—斯坦芳诺娃

2006 年弈于百慕大邀请赛

自从 2004 年斯坦芳诺娃夺得女子世界冠军之后，她的棋风逐渐从野战转向全面。通过她后来的对局，我们也能看到斯坦芳诺娃平常训练中开始注重开局方面的研究，开局选择呈现多样化。不过，不知道是因为斯坦芳诺娃已经习惯了临场自由发挥，还是别的什么原因，基本上在她每一次比赛的对局中，"不讲理乱下"的事情总会在个把对局中出现。因此，在对斯坦芳诺娃的赛前准备中，她的对手总是习惯于进行一种正规开局以及不知道会下到什么棋局变化的两种心理准备。

在接下来我们看到的对局中，执白棋的俄罗斯男子国际特级大师沃尔科夫面对等级分高于他的女对手，因此在对局策略中试图选择一种稳健的下法慢慢推进。谁知，斯坦芳诺娃在临场过程中斗志昂扬，在开局向中局转换的过程过早地采取挑衅行动，客观地讲并不是一种最正确的下法。但是，临场影响棋局发展的因素很多，招法的相对精确性只是其中的一项，还有棋手的勇气与胆量，等等。

1. d4 d5　2. c4 c6　3. Nf3 Nf6　4. e3 Bf5　5. Nc3 e6　6. Nh4 Bg6 7. N×g6 h×g6　8. Bd2

白方以马换象，令黑棋 h 兵走到 g 线的开局变化采用的是一种稳中带有侵略的下法。诚然，h 线处于半开放状态，激活了黑棋的 h8 车，不过白棋得到了双象作为回报，还是挺值得的。

此时，除了出动后翼黑格象之外，白方另外一种下法是尽快出动王翼子力，棋局将可能沿着以下的变化发展：**8. Bd3 Nbd7　9. 0-0 Bd6　10. h3 d×c4 11. B×c4 Nb6　12. Bb3 e5　13. Qc2 Qe7　14. Bd2 0-0-0　15. d5**，双方的王各居棋盘一翼，形成激战对攻的局面。

8... Nbd7　9. Rc1 Bd6

黑方将攻击点瞄准了白方的 h2 兵，这样白棋就不那么容易实施短易位了。现在黑方另外一种下法是 9... a6，黑棋预先加强对 b5 格的监视，不仅可以对未来挺兵 b5 做好准备，也可以在白棋采取 c×d5 交换中心兵的时候，黑方用 c6 兵吃到 d5，寻求 c 线的畅通。对于黑棋 9... a6 的下法，2012 年曾经有对局尝试过以下的变化： 10. g3（10. a3 b5 11. c5 e5，复杂） 10... Be7 11. b3 Ne4 12. N×e4 d×e4 13. Bg2 f5 14. Bc3 Bd6，双方的阵营都很坚固，不容易找到突破手段。不过，需要提及的是，此时局面成为一种相对封闭的状态，白方的双象并不比黑棋的马象配置强。

10. a3（图 117）

挺兵 a3 的目的似乎是要冲兵 b4 扩展后翼空间。

10... d×c4?!

黑方主动采取中心交换的下法并不值得推荐，因为这样做至少会令白棋的子力出动速度加快。现在，黑棋可以考虑采取 10...0-0，将王走到安全的位置。黑方贪吃兵的下法 10...B×h2 恐怕没有几个人真的敢付诸实践，因为在白棋 11: g3 Qe7 12. Qf3 之后，我们无法预料黑方位于 h2 格的象最终命运如何。

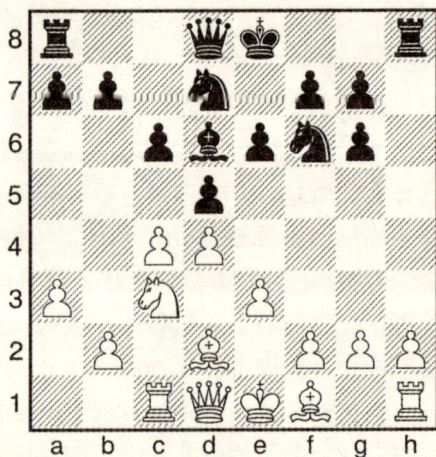

图 117

11. B×c4 Qe7

看来，斯坦芳诺娃的想法有可能是长易位，把自己的王走向后翼。然后再腾出手来沿着 h 线对白方的王翼阵地施加压力。

12. e4

因为白王尚在中心，白棋不要试图从中心发展，可以考虑走 12. h3！Nb6 13. Ba2 e5 14. 0-0 的下法，将自己的王走到安全位置之后，再去考虑进攻行动。

12... Nb6 13. Bd3 e5

黑方当仁不让，从中心予以抗衡。

14. d×e5 B×e5 15. Qe2 Rd8

奇怪，黑方并没有采取 15...0-0-0。也许，斯坦芳诺娃认为双方的王都在中心会更加刺激？或者是为了保留短易位的可能？

16. Bg5 B×c3+ 17. b×c3

白方不能采取 17. R×c3？Na4 18. Rc2 Nc5 的下法，黑方的子力非常活跃，行动占先。

17... Q×a3（图 118）

这就是斯坦芳诺娃！敢于大胆地贪吃对方的子力。如果是其他棋手，可能会采取 17...Rh5，也不会一下子进入混战。

18. e5 0-0 19. 0-0

白方不能马上吃掉 f6，因为 19. e×f6 Rfe8 20. Be3 R×d3 21. 0-0 （21. Q×d3 Q×c1+） 21...R×c3 22. Ra1 Qd6 23. R×a7 Nc4 24. R×b7 g×f6，黑棋将获得明显的优势。

19...Rde8?!

显然 19...Rfe8 更有力。唯一能解释黑棋动 d8 车的理由是为摆脱白方 g5 象的牵制。

20. f4 Nfd5 21. c4 Nc7

黑方另外一个值得考虑的变化是 21...Qc5+，经过 22. Kh1 （如果 22. Qf2 Q×f2+ 23. R×f2 Nb4，黑方将得到优势局面） 22...Ne3 23. Rfe1 Nf5 24. B×f5 g×f5 25. Bh4，形成复杂的局面。

22. Bh4 Ne6 23. Ra1 Qc3 24. R×a7 Nd7 25. Kh1?!

白方不小心软弱了一下。现在，白棋应该采取 25. Bb1! Ndc5 26. Qc2! 的下法，只要把后兑换掉，黑棋的反击势头便会悄然减退。或者，白方也可以考虑采取 25. Qc2 Q×c2 （如果 25...Qd4+ 26. Bf2 Q×f4 27. Bc5 Nd×c5 28. R×f4 N×f4，形成复杂局面） 26. B×c2 g5 27. f×g5 N×e5 28. Rb1 N×c4 29. Rb×b7，白车深入敌阵，形势乐观。

25...Ndc5!（图 119）

白象遭到攻击，只好退让。

26. Bb1 Nd4

更扎实的下法是 26...Ra8! 抢夺开放线路，黑棋将获得主动。

27. Qa2 Ndb3 28. Qc2 Q×c2 29. B×c2 Nd2 30. Rd1 N×c4 31. Bf2 Ne6 32. g3 Ra8 33. R×b7 Ra2 34. Bb3 Rb2 35. Be1?

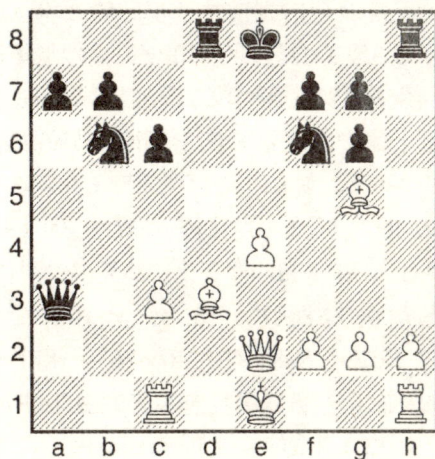

图 118

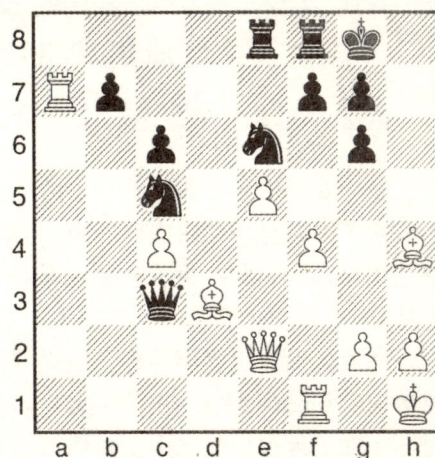

图 119

坏棋！白方错过了精彩的战术反击手段 35. R×f7！！（图 120），显然黑方不能用车吃 f7，那样的话来自 a2—g8 斜线上的牵制将置黑棋于死地。黑方只能应以 35...K×f7（如果 35...R×b3 36. Re7！Rb2 37. Bg1 N×f4 38. g×f4 R×f4 39. Rdd7 的变化，将形成对白方稍优的残局） 36. B×c4 R×f2 37. Rd7+ Kg8 38. B×e6+ Kh7 39. Kg1，白方残局拥有很好的战斗机会。

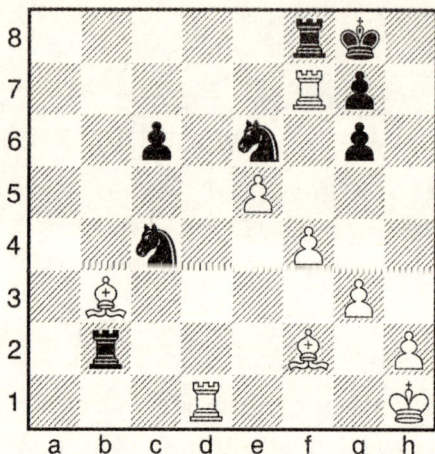

图 120

35...Nc5

黑方跃马击双，白棋的防守更艰难了。棋局至此，双方棋手又都陷入临近 40 回合的时间紧张状态，沃尔科夫就更难找到精确的防守方案了。

36. Rb4 Ne3 37. B×f7+ K×f7 38. Ra1 Re2 39. Bc3 Nd3 40. Rb7+ Ke6 41. R×g7 Nf2+ 42. Kg1 Nh3+ 43. Kh1 Rg2 44. f5+ R×f5 45. R×g6+ Kf7

白方放弃抵抗，黑胜。

27

波尔加（小）—托帕洛夫
2006 年弈于荷兰维克安泽邀请赛

稳坐女子国际等级分第一位的小波尔加早已是传统赛事荷兰维克安泽比赛的常客了。并且，在每次比赛中，波尔加都会保持她一贯的好斗棋风，看淡输赢努力拼杀。如此一来，波尔加下的棋更具观赏性，受到众多棋艺爱好者的追捧。

当波尔加在比赛中遇到了同样以擅长进攻搏杀闻名的保加利亚籍男子个人世界冠军托帕洛夫时，相信更多的人会把胜利的赌注下在后者身上。不过，在接下来即将展现的对局中，我们可以看到波尔加如何将一出攻杀好戏表演得淋漓尽致。

1. e4 c5 2. Nf3 d6 3. d4 c×d4 4. N×d4 Nf6 5. Nc3 a6 6. Be3 e6

7. g4（图 121）

波尔加选择了西西里防御中白方最尖锐的盖列斯变例，白方挺进 g 兵的目的就是尽一切可能加快王翼行动的速度，同时也反映出小波尔加极其自信的一面。

7... h6

黑方采取主动行动应对白方 g 兵的挺进，虽然，黑方走 h6 之后可以起到阻挡白方 g 兵继续前进的目的，但是从长远来看，一旦白方王翼兵能够向前行进，反而会令黑方的王翼阵营受到更大

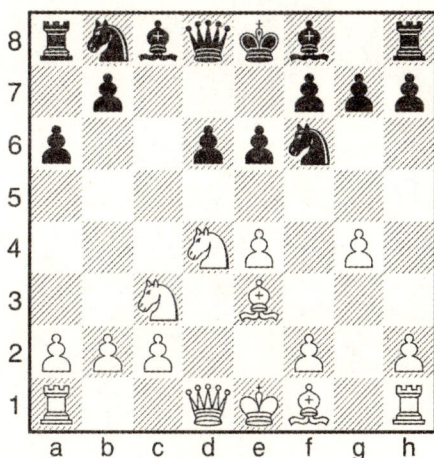

图 121

的破坏。此时，黑方从中心采取行动反击的下法是 7... e5，这样将会把棋局引导至以下变化：8. Nf5 g6　9. g5 g×f5　10. e×f5 d5　11. g×f6 d4　12. Bc4，形成一个极其复杂的局势，双方必须采取肉搏战的方式来进行棋局较量。

8. Bg2 g5（图 122）

黑方的想法很明显，就是减缓白方王翼行动的速度，然后腾出手来从中心和后翼进行反击。

9. Qe2 Nbd7　10. 0 - 0 - 0 Ne5 11. h3

现在，黑方最大的问题是王很难易位。

11... Nfd7

黑方没有选择看起来更自然的子力出动走法 11... Qc7 和 11... Bd7，在 11... Qc7 的 变 化 中，棋 局 将 沿 着

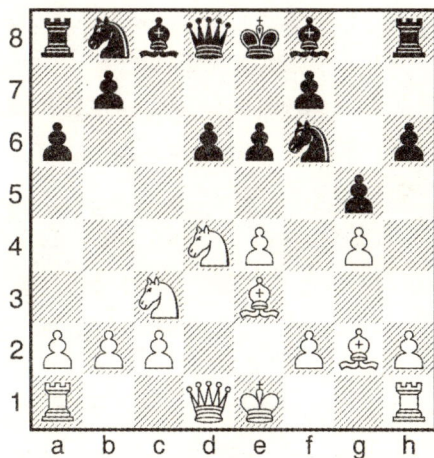

图 122

12. Nf3 Bd7　13. N×e5 d×e5　14. h4 Rg8　15. h×g5 h×g5　16. Qf3 Rg6 形成一个白方略占优势的战斗局面。在 11... Bd7 的变化中，棋局后续发展可能是 12. f4 g×f4　13. B×f4 Rc8　14. Rhf1 b5　15. Nf3 Nc4　16. e5 Qa5 !，形成复杂对攻的局面。

12. f4 g×f4　13. B×f4 b5（图 123）

黑方开始在后翼上有所动作。现在黑方另外一种下法是 13... Ng6，经过

14. Bg3 h5 15. g×h5 Qg5+ 16. Kb1 之后，形成激战局势。

14. Rhf1

白方集结子力在 f 线，目标瞄准黑方 f7 格。现在，白方如果采取争夺 e5 格的下法，将会形成以下变化：14. Nf3 Qc7 15. N×e5 N×e5 16. Rd4 Bb7 17. Rhd1 Be7，形成双方在中心互相纠缠的局面。

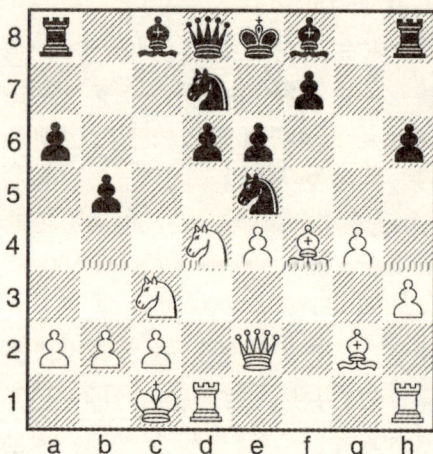

图 123

14... Bb7

如果黑方采取 14...b4 的下法，将会带来白方 15. Na4 的应对，白马处于 a4 格刚好可以起到制约黑方后翼行动的作用。从长远看，黑王在中心存在安全隐患，白方可以针对这一点制定计划。

15. Qf2！

白后瞄准了 f 线，以 B×e5 再 Qf6 入侵的战术手段限制黑后自由。

15... Rc8 16. Nce2！Bg7

黑方局面陷入被动，现在黑棋假如采取 16...h5 破坏白方王翼兵的走法，就会遇到 17. g5 Be7 18. g6 N×g6 19. B×d6 0-0 20. B×e7 Q×e7 21. Kb1，黑方王城不稳。

17. Ng3 Rh7 18. Nh5 Bh8
19. Kb1！Nc5？！

黑方应该 19...Qb6 将后活跃出来。接下来的变化可能是 20. Bg3 Nc4 21. Bh4 b4，形成双方各攻一翼的局面。

20. Bg3？

白方应该采取爆破性入侵走法 20. Nf5！！（图 124），接下来的变化可能是 20...e×f5（如果 20...Rc6 21. Nfg7+！B×g7 22. N×g7+ R×g7 23. B×e5 Rh7 24. Qg3，白方将获得胜势局面；如果 20...Nc4 21. B×d6 e×f5 22. B×c5 Qc7 23. Bd4，白方将获得清晰取胜路径） 21. B×e5 B×e5

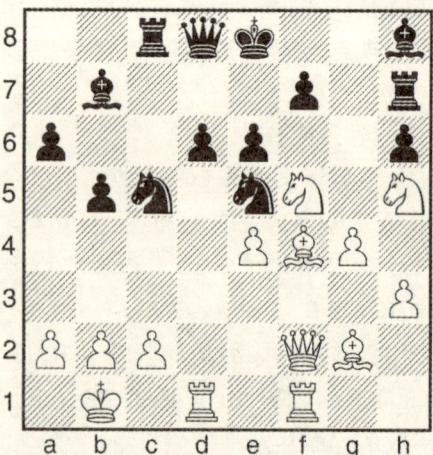

图 124

22. Q×f5 Qg5 23. Q×h7 Qg6 24. Q×g6 f×g6 25. Nf4，白方取得明显的优势。

20...N×e4 21. B×e4 B×e4 22. Bh4

白方应该将目标直接瞄准到中心。现在经过22. Rfe1！d5 23. N×e6！f×e6 24. R×e4 d×e4 25. R×d8+ R×d8 26. a3 的变化，白方能看到胜利在招手。

22...Qc7

假如22...Qa5！? 23. Bf6 Bg6 24. B×h8 R×h8 25. Nf6+ Kd8 26. Nf5 的变化，白方同样处于主动地位。

23. Bf6！Bg6

黑方的防守很纠结，无论怎样走都不能圆满解决问题。如23...Bb7 24. B×h8 R×h8 25. Ng7+ Kd726. Q×f7+！N×f7 27. R×f7+ Kd8 28. Nd×e6+#，将杀。

24. B×h8 R×h8

黑方另外一种应对方式为24...B×h5，经过25. B×e5 d×e5 26. N×e6 Qc4 27. Nd4 Bg6 28. Rfe1 Qc7 29. Rd2，白方取得明显的优势。

25. Nf6+ Kd8 26. h4 Qc5

黑方来不及从王翼行动。因为在26...h5 27. Qd2！? h×g4 28. Qg5 B×c2+ 29. Ka1 Nf3 30. N×f3 Qe7 31. Ne5 的变化中，白方获得显著的优势。

27. h5 Bh7 28. Qh4！（图125）

白后轻灵一跃，将发挥巨大作用。

28...B×c2+

如果黑方采取28...Kc7 29. N×h7 R×h7 30. R×f7+！R×f7 31. N×e6+的下法，将会面临一个无可挽救的局面。

29. N×c2?!

白棋在这里没有走出最佳的招法。现在，白棋应该在29. Ka1！Kc7 之后，再进行30. N×c2 的吃子，那样的话如果黑方续以30...Q×c2，白方有31. Rc1 得子。

图125

29...Q×c2+ 30. Ka1 Rc4

黑方现在如果采用30...Ke7 31. Nd5+ Kf8 32. Qf6 Rh7 33. Qe7+ Kg7 34. g5！e×d5 35. g6 的变化，将会形成白方优势的局面。如果黑方采取30...Rc6 31. Nd5+ Kd7 32. Qe7+ Kc8 33. Nb4 Rc7 34. Q×d6 的行动，白

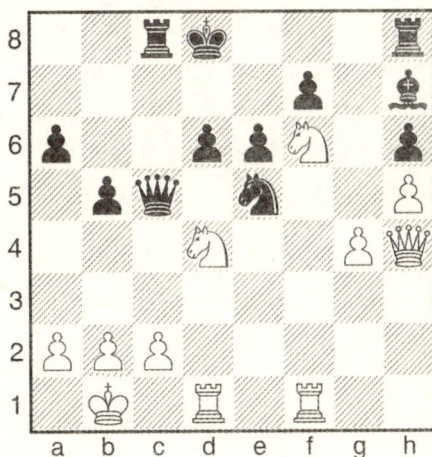

方同样获得理想的局面。

31. Ne4+ Kc7

如果 31...Ke8 32. N×d6+ Kf8 33. N×c4，白方胜势。

32. N×d6 Rf4

如果 32...Rc5 33. Qe7+ Kb6 34. Qb7+ Ka5 35. Qa7!，白方胜势。

33. Qe7+ Kb6 34. Qb7+ Ka5

如果 34...Kc5 35. Qc7+ Nc6 36. Nb7+白方胜势。

35. Qa7!（图 126）

白后放在 a7 格太冷静也太厉害，黑王一下子变得孤立无援。

35...b4

在 35...R×f1 36. Nb7+ Kb4 38. Qc5+ Ka4 39. b3+的变化中，白方获得胜势。

36. Rfe1 Nf3 37. Rc1

同样可以取胜的变化是 37. Nb7+ Kb5 38. Rd6。

37...N×e1 38. R×c2 N×c2+ 39. Kb1

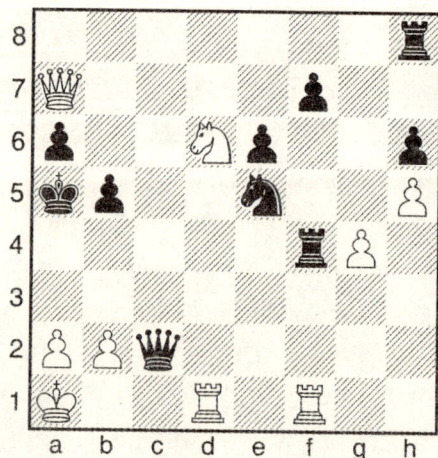

图 126

黑方放弃抵抗。因为在接下来 39...Nd4 40. Nb7+ Kb5 41. Qc5+ Ka4 42. Qa5+#的变化中，黑王在劫难逃。白胜。

28

赫斯马图林—科新采娃（大）

2007 年弈于俄罗斯公开赛

科新采娃姐妹获得过世界女子团体冠军。为了区分姐妹俩，通常把姐姐叫成大科新采娃，妹妹呼作小科新采娃。科新采娃两姐妹的棋风最大的特点是韧性足，喜欢处于进攻态势。相比之下，姐姐棋风相对细腻，而妹妹大刀阔斧，攻杀力强，但在细节处理方面还有待提升。我们接下来看到的棋局，同样来自俄罗斯的男子国际特级大师赫斯马图林在开局至中局的转换中行棋不甚精确，被大科新采娃及时抓住漏洞。

1. c4 Nf6 2. Nf3 e6 3. d4 d5 4. Bg5 Nbd7

黑方另外一个变化是 4...h6，后面的棋局发展可能是 5. B×f6 Q×f6 6. Nc3 Bb4 7. e3 0-0 8. Rc1 d×c4 9. B×c4 c5，形成双方互有顾忌的局面。

5. c×d5 e×d5 6. Nc3 c6 7. e3 Bd6 8. Bd3 0-0 9. Qc2 h6 10. Bh4 Re8 11. 0-0-0?!

盲目追求复杂是男棋手与女棋手较量时常犯的通病，此时执白棋的赫斯马图林应该采取 11. 0-0。

11... b5（图 127）

黑兵率先挺进，通过这步棋我们可以感受到科新采娃的求战欲同样非常强烈。

12. g4?!

白棋不应一味追求对攻，要抓紧时间将自己的王走到安全的位置，从而达到消减黑方后翼兵冲击的力量。例如 12. Kb1!? b4 13. Na4 的变化，白方在后翼构建防线。

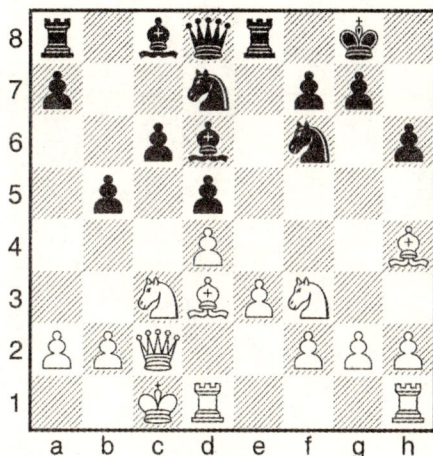

图 127

12... g5（图 128）

很大胆的下法，不惜削弱自己王前阵地的兵形。另外一种走法是 12...b4 13. Na4 Nb6，在后翼行动。

13. Bg3 B×g3 14. h×g3 N×g4 15. Nh2 Ndf6 16. Nf1

黑方吃掉白方的一个兵，但是此时白棋在王翼也不是一无所获。毕竟，黑方王前的兵阵冲得有点太高了，很容易被白棋破坏。可能因为白棋将行动计划致力于破坏黑方王前阵地，此时赫斯马图林没有选择 16. N×g4 B×g4 17. Rdf1 的下法。

16... Kg7 17. Re1 c5!（图 129）

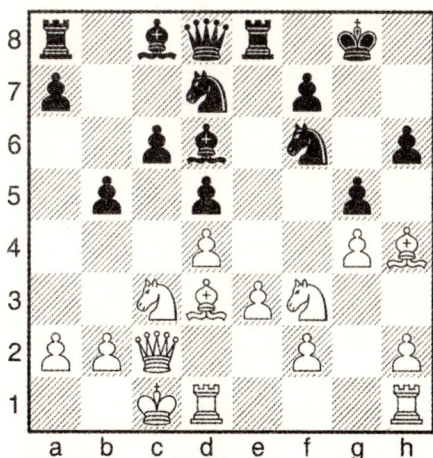

图 128

好棋！在双方的王走到棋盘不同方向，棋局进入到一个复杂对攻状态的时候，任何一方想要死守阵营都是很困难的事情。在这种情况下，速度往往是判断哪一方的行动处于棋局主宰地位的关键因素。对局中，黑方以最快速度进行后翼反击是绝对止确的。

18. d×c5

面对黑方突如其来的行动，白方显然准备不足。现在，白棋虽然看似有多种方式进行应对，但不管怎么走都是被动之举。例如 18. f3 c×d4 19. B×b5

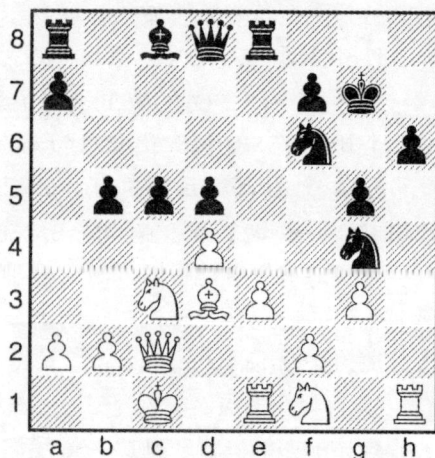

图 129

Bd7 的下法，将会令黑棋的子力如鱼得水发挥作用；如果白方采取实惠的吃兵走法，又会带来 18. B×b5 c×d4 19. B×e8 d×c3 20. Bc6 c×b2+ 21. Q×b2 Qc7 的变化，白方仍然无法得到满意的局面。

18... d4?!

黑方将行动的重心放在了棋盘的中心。不过鉴于白王所在的位置，可能黑棋坚持在后翼行动会效果更佳。此时，18... b4（图130） 19. Nb5 Ba6 20. Nh2 Ne5 21. Be2 Qa5 22. Nd6 B×e2 23. R×e2 Q×a2 的变化，将会给黑棋带来理想的胜势局面。

19. N×b5

现在把马走到中心位置显然不妥，因为在 19. Ne4 Bb7 20. Nfd2 N×f2 21. N×f2 d×e3 的变化中，黑方中心成功突破。

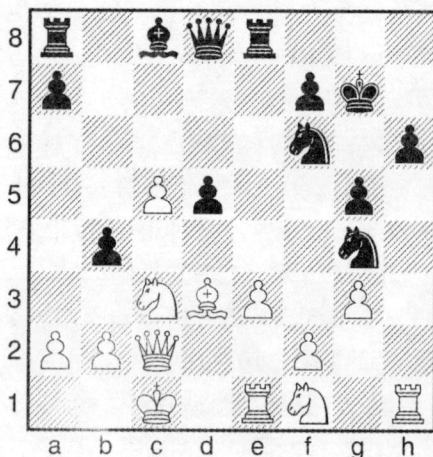

图 130

19... Bb7 20. e4 Qa5

白方显然处于被动防守之势。

21. Nd2 N×f2 22. Rhf1?

白棋在受攻的情况下还要保全子力不丢，这样的想法与棋局发展状况显然不符。现在白棋应该采取 22. Nb3! N×d3+ 23. Q×d3 Q×a2 24. N5×d4 Re5

（图131），形成混战局面。

22...N2×e4

黑棋走得中规中矩。现在采取
22...B×e4！的效果应该更好，黑棋的
子力得以更快发挥作用。

23. N×e4 N×e4 24. Qc4?

白棋的想法是同时监控 f7 和 d4
格，但是错过了最佳的行棋方案。现在
白棋有机会通过强制的走法取得长将，
例如24. R×e4！B×e4 25. Qf2！B×d3
26. Q×f7+ Kh8 27. Qf6+ Kh7 28. Qf7+，
棋局将以长将和棋告终。白方错失
良机。

24...Qd2+！

黑后找到了一个绝佳的位置！

25. Kb1 Q×e1+！

同样厉害的走法是25...Nc3+，经过26. b×c3 R×e1+ 27. R×e1 Q×e1+之
后，黑方取得胜势局面。

26. R×e1 Nd2+ 27. Kc2 N×c4

白方防守无望，黑胜。

纵观全局，双方的王不同方向易位形成了一个强调进攻速度的局面。黑方
抓住时机发动攻势。我们看到了一流女棋手把控机会的能力和果敢的战斗
精神。

29

塞巴格—卡西姆扎诺夫
2007 年弈于荷兰公开赛

与其他世界一流女棋手相比，法国女棋手塞巴格无疑是一个怪才。说她是
一个怪才，是因为从来没有谁认为塞巴格是女子世界冠军宝座有力的冲击者，
但与此同时，大家又公认她的棋艺才能和技术水平绝对处于女棋手第一方阵。

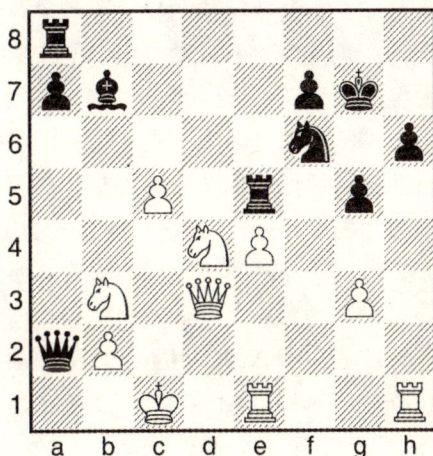

图 131

也难怪，翻看塞巴格的比赛成绩，难得见到她夺取女子比赛的胜利；但是，当我们浏览塞巴格的棋谱时，又会惊叹这位言行颇具几分嬉皮士风格的法国姑娘曾经战胜过那么多一流男子国际特级大师。可能就是因为塞巴格更看重棋艺内容而不是比赛成绩吧，她可以在同一个比赛中表现出截然不同的竞技状态，这也造成她的技术等级分忽高忽低。要想摘取世界冠军的皇冠，棋手不仅要具有高超的技术，还要拥有坚韧稳定的心理状态。

接下来的对局中，我们将看到塞巴格在荷兰举办的一次公开赛中挑落曾经获得男子世界冠军称号的乌兹别克斯坦国际特级大师卡西姆扎诺夫。

1. e4 e5 2. Nf3 Nc6 3. Bb5 a6 4. Ba4 Nf6 5. 0-0 Be7 6. Re1 b5 7. Bb3 d6 8. c3 0-0 9. h3 Re8 10. Ng5 Rf8 11. Nf3 h6 12. d4 Re8 13. Nbd2 Bf8 14. Nf1 Bd7

稳健的下法。黑方另外一种比较常见的变化是 14... Bb7，经过 15. Ng3 Na5 16. Bc2 Nc4（图 132），形成西班牙开局当中一个非常典型的局面，此后，白方可能采取 17. b3 Nb6 18. a4 b×a4 19. b×a4 a5 的下法，双方在后翼上进行较量。往往哪一方处于主动进攻之势，哪一方就能占据上风。

15. Ng3 Na5 16. Bc2 c5 17. d5 Nc4 18. a4（图 133）

图 132

图 133

白方挺兵 a4 不会立刻看到效果，但是从长远看，白方可以获得后翼开放线路的主动权。假如白方此时不挺兵 a4，那么黑棋就可能挺兵 a5，此时白棋再挺兵 a4 的话，黑方就可以冲兵 b4，将后翼的阵营封闭。

18... Nb6

黑方逼迫白方 a 兵及时表态，白棋当然不肯简单采取 a×b5 开放线路。

19. a5 Nc4 20. b4 Rc8

后翼上的 a 线和 b 线已经封闭，因此 c 线就成了黑方力争占领的线路。现在，假如黑方将行动重点转移向王翼，就可能带来 20...Nh7 21. Bd3 Rc8 22. Bxc4 bxc4 23. Be3 cxb4 24. cxb4 g6 25. Qc1 h5 26. Ra3 h4 27. Nf1 f5 28. N1d2 fxe4 29. Nxe4 Bf5 30. Rc3 的局面，黑方后翼存在受攻的 c 兵，因此白方可以在坚固中心据点的前提下获得充分的后翼行动机会。

21. Nd2 cxb4 22. cxb4 Nh7 23. Bd3 Be7?

黑方忽略了后翼兵形，现在应该选择 23...Nxd2 24. Bxd2 Be7 25. Rc1 Rxc1 26. Qxc1 Qb8（图 134），开放的 c 线将成为双方重点抢占的线路，由此我们可以推断未来黑白双方在此线路上交换后和车，将形成大致均势的局面。

24. Nxc4! bxc4 25. Bf1 Qc7 26. Ra3

白方开始对黑 c4 兵进行围剿，在 f1—a6 斜线上施加压力。白方更巧妙的思路是采取 26. Re3! Qb7 27. Rc3!! Qxb4，棋局后续发展可能是 28. Bd2!（如果 28. Qc2 Bd8 29. Rxc4 Rxc4 30. Qxc4 Bxa5 31. Qa2 Bb6 32. Rb1 Qc5 33. Be3 Qa5 34. Qxa5 Bxa5 35. Ra1，白方稍优）28...Bg5 29. Be1（图 135），白象在 e1 格找到了合适的位置，黑方后翼上的 c4 兵迟早被消灭，位于 a6 格的兵也将成为白方进攻的目标。

26...Qb8 27. Qd2 Bg5?

黑象找错了目标，兑换白方黑格象不是目的，应该采取 27...Bh4! 28. Qb2 Qb5 29. Rc3 Nf6 30. Bd2 Rc7 的下法，间接进攻白方的 e4 兵，起到牵制白棋后翼行动的目的。

28. Qb2 Rc7 29. Bxg5 Nxg5

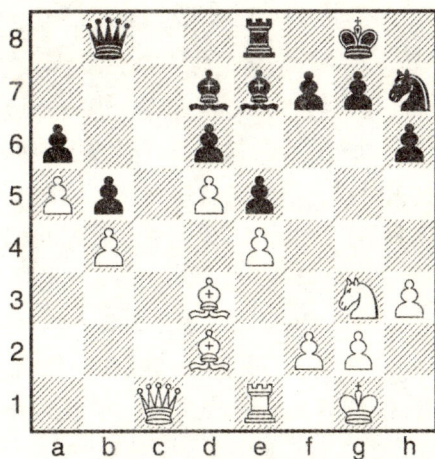

图 134

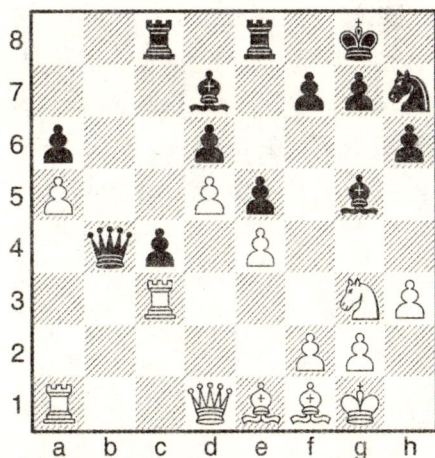

图 135

假如黑方采取 29...h×g5　30. Rc3
Qb5　31. Rec1　Rec8　32. Be2　Nf6
33. f3 的变化，白方将获得理想的局面。
接下来白方有 Nf1−e3 的调子行动，对
黑方后翼上的弱点加强进攻力度。

30. Rc3　Rec8　31. Rec1　Rb7
32. R×c4　R×c4　33. B×c4　R×b4
34. Qc3　Ra4　35. B×a6　Qa7　36. Qc7!
（图 136）

干净利索的处理方式，黑方不协调
的子力位置成为包袱。待黑方把包袱解
决的时候，白棋又会得到充分的时间发

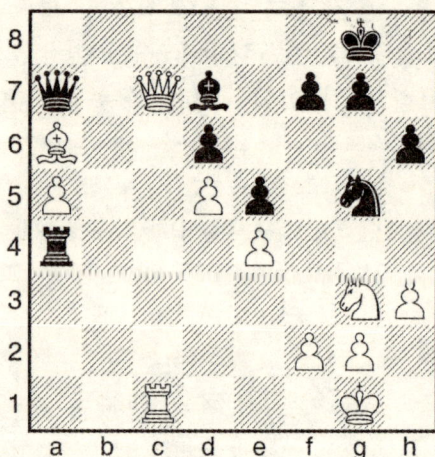

图 136

挥多兵的优势。如此一来，黑方就难以同时解决少兵和子力位置不佳的问题，
面临困难的局面。

36...Q×c7　37. R×c7　B×h3　38. Bf1

白方采取 38. g×h3　N×h3+　39. Kh2　Nf4（39...N×f2　40. Be2）　40. Bb7
R×a5　41. Nf5　Ra2　42. Kg3　Ra3+　43. Ne3 的下法，也能获得胜势局面，但
相比之下，对局中的下法更加简单明了。

38...R×a5　39. g×h3　Nf3+　40. Kg2　Nh4+　41. Kh1　Ra1　42. Rc6　g6
43. R×d6　Kf8　44. Rc6　Ke7　45. Rc7+　Kf6　46. f3

白方也可以通过 46. Rc3 的走法将棋局引向胜利。

46...N×f3　47. Kg2　Nd4　48. Bc4　Rd1　49. Nf1　Re1　50. Nd2　Re3
51. d6　Ne6　52. B×e6　K×e6　53. Nc4　R×e4　54. d7

白方势如破竹无法阻挡，黑方认输。

30

巴特尔—科新采娃（小）

2009 年弈于俄罗斯莫斯科公开赛 A 组

每年于中国农历春节期间举办的莫斯科公开赛总会吸引很多高水平选手报
名参加，中国棋手也会年年组织一支规模不小的队伍参赛。大家这样热衷于莫

斯科公开赛，一方面是因为这个比赛不同于一般的公开赛之处是低水平的纯业余棋手基本不参加，这样就保证了整体比赛选手的水平档次。莫斯科公开赛的参赛门槛远远高于其他国家举办的同类型比赛，特别是对 A 组参赛选手等级分限定非常严格，通常要达到世界前 20 的女子棋手等级分才能拿到参加这个比赛的通行证。

接下来我们看到的是来自波兰的男子国际特级大师巴特尔执白对科新采娃（小）的对局。这盘棋科新采娃不同于以往喜攻好杀，她耐心地与对手进行周旋。

1. e4 e5 2. Nf3 Nc6 3. Bb5 a6 4. Ba4 Nf6 5. 0-0 Be7 6. B×c6

白方采取了一个比较少见的变化，大概是想使棋局走向一个相对稳健的阵型。很多男棋手在与女棋手对弈的时候，都会想方设法避开对攻激烈的变化，大概是认为女棋手强于计算能力，而在局面棋的理解方面相对功力弱一点的原因吧。

6. . . d×c6

为了达到更快的子力出动速度，此处黑方采用 d 兵吃到 c6。如果黑方采取 6. . . b×c6 的下法，后面的变化可能是 7. d4 e×d4 8. N×d4 c5 9. Nf3 d6 10. Nc3 0-0 11. Re1 白方获得好一些的局面。

7. d3 Nd7 8. Nbd2 0-0 9. Nc4 f6 10. Nh4 Nc5 11. Nf5 Ne6（图 137）

黑方当然不能允许白方的马长久驻扎在这个积极的位置。但是大多数人对于 11. . . g6!? 12. N×e7+ Q×e7 13. f4 Be6 的变化心里不踏实，毕竟王前的黑格线路打开，而黑方恰恰缺少黑格象。

黑方采取简单的 11. . . B×f5 交换子力的下法并不值得推荐。因为在 12. e×f5 Qd5 13. Re1，白方获得稍优局面。需要指出的是，刚才白方不能走

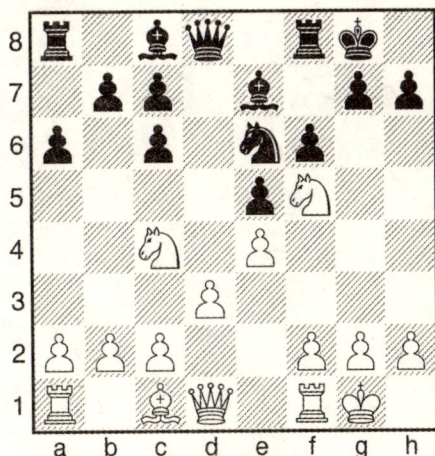
图 137

13. Qg4 或 13. Be3，因为黑方有 13. . . e4 的中心反击，寻求子力兑换，取得局面平衡。

12. Kh1

白方这步避让王的走法显得有点无所事事。现在可能还是应该采取 12. Be3

的下法，尽快出子。

12...c5

黑方加强对 d4 格的控制，同样可以采用 12...Bc5。

13. a4 a5?!

黑方挺兵到 a5 看起来获得了后翼阵地空间，但是带来的问题是后翼兵的弹性不足，b 兵向前行进的可能性一下子就破灭了。现在，黑方可以考虑采取 13...Nd4 争夺中心的下法。

14. f4 exf4　15. Bxf4 Nd4　16. Nxe7+?!

白方以马换象的处理方式显然过于简单了些，因为黑方的 e7 象目前并未产生什么威力，而白方的马已经在中心强格上发挥作用了。因此，现在白棋采取 16. Nfe3 瞄准中心 d5 格的下法值得考虑，接下来经过 16...Be6　17. c3 Nc6　18. Nd5 Rc8（18...Bxd5　19. exd5 Qxd5　20. Bxc7 白方获得理想的兵形）19. Nce3，局势依旧交错复杂，不过白棋在中心上似乎更有发展潜力。

16...Qxe7　17. c3 Ne6　18. Bg3 b6　19. Ne3 Bb7　20. Qg4 Rae8 21. Nd5?!

白方把马走到了错误的位置！造成局面被动。现在，白棋应该采取 21. Rad1（图 138）。

白方的马在 e3 格是一个绝佳的位置，可以同时监控王翼和中心。虽然此时白棋冲兵 e4 占据中心的计划不能马上执行，但是子力处于一种跃跃欲试的状态，也会让黑方难于应付。

21...Qd8

白方的 d3 兵受制，白马轻易动弹不得。

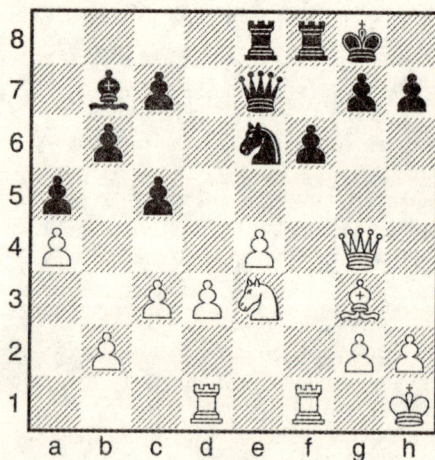

图 138

22. c4?

坏棋！白方中心 d4 格彻底成为一个黑方子力自由入侵的"窟窿"。并且随着 c 兵走到 4 线，白方位于 d3 的兵更加需要其他子力进行看护，成为白棋的累赘。

22...c6　23. Ne3 Nd4（图 139）

好棋！占据强格比简单获取子力更重要。何况，在黑棋 23...Qxd3 的变化中，白方可以在王翼上实施强力反击，接下来的变化可能是 24. Nf5 Ng5

25. h4 R×e4　26. Rf4 R×f4　27. B×f4 Qe4！！　28. N×g7！！ Bc8！　29. Qg3 Qg6　30. h×g5 Q×g7，形成大致均势的局面。

24. Rad1 Bc8　25. Qf4 Ne2　26. Qf2 N×g3+　27. Q×g3 Qd4（图140）

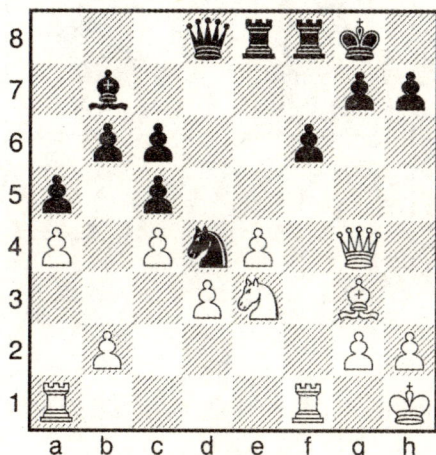
图 139

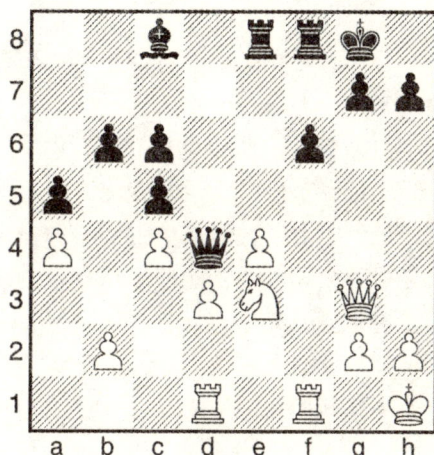
图 140

　　黑方获得明显的优势！看看白棋在22回合时的挺兵 c4 都带来了什么！被削弱的 d4 格成为黑方入侵的前沿据点，白方处于被牵着鼻子走的被动状态。

28. Qf2?

　　白方出现严重的计算错误，此时应该采取 28. Rf2 Qe5　29. Q×e5 R×e5 的下法。白方由于 d3 弱兵的问题，残局处于下风。白棋艰难防守，黑方攻城不易。

28... f5（图141）

　　黑方充分利用白方不佳的子力位置，发挥牵制战术的威力实施强力突破。随着黑方 f 兵的挺进，白方再也不能保持局面"脆弱的平衡"了。局势肯定要被打开，白棋错位的子力布阵将遭到惩罚。

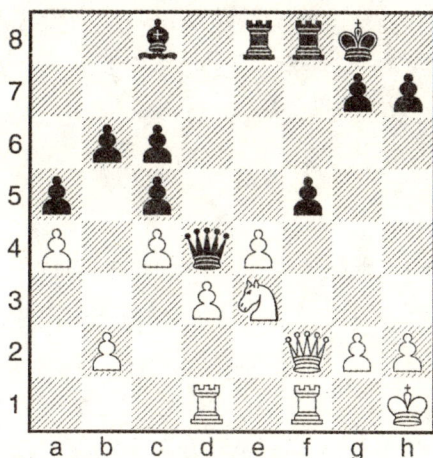
图 141

29. N×f5 Q×f2　30. R×f2 g6　31. Nd6 R×f2　32. N×e8 R×b2?

　　黑方这步用车吃兵的棋不够紧凑，现在应该充分利用白马位置不佳展开围攻。厉害的走法是 32... Bg4！经过 33. Re1（33. Kg1 Rf8）　33... Kf7　34. Nd6+

Ke6（图142），马被牢牢禁锢，白方难以进行有效的防护。接下来 35. e5 R×b2，黑方从容消灭白方 b2 兵，白方将处于坐以待毙的境地。

33. Kg1　Kf8　34. Nf6　Ke7 35. N×h7？

白方错过了顽强防守的 35. Rf1 h5 36. Ng8+ Kd6 37. Rf8 变化。尽管黑方还是处于上风，但是白方的子力位置已经得到大大改观，能够组织有效的防守反击了。

图 142

35...Bg4

黑象开始发挥作用，白方位于白格的 a4、c4、d3、e4 兵成为黑象进攻的靶子。

36. Rf1　Be2　37. Rf6

白方的子力终于杀到对方的阵营当中，形成对黑棋兵阵的攻击。但是，这一切显然已经太晚了，黑棋迈向胜利的脚步已经难以阻挡。

37...B×d3　38. R×g6　b5　39. Rg7+　Kd6　40. Ng5　b×a4　41. Nf7+　Ke6 42. Nd8+　Kf6　43. Rd7　B×e4

白棋投子认负。

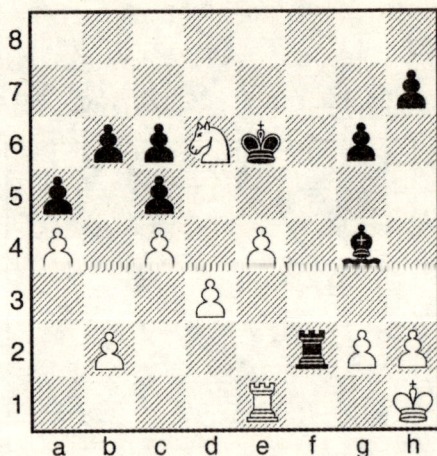

31

斯坦芳诺娃—郝伟尔

2009 年弈于比利时公开赛

斯坦芳诺娃的棋风真的是有点怪。说她喜欢攻杀局面吧，有时她下棋很保守；说她不喜欢残局吧，可是个别时候她的残局技巧还真是娴熟；说她不强调开局准备吧，有些开局她还研究得挺透。反正，说白了，斯坦芳诺娃的棋风有点令人捉摸不透，不知道到底应该把她归到哪个类型当中。

十来岁，斯坦芳诺娃就离开家乡保加利亚到其他国家参加比赛，因此她的棋风中多了一点漂泊不定的味道。2004 年女子世界冠军赛，斯坦芳诺娃抓住了幸运女神的翅膀，一路过关斩将成功登顶。这之后，斯坦芳诺娃加强了棋艺训练，特别在开局准备方面比过去强大了很多。不过，获得女子世界冠军似乎不是斯坦芳诺娃下棋的终极目标，坐在棋盘边与对手厮杀才是她真正的乐趣所在。因此，她总是棋坛赛事活动中最活跃的一名女棋手。

1. d4 Nf6　2. c4 g6　3. Nc3 d5　4. Nf3

应该直接走 4. Bg5，例如 4. Bg5 Ne4　5. Bh4 N×c3　6. b×c3 d×c4　7. e3 b5　8. a4 c6　9. a×b5 c×b5　10. Qf3，白后利用 f3 格捉死黑车，取得胜势局面。

4. . . Bg7　5. Bg5 Ne4　6. Bh4 N×c3　7. b×c3 d×c4　8. Qa4+

白方需要马上把弃掉的兵吃回来。现在，如果白方再采取 8. e3　b5　9. a4 c6　10. a×b5 c×b5 的下法，将少一个兵，却没有什么明显收获。

8. . . c6

黑棋还有一种下法是 8. . . Qd7　9. Q×c4 b6　10. e3 Ba6　11. Qb3 B×f1　12. K×f1 0-0　13. Ke2 c5，形成复杂的局面。

9. Q×c4 Qa5　10. e3

这个局面单单就兵形而言，毫无疑问是有利于白棋。因为，白方位于黑格的兵形有效阻挡住黑方 g7 象的控制区域。有鉴于此，黑方应该迅速利用白方没有完成王车易位进行骚扰。黑方的 e7 兵目前是一个受到白象牵制的棋子，如果这个问题不能很好解决的话，黑方也无法实施王车易位。

10. . . Na6　11. Qb3 Be6

黑棋 11. . . Nc5 的下法值得注意，经过 12. Qb4（如果 12. Qc2 Bf5 的变化，黑方也有很好的出子速度）　12. . . Q×b4　13. c×b4 Na4，局面大体平先。

12. Qb2 b5?

不好！这步棋看起来很凶，其实没有什么实际作用。并且，我们知道兵这个棋子走动之后就不能回头了，现在黑方没有意识到正在削弱自己的兵形，但是在未来的棋局发展中将受到惩罚。此时黑棋应该采取 12. . . Nc7，白棋应以 13. a4 Nd5　14. Rc1 Nb6（如果 14. . . Q×a4　15. Ra1，白方获得理想局面）15. Bd3 之后，白方子力位置活跃，占据主动。

13. Nd2 0-0　14. Be2

白方吃兵的走法也可以考虑，例如 14. B×e7 Rfe8　15. Qa3 Qb6　16. Bd6 之后，黑方虽然在出子速度上占得先机，但是似乎不足以弥补少一兵的代价。

14. . . Rfe8　15. 0-0 Rac8　16. Rfc1（图 143）

白方接下来的计划是挺兵 a4，削弱黑方的后翼兵阵，力图找到突破口。

16...Qb6　17. a4（图144）

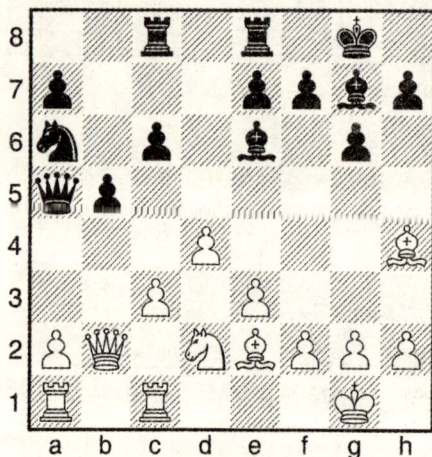

图143

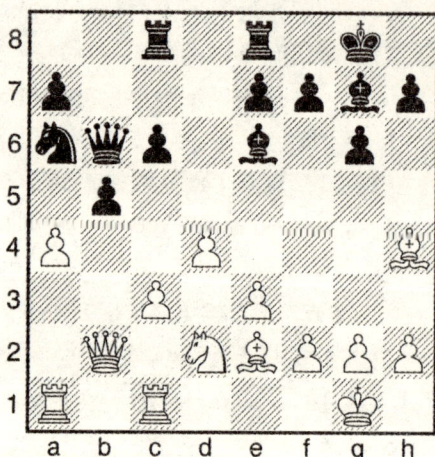

图144

白方顺利实现攻击黑方兵阵，制造弱点的目的。现在，黑方的阵型看起来很牢靠，但是如果我们深入去思考的话，就会发现黑棋难以找到有效的反击计划，而是处于被白棋牵着鼻子走的境地。

17...Nc7

黑方将棋子调往中心位置，但是伴随着黑马离开 a6 格，c5 格成为了一个缺少有效棋子监控的位置，黑后虽然严阵以待守在一旁，却无法阻挡白方棋子入驻。

18. Ne4　b×a4（图145）

黑方无法再保持僵持状态，必须在后翼表态了。现在，我们看到黑棋的兵形已经呈现出缺口，白方下一步的任务就是抓紧时间将自己的棋子调动到积极的位置中，再集中力量去攻击黑方已经受到削弱的阵型。

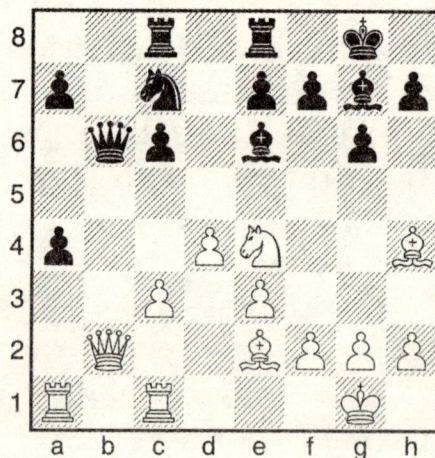

图145

19. Qd2！

白方当然不肯兑换后，这样才能让黑方的后翼兵形一直处于分散状态中。

19...Bb3　20. Nc5　Nd5　21. Rcb1　Qc7　22. Bg3　e5　23. N×b3　a×b3　24. R×b3　c5　25. Rba3？

白方走棋有些教条，过于看重黑方后翼兵形的弱点，总想着要稳稳地入侵，忽略了黑棋的反击。现在，白方应该走 25. d×e5 Rcd8　26. e6，直接就能突破黑棋的防线。

25...c×d4　26.c×d4 Nc3　27.Bd3 Qc6　28.Ra6

白方如果选择 28. d×e5 B×e5　29. B×e5 R×e5　30. R×a7 Rd5 的变化，黑棋虽然少了一个兵，但是由于子力位置积极，因此还是拥有很好的机会防守。

28...Qd5　29.R6a5 Qb3　30.R5a3

面对黑棋死缠烂打的作战方式，白棋显然没有找到清晰的进攻线路来推进局面。因此，白方频频采取暂时忍耐的态度，目的在于将黑后从积极主动的位置当中赶走。现在，白方可以将棋局走到一个对自己有利的残局，经过 30. B×e5 B×e5　31. d×e5 Rcd8　32. R5a3 Nb1　33. R×b3 N×d2　34. Rba3（图146）。

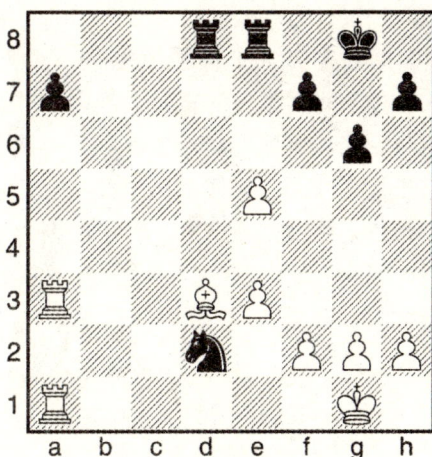

图146

白方占据了比较明显的优势。但是由于棋盘上的子力数量所剩不多，因此黑棋拥有很实际的防守机会。

30...Qb4　31.Ba6 e×d4

黑方应该考虑采取 31...Rc6，经过 32. d×e5（如果 32. d5 Rc5，黑方也有不错的机会）　32...B×e5　33. Qd7 Rb8　34. B×e5 Q×a3　35. Re1 Rbb6，形成一个大体均势的局面。

32.B×c8 R×c8　33.R×a7 d×e3　34.f×e3 Qc4　35.Ra8

白方另外一种行动方案是 35. Rc7 R×c7　36. Qd8+ Bf8　37. B×c7，一样能获得理想的胜势局面。

35...h5?

面对困难的局面，黑方应该采取积极的下法 35...Ne2+，白如接走 36. Q×e2 Q×e2　37. R×c8+ Bf8　38. Bd6 Q×e3+　39. Kh1 Qd4　40. R×f8+ Kg7　41. Rf1 Q×d6　42. R8×f7+ Kh6，白方虽然占据主动，但想要取胜绝对不容易。

36.R×c8+ Q×c8

对局至此，双方的时间都所剩无几。

37. Rf1（图 147）

白方子力占优，但是由于兵形并不是很理想，取胜还不是一件很容易的事情。但是，就在此时黑棋陷入了思考状态，忘记了此时他还没有完成 40 回合的时限规定招法，也忽略了赛钟上的时间正在不知不觉中一点点归为零。黑方超时判负，白胜。

超时在高水平棋手当中并不多见，往往处于时间恐慌的棋手会在时限规定的最后几步棋里果断勇敢。不管走出的棋步是否精确，怎样也不会让自己以超

时判负来终结棋局。不过，可能因为执黑棋的郝伟尔也是英国年轻棋手中的优秀代表，面对女棋手，小伙子宁可让自己像个绅士一样输棋，也不愿意把棋局走得太难看了。

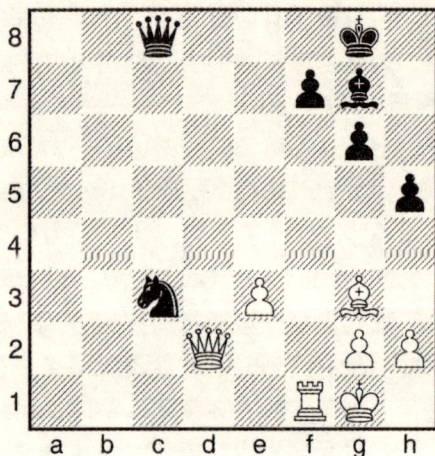

图 147

32

科内鲁—蒂曼

2009 年弈于捷克女子明星与男子元老对抗赛

从 14 岁起，科内鲁带着女子世界青年冠军的成绩和稳健难缠的棋风杀入女子一线选手的行列。当她下棋的时候，总是一脸的沉静表情，似乎整个人已经进入到另外一个世界。很快，科内鲁不再满足于女子赛场上的成绩，她将目光转移到与男棋手同台竞技。她的等级分很快就排名到仅次于从不涉足女子赛场的小波尔加，位列女子第二。

女子明星对阵男子元老是一个非常有意思的比赛。20 世纪 90 年代，排名世界前五的女棋手对阵年过六旬的男选手。不要以为这些看似年迈的老爷子好对付，下棋又不是比赛百米跑，在很多时候棋手的经验在棋局过程中发挥着举足轻重的作用。要知道，能够受到邀请的男选手在自己的棋艺鼎盛时期，最差也取得过男子世界前八名的成绩。比赛连续举办了十届之后因故中断，几年后捷克将这一赛事列为自己国家的传统赛事。接下来我们即将看到的是科内鲁执

白棋对阵 20 世纪 80 年代~90 年代享誉世界棋坛的荷兰男选手蒂曼。

1. d4 Nf6　2. c4 e6　3. Nf3 b6　4. g3 Ba6

黑方的子力出动次序很有讲究。如果直接选择 4...Bb7 的话，那么白后将继续保留在 d 线上，对以后挺进小兵至 d5 起到支持作用。例如，经过 5. Bg2 c5　6. d5 exd5　7. Nh4 的变化，黑方的 d5 兵成为受攻的靶子，白后留在 d1 原位就比棋局中走到 a4 位置上更好。

5. Qa4 Bb7　6. Bg2 c5　7. dxc5 Bxc5

黑方另外一个选择是 7...bxc5，看似 b 线兵通过吃子走到 c 线更加靠近中心，但是经过 8. 0-0 Be7　9. Nc3 0-0　10. Rd1 Qb6　11. Bf4 d6　12. Qb5 之后，白方获得绝佳的局面主动权。

8. 0-0 0-0　9. Nc3 Na6

黑方的计划是让象从 c5 格离开，将这个格子留给马进入到中心的战场。黑方不能给予采取在中心挺进兵的行动，经过 9...d5　10. Rd1 Qe8　11. Ne5 之后，白方在中心行动速度更快，拥有一定的空间优势。

10. Bf4 Be7　11. Rfd1 Nc5　12. Qc2 Qc8

黑方局面的不足之处在于狭小的空间，不利于子力顺畅调动。黑方把后离开 d 线白车的牵制，接下来的计划在于挺进中心 d 兵，争取在空间上与白方抗衡。不过，如果白方不能找到有效的局面扩展计划的话，黑方也能凭借坚固的结构取得不错的防守反击机会。

13. Rd4！（图 148）

好棋！科内鲁将白棋行动的焦点集中在棋盘的中央，把车走到 d4 之后，黑方很容易便会联想到白棋接下来是要在 d 线集结更多的子力。因此，白方从中心挺兵反击的行棋计划出现的是那么自然。

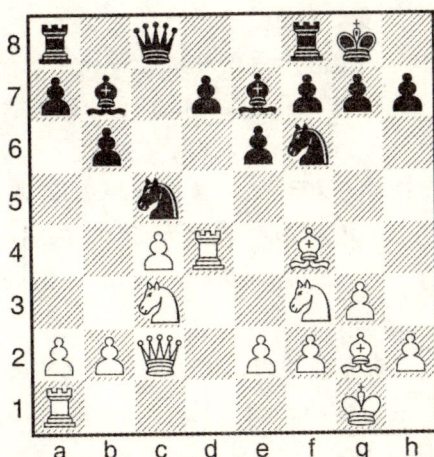

图 148

13...d5　14. Rc1 Nce4　15. Nxe4 dxe4（图 149）

战斗进入胶着状态。黑棋如果采取用马吃到中心 e4 格的走法，将会带来以下变化：15...Nxe4　16. Qd1 Bc5　17. cxd5 exd5　18. b4 Bxd4　19. Rxc8 Bxf2+　20. Kf1 Raxc8　21. Ne5，白方拥有较好的中心行动机会。

117

16. Ne5 Qc5?

坏棋！没有产生什么实际作用。现在，曾经有对局采取 16...g5 的下法，经过 17. B×g5 Qc5 18. B×f6 B×f6 19. Rd7 Bc8 20. Ng4 Bg5 21. b4，白方获得微小的优势；又如 16...h6 的走法值得考虑，经过 17. Rdd1 a5 18. h4 之后，棋局形势复杂。

17. Rcd1 Rfc8 18. a3！ （图 150）

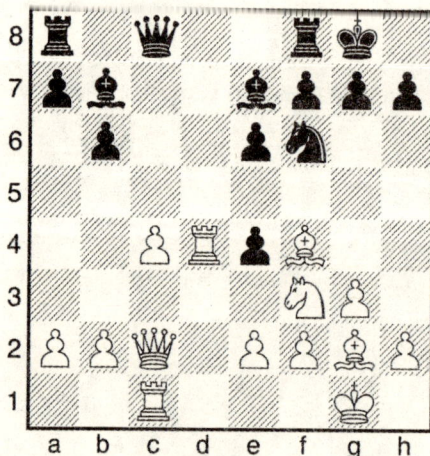

图 149

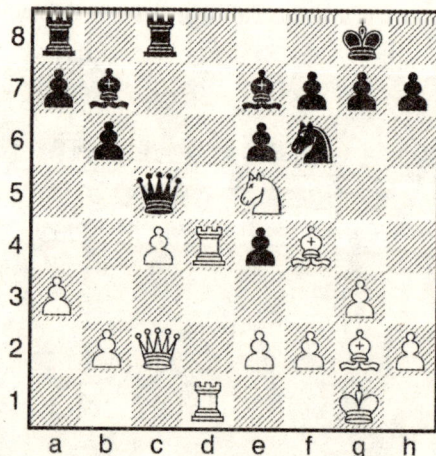

图 150

蓄势待发的必要准备，白方走得很有耐心。

18...Qa5 19. Qc1?!

白方这步后的调动似乎意义不大，因为白棋随后挺兵 b4 的行动不能带来什么实际效益。此时，白棋走 19. Nd7 的下法更积极些。兑换掉黑方 f6 马之后，黑棋的 e4 兵就成为了真正的弱点。

19...Qa6 20. b4 Qa4 21. g4！
（图 151）

非常有魄力，也是具有全局作战视野的一步棋！白方吹响了王翼行动的号角。

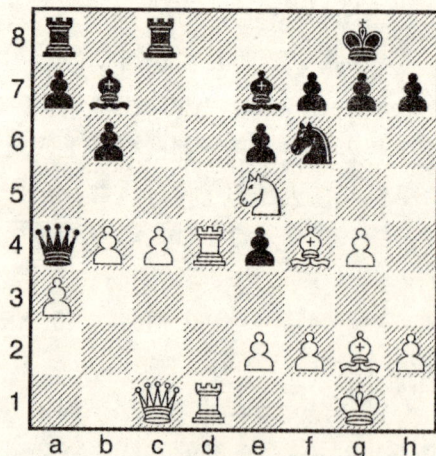

图 151

21...a5?

压力面前，蒂曼处理得不够冷静。由于此时黑棋王翼子力位置并非处于最佳状态，因此及时进行子力调动处理好王翼的隐患是黑棋的首要任务。

21...Rd8 的走法更值得推荐，经过 22. g5 Nh5   23. Be3 R×d4   24. R×d4 之后，白方获得微小优势。

22. g5   Nd5

面对白方吃马的威胁，黑方不能采取 22...Nh5 的方式来躲避，因为经过 23. Nd7 Bd8   24. b5！！ N×f4   25. Q×f4 Q×a3   26. Ne5 之后，白方获得胜势局面。

23. Qd2   Q×a3

黑方此举实属被逼无奈，在 23...N×f4   24. Q×f4 的下法中，白方在 d7 和 f7 两个部位存在入侵威胁，同样能够获得明显的优势。

棋局至此，黑方的棋子间不再具有整体的配合和呼应。反观白棋，良好的子力位置令白棋行动对黑棋的阵营形成了强大的冲击力，剩下的任务就是保持冷静的头脑，找准黑棋阵营当中最薄弱的环节施以致命一击。

24. c×d5   e×d5   25. b×a5   b×a5
26. R×d5！（图 152）

又稳又准的行动，科内鲁的进攻节奏掌握得恰到好处。有别于大多数女棋手容易出现情绪波动，科内鲁对局时走出的招法和她脸上的表情一样冷静。

26...Bb4

如果 26...B×d5   27. Q×d5 Rf8   28. N×f7 黑方的王前阵地被摧毁。

27. Qd4   Bc3   28. Rd8 +   R×d8
29. Q×d8 +   R×d8   30. R×d8 +   Qf8
31. R×f8 +   K×f8   32. Nd7 +   Ke7

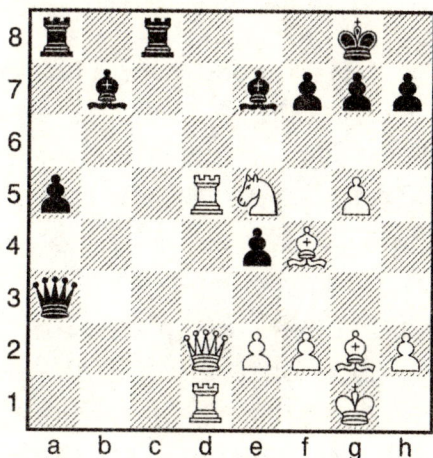

图 152

33. Nc5   Bd5   34. B×e4   B×e4   35. N×e4   Bb2   36. Nc5   Ba3   37. Be3

黑棋局势已经支离破碎，蒂曼认输。

很多人相信，假如没有中国的天才少女侯逸凡横空出世，印度女棋手科内鲁可能早就黄袍加身，成功登顶女子世界冠军宝座了。体育竞赛就是这么残酷，冠军只有一个。

33

科新采娃（大）—米哈列夫斯基

2010 年弈于瑞士比尔公开赛

对于想要提高的棋手来说，参加比自己现有水平略高一些、能够感觉到有挑战、有机会的比赛是最佳的选择。女棋手如能与男棋手同场竞技，将会得到很大程度的磨炼和提高。

瑞士比尔公开赛是一项传统赛事，根据报名棋手的技术等级分设了若干个组别，可以满足来自世界各国的不同棋艺水平的选手参加。我们即将看到的是俄罗斯女棋手科新采娃（大）与以色列男子国际特级大师米哈列夫斯基之间的一场较量。

1. e4 e5 2. Nf3 Nc6 3. Bb5 a6 4. Ba4 Nf6 5. 0-0 N×e4

形成了西班牙开局中比较稳健的兑换变例。由于中心线路的开放，通常棋局会很快转入残局阶段的较量。大概是执黑棋的以色列大师更善于下残局，因此在对付以进攻棋见长的大科新采娃时，特意挑选了一个稳健的开局变化。

6. d4 b5 7. Bb3 d5 8. d×e5 Be6 9. Nbd2 Nc5

黑方另外一个变化是 9...Be7，经过 10. c3 0-0 11. Bc2 f5 12. Nb3 Qd7 13. Nfd4 N×d4 14. N×d4 c5 15. N×e6 Q×e6 之后，形成复杂的局面。

10. c3 d4

黑方直接从中心挺进兵，力图快速将局面形成一个开放的状态。现在，黑方更常见的变化是 10...Be7，经过 11. Bc2 d4（如果 11...Bg4 12. Re1 0-0 13. Nb3 Ne6 14. Qd3 g6 15. Bh6，白方有利） 12. Nb3 d3 13. Bb1 N×b3 14. a×b3 Bf5 15. Be3，形成复杂的局面。

11. B×e6

白方另外一种激烈的下法是 11. Ng5 ，经过 11...Q×g5（如果 11...d×c3 12. N×e6 f×e6 13. b×c3 Qd3 14. Bc2 Q×c3 15. Nb3，白方局面占有一定的优势） 12. Qf3 0-0-0（黑方一味保护子力的下法将会令白棋获得巨大的进攻机会，例如 12...Bd7 13. B×f7+ Ke7 14. Bd5 N×e5 15. Qe2 d3 16. Qe1 Re8 17. f4，白方攻势凶猛） 13. B×e6+ f×e6 14. Q×c6 Q×e5 15. b4 Qd5 16. Q×d5 e×d5 17. b×c5 d×c3 18. Nb3 d4，硝烟渐渐散去，棋局进入一个互有机会的残局。

11...N×e6   12. c×d4 Nc×d4

13. a4 Bb4（图 153）

黑方想尽一切办法快速出子，这是最符合当前局面的选择。如果黑棋采取 13...b4，白方可以应以 14. N×d4 N×d4（不能 14...Q×d4   15. Qf3 Rd8 16. Qc6+ Rd7   17. Qa8+ Rd8   18. Q×a6 **白方获得优势**）15. Nb3 之后，白方在后翼发展空间巨大，前景看好。

14. a×b5 N×b5

假如黑方兑子，例如 14...N×f3+ 15. N×f3（白方也可以采取 15. Q×f3 0-0

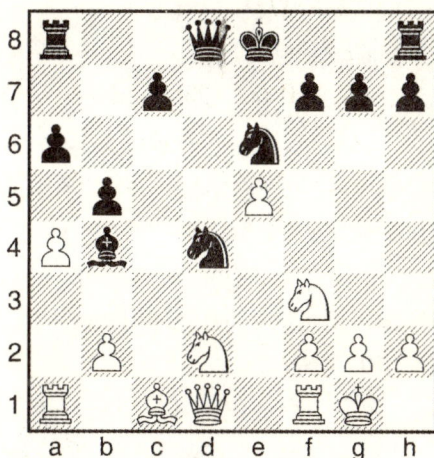

图 153

16. Rd1 a×b5   17. R×a8 Q×a8   18. Ne4，获得稍好的局面）   15...a×b5 16. R×a8 Q×a8   17. Ng5! N×g5   18. B×g5 h6   19. Bh4 g5   20. Bg3 的变化中，白方牢牢掌握棋局发展的主动权。

15. Qa4!?

白方当然不能轻易允许局面简化。那么在腾挪 d2 马之前，就要把自己的后走到其他线路上。除了实战招法之外，白方 15. Qb3 的下法也可以考虑。

15...B×d2

黑方不希望看到白方的马从容跃到 e4 格，因此选择了以象换马的下法。从暂时的效果来看，黑棋达到了简化棋子数量的目的。但是从棋局长远眼光来评价，随着黑方黑格象的消失，在整个棋盘的黑格线路上，黑方将失去控制。

16. B×d2 0-0   17. Rfd1 c5

18. Be3 Qb6

黑后放在这个位置上，准备在未来对白方的 b2 兵造成威胁。此时，黑方走得稳妥一些的下法是 18...Qe7，经过 19. Qe4 h6   20. h4 Rfe8   21. Re1 Kh8   22. Ra4 Qd7   23. Rea1 Nbc7 之后，白方获取了一定的先手，黑棋阵型也很坚固。

19. h3（图 154）

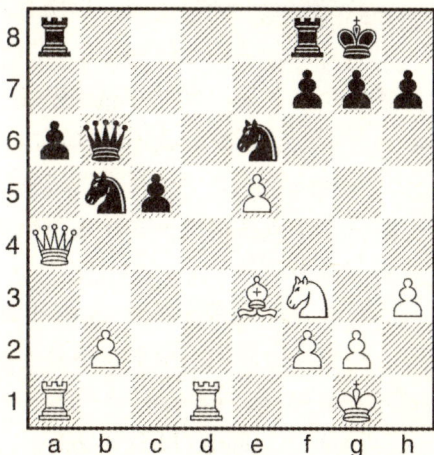

图 154

当局面上找不到什么立刻奏效的好棋和明显的行棋方向时，类似等待的招法是非常有用的。因为，这样的下法不仅彻底排除己方王在底线被闷将杀的威胁，同时把行棋权转移给对方，通过观望的策略获得后发制人的主动权。现在，白方走 19. Rd2 的话，将面临 19...Rfd8 的应对，此后 20. Rad1（如果 20. b4 Rxd2 21. Nxd2 Nc3 22. bxc5 Qxc5 23. Bxc5 Nxa4 形成平先局面；如果 20. Rxd8+ Rxd8 21. b4 Nbc7 22. bxc5 Nxc5 23. Qc2 Qb3！，黑方获得生龙活虎的棋局）20...Rxd2 21. Rxd2 Rd8，双方棋子不可避免地发生大兑换，简化之后的局面大体均势。

19...Nbc7

黑方一方面把自己的后在直线上亮出来，威胁攻击白方的 b 兵。另外一方面，也为自己的车走到 d 线做准备。现在 19...Rfd8 20. Rxd8+ Rxd8 21. Qxa6 的下法，白方轻松获取一兵。

20. Rd2

白方很难回避 d 线上即将发生的大兑换。现在如果 20. Nh4 Qxb2 21. f4 Rfd8 的变化，白方王翼上的行动见不到效果；如果 20. Qc2 Rfd8 21. Nd2 Nd4 22. Bxd4 cxd4 23. Nc4 Qc5 的变化，黑方也能获得大体均势的局面。

20...Rad8 21. Rad1 Rxd2 22. Rxd2 Qb5

黑方不能急于一下子沿着 d 线把子力兑换干净。例如 22...Rd8 23. Rxd8+ Nxd8 24. Qd7 的下法，随着白后的入侵，攻势也将逐渐展开。黑方如果采取 22...h6 的下法，将会遭遇 23. Nh4 Rd8 24. Rxd8+ Nxd8 25. Nf5，棋盘上虽然子力所剩不多，但是黑王面临的防守压力仍然不小。

23. Qc2 h6

黑方也采取预先防范的办法将王翼阵地的兵适时挺进。现在如果 23...Rb8 的话，白方的重点还是会集中在王翼的行动上。例如 24. Nh4 g6 25. Nf3！ c4 26. Bh6 a5 27. Nh2 Nd5 28. Ng4 Nb4 29. Qe4，白方的子力顺利调集到棋盘中央，对黑方王前阵地施加压力。

24. Nh4（图155）

白方的计划是将马运到 f5 格，继续调集子力组织王翼进攻。

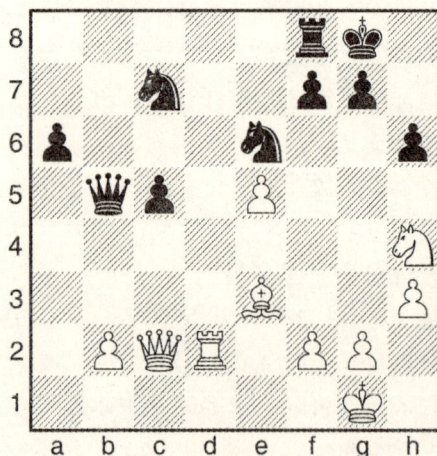

图 155

24...Qb4?

黑方的反击没有找到准确的目标。现在应该24...c4！对白方的e5兵展开进攻。如果25. Nf5（白方如果采取25. Qe4 防护 e5 兵的话，将会面对25...Rd8 26. R×d8+ N×d8 27. f4 Nd5，黑方的子力适时回防到中心格有力的位置上）25...Q×e5 26. Ne7+ Kh8 27. Q×c4 Qf6 28. Nc6 Rc8 29. Qa4，白方拥有微小的优势。

25. Nf5 a5

黑方的处境已经有些难过了。现在25...Rb8 26. Ne7+ Kh8 27. Nc6，将会令白棋顺利看到胜利的前景；黑方如果采取25...c4 26. Nd6的变化，白方也会利用子力积极的位置制造厉害的进攻；又如黑方采取25...Nb5 的下法，白方应以26. Ne7+ Kh8 27. Nc6 Qh4 28. B×c5 Rc8 29. Bb6 的变化，棋局同样呈现对白棋有利之势。

26. Rd7 Qb5 27. Qd2 c4

面对白方不断加强的攻击威胁，黑方难以找到明晰的计划进行防守反击。例如27...Qb4 的走法，将遭遇28. f4！Q×d2 29. Ne7+ Kh7 30. B×d2 Nb5 31. f5 Ned4 32. B×a5，白方全局压进；如果27...Rb8，白方可以应对以凌厉的战术打击28. R×f7！K×f7（如果28...Q×b2 29. Qd7 Q×e5 30. Ne7+ K×f7 31. Nc6+白方胜势）29. Nd6+，白方获得胜利局面。

28. N×g7！（图156）

敏锐的战术攻击嗅觉！科新采娃马肥刀快，直接采取弃子手段入局，黑方的王前阵地彻底门户洞开。

28...K×g7

黑方走28...Q×e5 也不能拯救局面，白方可以采取29. N×e6 N×e6 30. Rd5 Qe4 31. B×h6 Rb8 32. R×a5 R×b2 33. Qc3！Rb3 34. Rg5+ Kh7 35. Rg7+ Kh8（如果35...K×h6 36. Qf6+ Kh5 37. g4+ Q×g4+ 38. h×g4+ #，将杀）36. Qf6 Qd4 37. R×f7+ Q×f6 38. R×f6，白方获得胜势残局。

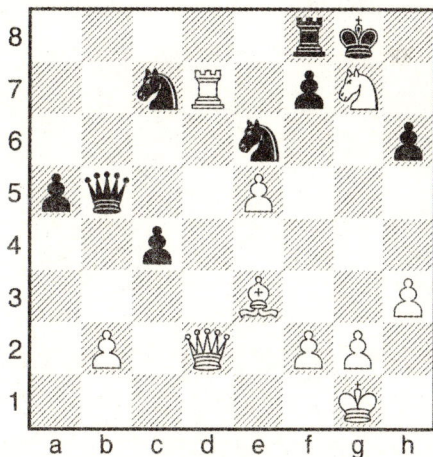

图156

29. B×h6+ Kg8 30. R×c7 Q×e5

黑方30...N×c7 的话，白方31. Qg5+，黑方难以逃脱被将杀的结果。

31. R×c4 Rd8　32. Qc1 Qe2

白方获得了巨大的子力优势，现在黑方唯一期望的就是40回合时限将至，在双方棋手均处于时间紧张的情况下，或许还有搅局机会。

33. Rc8

此时，白方可以将棋局以更快的速度走向胜利，例如33. Rg4+ Kh7 34. Qc3 Qd1+　35. Kh2 Rd4（如果35...Qd6+　36. Bf4，白方胜势）　36. f4！K×h6　37. Qg3 Q×g4　38. Q×g4 R×f4　39. Qg8，白方取得胜势局面。或者，33. Qc3 Qd1+　34. Kh2 Qd6+　35. g3 Nd4　36. Q×a5的变化，也是清晰明朗的白方胜势局面。

33... R×c8　34. Q×c8+ Kh7　35. Qc1 a4　36. Be3 Qd3　37. Kh2 Qd6+ 38. Kg1 Qd3　39. Kh2 Qd6+　40. g3 Qd3　41. Qc6 Qb3　42. Qe4+ Kg8 43. Qe5 Qd1　44. h4 Qg4　45. Qb5 Kh7　46. Qd5 Kg8　47. h5 Qb4

黑方正在进行无望的防守。此时47...Ng7　48. h6 Nf5　49. Bf4 Qh5+ 50. Kg1 Kh7的变化也不能让黑棋得到喘息机会，因为白方可以应以51. Qe4 Qd1+　52. Kg2 Qg4　53. f3 Qg6　54. Q×a4 N×h6　55. Qe4的变化取得胜势。

48. Qa8+ Kh7　49. Qe8 Qb7　50. h6

黑方的局势真可怜，偌大的棋盘之上却没有什么有用的招法可走。

50... Qf3　51. Q×a4 Ng5　52. Qf4 Qh5+　53. Kg2

对局至此，黑方放弃了抵抗。

34

博格—奇米里杰

2011年弈于直布罗陀邀请赛

对于很多棋迷来说，直布罗陀不过是充满神秘色彩的地名，与国际象棋距离很远。直到时间迈入21世纪，直布罗陀每年年初举办大型的国际象棋赛事，众多棋手纷纷应邀参赛。国际象棋赛事的版图上才增添了直布罗陀这个地名，这个位于欧洲伊比利亚半岛南端的英国殖民地，一个面积6.5平方公里，人口数量大约3万的地方。

拥有男子国际特级大师称号的立陶宛头号女棋手奇米里杰出生于20世纪80年代，17岁时她便取得女子国际特级大师称号。在立陶宛高水平的棋手不多，因此奇米里杰常年在世界各地参加比赛。奇米里杰是直布罗陀比赛的常客，每年她都是赛场上表现最抢眼的女棋手之一。

奇米里杰的棋风泼辣，大刀阔斧，强大的攻杀力伴随的是不太稳定的发挥。很多人都说，奇米里杰称得上是 21 世纪最有冲击能力的女棋手，如果她的技术能够再全面一些，绝对有望摘得棋后桂冠。

1. e4 c5　2. Nc3 Nc6　3. f4 g6　4. Nf3 Bg7　5. Bb5 Nd4

直接跃马进入中心。黑方另外一种下法是 5... d6　6. B×c6+ b×c6　7. d3，白方稳扎稳打慢慢推进。

6. 0-0

白方不躲闪白格象，任由黑方决定是否要用自己的 d4 马来交换。白方也可以采取 6. Bc4 e6　7. e5 Ne7　8. Ne4 0-0 的下法，形成一个复杂的局面。或者白方采取兑换黑方中心马的下法，经过 6. N×d4 c×d4　7. Ne2 Qb6　8. Bc4 d6　9. d3 Nf6　10. 0-0 0-0　11. Kh1 e6　12. Bb3 Bd7　13. c3 d×c3　14. N×c3 Bc6 的变化之后，黑方取得不错的机会。

6... N×b5　7. N×b5 d6　8. d3 a6

黑方这步棋意义不大，不如直接 8... Nf6。

9. Nc3 Nf6　10. Qe1（图 157）

白方的想法是将子力运向王翼，将来时机成熟的时候展开攻王的行动。现在，白方无疑在中心上占得一定的空间发展先机。黑方后翼即便能够实现快速挺兵，也不会造成太大的威胁。

10... Bg4

黑方这步棋带有试探的意思。如果白方不拒绝黑棋以象换马，那就意味着白棋战斗欲望不是特别强烈。如果白方回避兑子的话，那么势必需要浪费走棋步数将 f3 马躲开。

图 157

11. Nh4

白棋决定躲马，避免黑棋简化局面。如 11. Qg3 B×f3　12. Q×f3 0-0　13. f5 b5，双方另有一番战斗。

11... Bd7　12. h3 Bc6（图 158）

奇米里杰及时将象调动到 c6 格，瞄准中心。

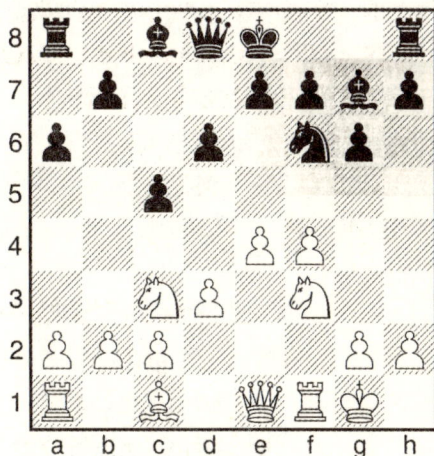

13. a4 b6　14. f5 Qc7　15. Bg5
0-0-0?!

典型的奇米里杰风格——喜欢扮演进攻的一方，不爱防守！其实，因为后翼兵形早已不处于原始位置，因此黑王走向后翼未必比在王翼安全。但是，在15...0-0!?　16. g4 b5 的变化中，黑方在后翼上的主动出击并没有既定的目标，而王翼上要承受防守重任。

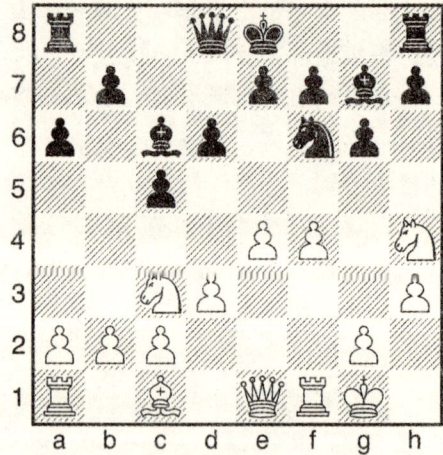

图 158

16. Rb1！Nh5　17. f×g6 Bd4+?

黑方 g7 象要好于白方 g5 象，因此黑棋根本没有必要进行交换。应该走17... f×g6。

18. Be3 f×g6　19. B×d4 c×d4　20. Nd5 B×d5

如果黑方采取 20... Qb7 的下法，白方将采取强力的后翼突破手法来抢占先手。经过 21. a5 B×d5　22. e×d5 之后，白方的攻势已经形成，黑方王前阵营不稳。

21. e×d5（图 159）

白方可以通过挺进 c 兵打开黑方王前阵地，而黑方却无法接近白方王前兵形；白方可以进攻到黑方的 d4 兵，黑方却攻击不到白棋的 d5 兵。此时局面，白方优势。

21... Rdf8　22. R×f8+??

放弃 f 线的看管将造成白方王翼阵地陷入被动！无论如何白方应该保留车在 f1 格，这样不仅能让白棋在后翼行动时多一个进攻力，同时在王翼也不用担心黑方可能快速突破。

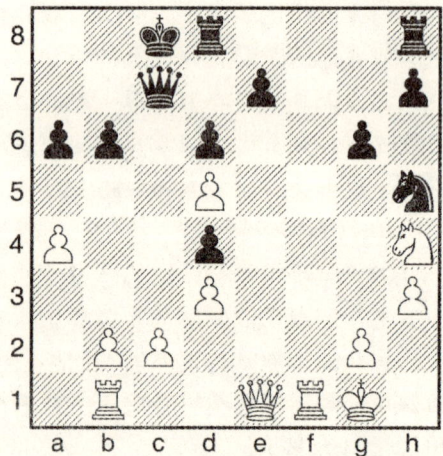

图 159

现在，白方应该采取 22. Nf3 Nf4　23. Qe4 Qb7　24. N×d4 N×d5　25. Ne6 的下法，白方子力位置大大优于黑方，占据绝对优势。

另外，白方直接从后翼行动也是一种不错的下法。在 22. c4 d×c3 23. b×c3 R×f1+　24. Q×f1 Kb7　25. c4 之后，白方占据主动地位。

22... R×f8 23. Nf3 Nf4！（图160）

面对24... N×h3＋的威胁，f3 马又缺少保护，白方感叹：车要是还在 f1 位就好了！

24. Kh2

白方现在也不能采取 24. Qe4 的走法，因为黑方可以走 24... Q×c2。

24... Qb7 25. Qe4

白方应该考虑采取主动出击的方式进行防守。在 25. c4 d×c3 26. b×c3 N×d3 27. Qe3 Nc5 28. a5 b5 29. c4 b4 30. Nd4 的变化中，白方虽然少了

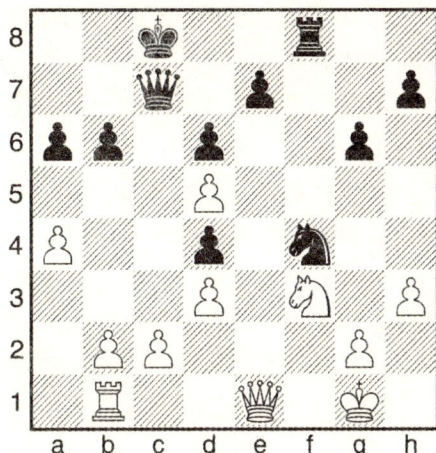

图 160

一个兵，但是白方子力位置活跃，再加上黑后位置奇差，综合获得的补偿可以抵消白兵的损失。

25... N×d5 26. N×d4 e5 27. Ne6？

白方还在想着如何把子力走到积极主动的位置。其实应该考虑走 27. Ne2，采取防御性下法取得一个大致均等的局面。

27... Rf2

黑方的车沿着通路入侵，相比之下，白方的车就难以发挥作用。

28. Kg1 R×c2 29. Rf1 Nf4 30. Q×b7＋ K×b7 31. N×f4 e×f4 32. R×f4 R×b2 33. Rf7＋ Kc6 34. R×h7 Rb4（图161）

当中局对杀的硝烟散去，局面进入了残棋。我们看到黑方后翼的兵即将昂首挺进，朝着升变的目标而去。而白方由于王、车、兵之间的子力位置不协调，彼此缺少配合，难以形成合力。至此，黑棋胜势。

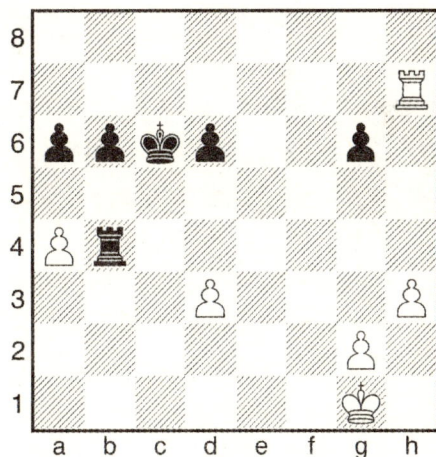

图 161

35. Rg7 R×a4 36. R×g6 b5 37. Kf2 b4

看起来双方的子力数量相等，但是黑兵已经开始发力前行，白兵还在按兵不动，双方棋子的质量相差太远了。

38. Ke3 Ra2 39. h4 b3 40. Rg8 a5

假如黑方采取40...b2的下法，胜利将会来的更快一些。接下来的变化是 41. Rb8 Kc7！ 42. Rb3 a5 43. h5 a4 44. Rb4 a3 45. h6 Ra1，黑方的赢棋局面很清晰。

41. h5 Ra1 42. Rb8 a4 43. Kf4 Rh1 44. Kg5 Rh2 45. h6 R×g2+ 46. Kf6 Rh2 47. Kg7 b2 48. h7 a3 49. d4 a2 50. R×b2 R×h7+

消灭了白兵升变的隐患之后，黑方下 步将把自己的小兵顺利升变。看到双方力量悬殊，白方停钟认负。

35

科斯坚钮克—沃卡特洛

2011年弈于俄罗斯俄航杯公开赛

历数所有获得女子世界冠军称号的女棋手，科斯坚钮克是最为另类的。不同于其他世界顶尖女棋手全身心投入到技战术训练当中，科斯坚钮克虽然下棋出类拔萃，但似乎这个漂亮的俄罗斯姑娘更在意棋盘之外的世界。平面模特、参加影艺节目演出、拍广告、做宣传忙得不亦乐乎，有事没事都把自己打扮得漂漂亮亮，充满硝烟战火的赛场反倒像是她表演才艺的舞台。

自从2001年杀入女子世锦赛决赛之后，这个面容姣好的俄罗斯女孩顿时受到众多关注，不满18岁的她变成了市场的宠儿。

科斯坚钮克的棋风泼辣好斗，得益于敏锐的棋感直觉，在时间紧张时她常有上佳表现。2008年，科斯坚钮克荣登女子个人世界冠军宝座，成为名副其实的美女棋后。

1. e4 e5 2. Nf3 Nc6 3. Bb5 a6 4. Ba4 Nf6 5. 0-0 Be7 6. Re1 b5 7. Bb3 d6

正常的西班牙开局出子次序。有时，为了试探执白棋手的战斗愿望，黑棋会采取7...0-0。这样，假如白方不回避复杂对攻，会采取8. c3的走棋次序，允许黑方走8...d5，将棋局引入著名的马歇尔弃兵变例。当然，白方也可以采取8. h3 Bb7 9. d3的变化，或者8. a4在后翼先发制人。

8. c3 0-0 9. h3 h6（图162）

黑方有很多选择，例如9...Na5，9...Bb7和9...Re8，每一种不同的走棋次序都可能带来完全不同的行动计划。

10. d4 Re8

黑方采取 10...Bb7 11. Nbd2 Re8 的下法也很常见。

11. Nbd2 Bf8

假如黑方采取 11...Bb7 的走法，就将棋局引入我们在前一步棋所讨论过的 12. a4 Bf8 13. Bc2 e×d4 14. c×d4 Nb4，后翼成了双方的战斗焦点。

12. Nf1 Bd7

黑方现在不好的走法是 12...Na5?，

图 162

因为白方可以马上从中心动手，采取 13. d×e5 N×b3 14. a×b3 d×e5 15. Q×d8 R×d8 16. N×e5 Re8 17. Bf4 Bd6 18. Nd3 R×e4 19. R×e4 N×e4 20. B×d6 c×d6（如果 20...N×d6 21. b4!，白方有利） 21. b4 的变化，形成对白方有利的局面。

此时另一种出象的方式 12...Bb7，经过 13. Ng3 Na5 14. Bc2 Nc4（如果 14...c5 15. d5，白方在中心拥有一定的空间优势） 15. b3 Nb6 16. a4 的变化，白方后翼行动速度快，获得一定的先手。黑方在王翼上进行子力调动的走法 12...g6 也可以考虑，经过 13. Ng3 Bg7 14. d×e5 d×e5 15. Qe2 Na5 16. Bc2 c5 17. a4 的变化之后，白方的重点还是在争夺后翼主动权。

13. Ng3 Na5 14. Bc2 Nc4

黑方需要及时把位于 a5 格的马调动到一个积极的位置中，否则经过 14...c5 15. b3 Nc6 16. d5 Ne7 17. Be3 的变化之后，黑方 a5 马虽然成功回调，但是位置并不理想。

15. b3 Nb6 16. Bb2

白方采取后翼冲兵 16. a4 c5 17. a5 Nc8 18. b4 c4 19. Be3 的变化中，白方取得了一定的空间优势。白方从王翼行动的方案将带来 16. Nh2 c5 17. f4 c×d4 18. c×d4 Rc8 19. Nf3 e×d4 20. Bb2 Bc6 21. N×d4 Bb7 的变化，白方所取得的局面不足以完全控制住黑棋的反击。

16... c5 17. d×c5

假如白方希望封闭中心之后再腾出手来进行王翼行动的话，将带来 17. d5 c4 18. b4 a5 的变化，黑方在后翼上下手速度快。

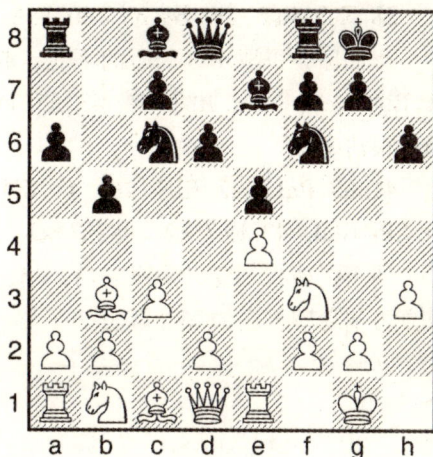

17. ... d×c5   18. c4！（图163）

在西班牙开局中，黑方后翼马的发展往往会受到种种制约。科斯坚钮克当然不会让黑方挺兵 c5—c4，从而令位于 b6 的黑马发挥作用。

18. ... Qc7   19. Bd3 Nc8？

坏棋！黑方应该及时在后翼上有所动作，经过 19. ... b×c4   20. B×c4 N×c4（黑方的 b6 马总算不用费尽千辛万苦进行调动了）21. b×c4 Rad8   22. Qc2 Bc6，黑方能够坚守中心，局势不错。

20. Nf1！Na7   21. Ne3 b4

假如黑方采取 21. ... Nc6   22. c×b5 a×b5   23. B×b5 的下法，白方将获得实惠收益。又如 21. ... Rad8   22. Nd5 Qd6，白方的子力位置也挺强。

22. Nd5 Qd6   23. Bc2！！（图164）

白方这步棋采取了虚退实进的策略。看起来 23. N×e5 的走法更强劲有力，但是经过 23. ... R×e5   24. f4 R×d5 25. c×d5 Q×f4   26. e5 N×d5   27. Be4 Ne3 之后，白方并不能达到稳稳控制棋局的目的，黑方有很多反击机会。

23. ... Bc8

现在黑方如果采取 23. ... Nc6 的走法，白方可以从中心进行突破。接下来的变化是 24. N×e5！！N×e5   25. f4 N×c4（如果 25. ... Nc6，白方则采取 26. e5）   26. N×f6+ g×f6   27. b×c4，白方取得优势。

黑棋比较好的走法是 23. ... Rad8，提前坚守中心，这之后经过 24. a3 b×a3 25. R×a3，白方在后翼上行动开展顺利，取得一定的优势。

24. N×e5 R×e5   25. f4

白方更为稳妥的走法是 25. Qd3，黑方难以找到妥善的防守办法。

25. ... R×d5   26. c×d5 Q×f4   27. e5 Nh7？？

黑方走得太老实了。只想着如何防守，却忘记了反击。现在，黑方应该

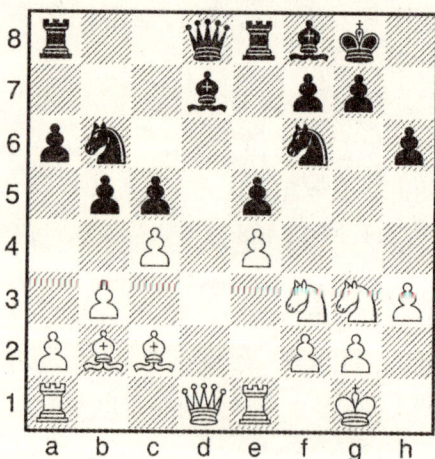

图163

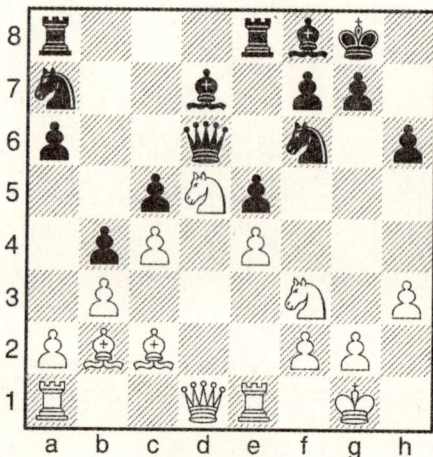

图164

27... c4！（图 165）

黑方必须要依靠后翼兵的向前冲击
迫使白方进行表态，从而减轻黑王所承
受的进攻压力。黑方的 c 兵即将前行，
如果白方采取 28. b×c4 的走法，将遭到
黑棋 28... B × h3　29. g × h3（如果
29. e×f6 Bc5 +　30. Kh1 Bd6　31. Be5
B × e5　32. R × e5　B × g2 +　33. K × g2
Qxe5，形成黑方有利的局面）29... Qg3+
30. Kf1 Bc5　31. Bd4 Qf4+ 的反击，白
王形势堪忧。

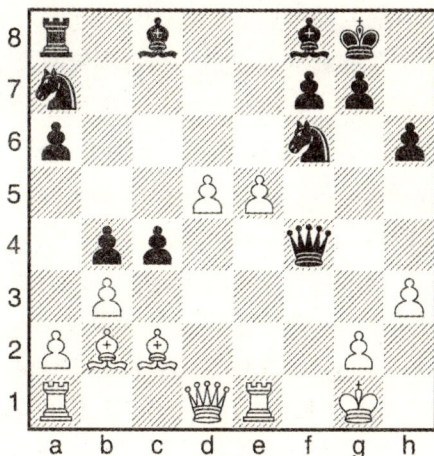

图 165

因此，白方不能直接搭理黑方位于
c4 格的兵。接下来的变化是 28. e×f6 c3　29. Qd3 g6　30. Bc1 Qxf6　31. Rf1，
白方依旧把握着棋局发展的主动权，但是取胜并非易事。

28. Qd3 Ng5　29. Rf1 Qh4　30. e6！

白方在中央形成突破，标志着黑方阵地将被摧毁。

30... Nb5

假如黑方采取 30... f×e6 的走法，将遭到白棋 31. Qg6 N×h3 +　32. g×h3
Qg5+　33. Q×g5 h×g5　34. Rae1 的回应，白方取得胜势局面。同样，黑方采
取 30... f6 的走法也不能挽救局面，因为白棋可以通过 31. Rae1 Nb5　32. e7
的变化，率兵长驱直入，直捣黄龙。

31. R×f7！Nd6　32. Qg6！N×h3+　33. Kf1 Nf5　34. R×f8+

对局至此，黑方认输。

科斯坚钮克进攻思路明快，手法干净利落。

36

斯坦芳诺娃—乌什尼娜

2012 年弈于俄罗斯女子世锦赛决赛

这局棋是 2012 年女子世界锦标赛决赛的最后一局。在前三局的比赛中，
乌什尼娜以 2：1 领先，因此在这局棋中，乌克兰姑娘只要执黑抵挡住来自保

加利亚的前棋后斯坦芳诺娃的进攻，便可以成功登顶世界冠军宝座。关键战役中，保加利亚人在落后情况下充分发挥水平，同样表现出自己能征善战的心理素质，将比分扳平。乌什尼娜走子消极，局面一直处于被动。

1. d4 d5 2. c4 c6 3. Nc3 Nf6 4. e3 e6 5. Nf3 Nbd7 6. Qc2

由于执白棋的斯坦芳诺娃比分落后，因此她不能下得过于简单，因为和棋或输棋都意味着输掉对抗赛。

白方另有 6. Bd3 的走法，以后黑方可以采取交换中心兵，挺进后翼兵 b5，a6，然后 Bb7 再冲兵 c5 的反击方案。例如 6... dxc4 7. Bxc4 b5 8. Bd3 Bb7 9. 0-0 a6 10. e4 c5，形成复杂的局面。

6... Bd6 7. Bd3 0-0 8. 0-0 dxc4 9. Bxc4 b5 10. Bd3 Bb7

黑方先完成出子，以后的主要反击计划是挺兵 c5。现在如果白方从中心挺兵 e4，黑方就应以兵至 e5 的方式抗衡。

11. a3 a5

黑方值得注意的计划是 11... a6（图166）

利用加强 b5 兵的走法为后面挺兵 c5 做好准备。白方当然不能允许黑棋在中心的反击，因此后面的变化发展可能是：12. b4 a5 13. Rb1 Qe7 14. Bd2 axb4 15. axb4 Bxb4 16. e4，白方在中心终于把 e 兵成功挺起，但是黑方的阵营同样非常坚固。双方机会相当。

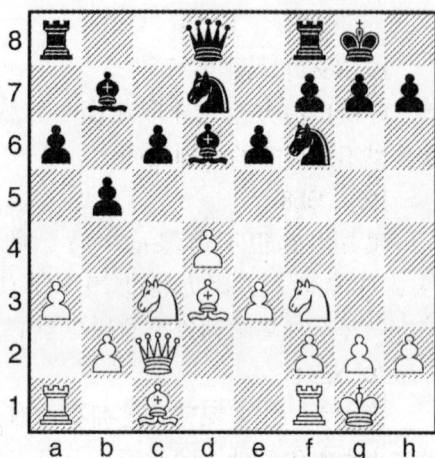

图 166

12. e4 e5 13. Rd1

白方走 13. Rd1 的目的是监控中心。如果现在白棋采取 13. h3 的下法，就会迎来 13... exd4 14. Nxd4 Nc5 15. Rd1 b4 的变化，形成复杂的局面。又如 13. dxe5 Nxe5 14. Nxe5 Bxe5 15. h3，也不能占到明显的便宜。

13... Qc7

如果黑棋采取 13... Qe7 14. Ne2 Rfe8 15. Bg5 变化，将会形成对白棋稍稍有利的局面。

14. h3 Rfe8 15. Be3

白方试图将战线拉长，不愿意让棋局走入对手熟知的套路。战线拉长对双方棋手都意味着考验和机会。处于比分落后的斯坦芳诺娃必须放手一搏，此时她已经毫无畏惧。

15. … exd4 16. N×d4 Bh2+?!

白王走到 h1 之后就一定比在 g1 格差吗？未必！现在黑棋可能直接走 16. … Bf4 更合适。

17. Kh1 Bf4

黑方还是选择了兑换黑格象。如此一来，白方的王在 h1 的位置可能比在 g1 更合适。

18. B×f4 Q×f4

看起来黑后在 f4 格起到了攻击白方 f2 兵的作用。但是，真的让黑方将后孤军深入去消灭白方的 f2 兵，黑棋有这个胆量吗？

19. Nce2!（图167）

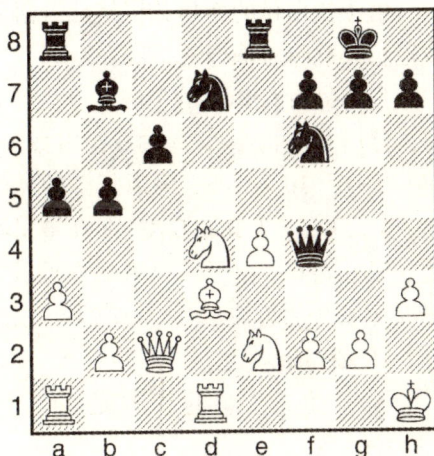

图 167

好棋！白方抢攻夺取速度。显然，这步棋不在黑方的计划当中。

19. … Qb8

黑方当然很不情愿地将自己的后走回到底线，可是此时黑棋不能走 19. … Q×f2 吃兵，因为经过 20. Rf1 Qe3 21. Rf3 Qg5 22. Nf5 之后，白方的子力已经全部集结到攻王的战斗当中，黑方难以防守。

20. Ng3!

进攻方一定要保证自己拥有足够多的子力去组织行动，因此现在白棋采取兑子的下法就不好。例如 20. N×c6?! B×c6 21. Q×c6 Ne5 22. Q×b5 N×d3 23. Q×d3 N×e4 之后，黑方虽然少了一个兵，但是活跃的子力位置保证了黑棋战斗机会。

20. … Ne5 21. Bf1（图168）

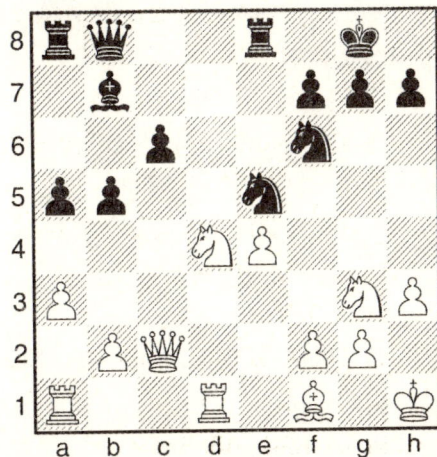

图 168

黑棋面临的大麻烦是白棋准备冲兵 f4—e5 占领中心空间，展开大规模攻王行动，或者现在直接走 21. Ndf5 也一样令黑棋的王翼面临巨大的压力。

21...Rc8?

压力面前，乌什尼娜找错了防守的目标和方向。黑棋在后翼行动不能达到牵制白方王翼进攻的目的。现在黑棋应该快速在王翼建立防线，例如21...Ng6 的走法就可能引诱白棋选择以下的变化：22. N×c6 B×c6 23. Q×c6 h5!?，黑方借助王翼兵的挺进，间接攻击白方中心，白方在棋盘上虽然多一个兵，但是很难达到控制局面的目的。

22. Ndf5

白方目标明确，进攻黑王。

22...Rc7

抬车无法有效防守。

23. Qc3!

带来了新的威胁，白方可能要挺兵f4，以及白马在 g7 格的弃子。

23...Rd7 24. f4

伴随着白兵加入战斗，预示着白方大规模攻势已经形成。

24...R×d1 25. R×d1 Ng6（图169）

黑方把子力涌向自己的王翼，试图形成防守的盾牌。但是，对于白后在 a1—g7 斜线上的威力却无济于事。

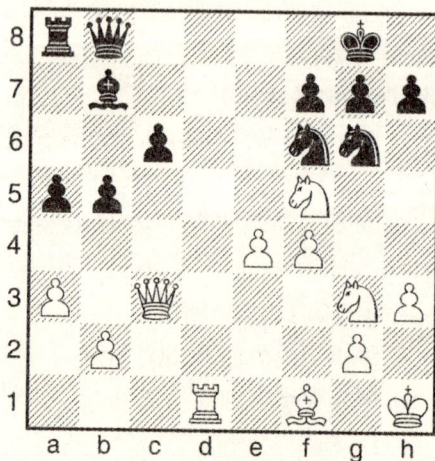

图 169

26. Nh6+!

白方采取 26. N×g7 的走法同样能够取得胜势局面。

26...g×h6

黑方必须接受白方的h6 马。假如26...Kf8 27. Qc5+ Ne7（27...Ke8 28. Ngf5 g×h6 29. Ng7+#） 28. Nhf5 Qc7 29. N×g7 K×g7 30. Qg5+ Ng6 31. Nf5+，白棋同样能够取得胜利局面。

27. Q×f6 Qf8 28. Nf5?（图170）

胜利在望之际，特别是这局棋的胜利就意味着能够将自己在世界杯决赛中落后的比分扳平，想想看，此时作为白方选手斯坦芳诺娃会是怎样一种心情。胜势局面下，白棋没有走出最合理的招法 28. Rd7，让棋局沿着 28...Rb8

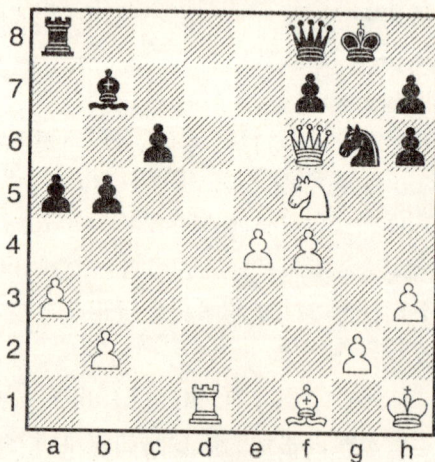

图 170

29. Nf5 的方向发展。

28...c5!（图 171）

濒临绝境的乌什尼娜依旧保持着冷静的头脑，c 兵的挺进解放了黑方的白格象。

29. B×b5?!

白方显然没有料到黑棋突如其来的反击，因此斯坦芳诺娃脑海里还是拒绝 29. Rd7 的下法。其实，假如白方选择了让自己的车深入到对方的阵营，那么巩固胜利果实不是一件难事。棋局后面的发展可能是：29...B×e4　30. R×f7 B×f5（30...Q×f7　31. N×h6+）　31. R×f8+ R×f8　32. Qd6，白方取得胜势局面。

29...B×e4　30. Nd6 Rd8!（图 172）

黑方的棋子焕发出了活力，d 线上的牵制令白棋感到很不舒服。

31. Rd2 Bb1??（图 173）

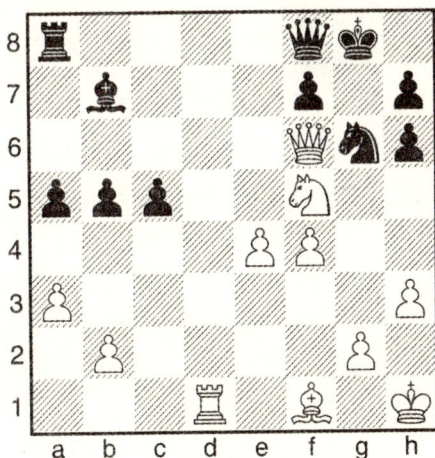

图 171

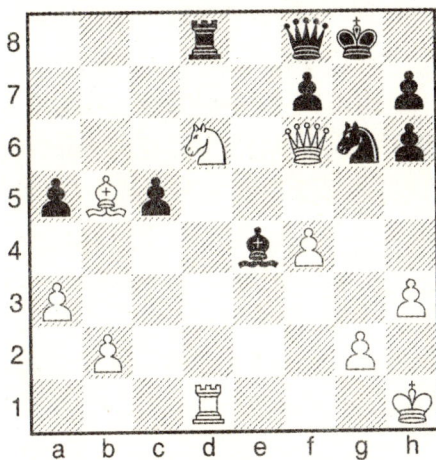

图 172

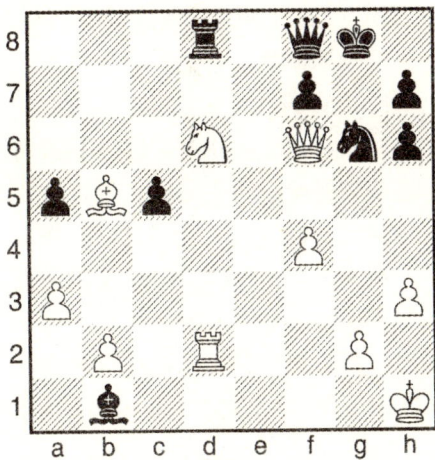

图 173

双方棋手都陷入了时间紧张。所剩无几的时间没有让执黑棋的乌什尼娜找到最佳的走法，现在黑棋应该采取 31...Ba8! 的下法，经过 32. Bc4 Qe7! 33. B×f7+ Kf8　34. Q×e7+ N×e7　35. Be6 之后，白方虽然保持多兵，但是取胜不易。

32. N×f7！！

决定性的打击！

32...R×d2   33. N×h6+

对局至此，黑方选择了认输。接走 33...Q×h6，白棋可以 34. Bc4+将杀。

慢棋打平，第二天进行的快棋加赛中，乌什尼娜丝毫没有受到前一天失利的影响，令人信服地战胜了对手，成功登顶。

37

侯逸凡—卡瓦纳
2012 年弈于冰岛公开赛

体育竞赛最残酷的一件事情就是冠军只有一个，而国际象棋的棋手运动寿命偏偏又长于其他运动项目，因此当某个时期出现了才华出众的霸主型选手时，其他棋手即便实力已经足够强大到可以冲击世界冠军，但却总是与冠军无缘。这正应了《三国演义》中的一声叹息"既生瑜何生亮"。

侯逸凡在棋艺方面的才能可以用天才来形容。偏偏小姑娘从小又特别勤奋，心理素质俱佳，当所有的冠军棋手需要具备的才能都集于一身的时候，跟她同时代的棋手确实有点生不逢时的感觉。侯逸凡 14 岁时就破天荒地杀入了女子世界冠军赛决赛，时年羽翼尚未丰满的她虽然最终输掉了比赛，却收获了宝贵的经验。两年之后，侯逸凡再次闯入决赛，这一次，谁也无法阻止 16 岁的侯逸凡创造最年轻的女子世界冠军纪录了。

接下来我们看到的对局是侯逸凡与意大利男子国际特级大师卡瓦纳之间的较量。说起卡瓦纳，我们同样可以用天才二字来形容。仅仅年长侯逸凡两岁的他已经闯入了世界男子技术等级分前十位的行列，要知道，通常男孩子比女孩子认知水平发展得晚一些，小小年纪就达到这么高的水准，不具备超人的才华恐怕很难做到。

1. e4 e5   2. Nf3 Nc6   3. Bb5 a6   4. Ba4 Nf6   5. 0-0 b5   6. Bb3 Bc5

西班牙开局中一个不是很常见的变化，更多时候黑方采取 6...Be7 的出子方式。

7. c3 d6   8. d4 Bb6   9. h3

白方另外一种从后翼行动的下法是 9. a4 Rb8   10. Na3 0-0   11. a×b5

a×b5 12. N×b5 Bg4 13. Bc2 B×f3 14. g×f3 Nh5，双方局势相当。

9...0-0 10. Be3 h6 11. Nbd2 Re8 12. Re1 Bd7 13. Qb1!

好棋！白方走得非常老练，这样耐心的子力调动目的在于强化后翼的子力配备，为后面的行动做好准备。卡瓦纳的实战对局中还遇到过白方采取13. Bc2 的下法，经过13...Rb8 14. Rc1 Nh7 15. Bd3 Qf6 16. Nb3 Nf8 17. Kh2 g5 18. d5 Ne7 19. c4 B×e3 20. R×e3 c5 21. d×c6 B×c6 22. Kg1 Nfg6，黑方在王翼上占据行动的主动权，对白方的阵营形成了压力，黑棋局势不错。

13... Na5

假如黑方采取模仿的方式进行后翼上的子力调动13...Qb8，白方将应以14. a3！Qb7（如果14...Na5 15. Ba2 c5 16. b4，白方后翼行动占了先机）15. Qd3，白方的后在中心找到一个理想的位置。

14. Bc2 c5 15. d5 c4（图174）

常见的局面处理方式，黑方的计划是通过 b7 格运马到 c5，逼迫白方在后翼表态。现在，黑棋还有一种想法是直接从王翼上行动，例如 15... Nh5 16. b3 c4 17. b4 B×e3 18. R×e3 Nb7 19. a4 Nf4，虽然黑方 b7 马位置不佳，但是位于 f4 格的马为黑棋今后在王翼行动提前打下良好基础。此外，位于 b7 的马将来可以通过 d8 格调动到其他位置，黑方局面没有风险。

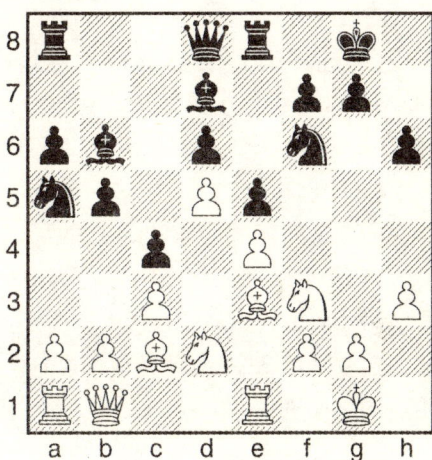

图 174

16. b4！c×b3

黑方必须在后翼给予回应。如果16...Nb7 17. a4 的变化，白方将获得开放后翼 a 线的主动权，黑方因此受到牵制，也无暇从棋盘的其他位置发动具有实质性的反击行动。

17. a×b3 B×e3 18. R×e3 Nb7 19. b4！（图175）

白方通过挺兵到 b4 这步棋，不仅将黑方的 b7 马活动的空间限制住，同时也稳稳顶住了黑方 b5 兵，为今后冲兵 c4 破坏黑方后翼兵阵打下了良好的基础。

19... Nh5

黑方从后翼行动不能收到理想的效果，例如19...a5 20. Bd3！Qc7

21. Bf1 之后，白方的象转移到 f1—a6 斜线，黑方的 b5 兵成了白棋进攻的靶子。

20. Bd3！ Nf4　21. Bf1 Rf8

22. c4！ b×c4

白方的行动有条不紊，后翼被打开已经成了不可避免的事情，现在黑方如果试图以王翼的行动来抗衡白方后翼的动作，可以采取 22...f5 的下法，但是白方将把行动重点转移到中心，采取 23. c5！d×c5　24. N×e5 的下法。白方良好的子力位置和行动速度，保证了以后行动的主动权。

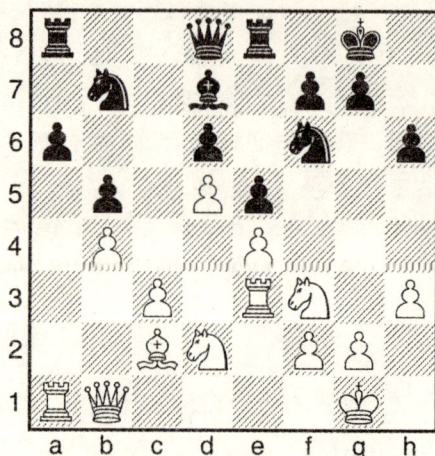

图 175

23. B×c4

白方执著地将自己的行动聚焦在 f1—a6 斜线上，现在白棋也可以采取 23. N×c4 f5（黑方如果 23...Bb5，白方应以 24. Nfd2 获得稍好的局面）24. Rea3 f×e4　25. Q×e4 Bf5　26. Qe1，白方局面稍优。

23... a5！

黑方适时挺兵，解决自己的局面弱点。现在如果黑方走 23...Bb5，白方将应以 24. Rea3，a 线上白方的力量更强。

24. b×a5 N×a5　25. Qb4

白方采取 25. Rea3 Rb8　26. Qe1 N×c4　27. N×c4 Qf6 的行动并不能带来明显的局面进展。

25... N×c4

黑方如果采取王翼弃子行动的话，也不会有特殊的收获。例如 25...N×g2　26. Rea3！（对白方不好的是 26. K×g2？N×c4　27. R×a8 N×e3+，黑方战术弃子收到理想的成果）　26...B×h3（如果 26...Nf4　27. R×a5 R×a5　28. Q×a5 Qf6　29. Kh1 B×h3　30. Rg1，白方完全可以确保王城安全）27. R×a5 R×a5　28. Q×a5 Qd7　29. Ra3！，白方用后翼的快速行动抵消了黑方王翼行动带来的威胁。

26. R×a8 Q×a8　27. N×c4 Qa1+　28. Re1

如果白方漏看了黑棋王翼行动的机会，立刻就要受到惩罚。例如 28. Kh2？Qf1！，白方面临王翼无法放手的噩梦。

28... Qa2　29. Nfd2！

好棋！既达到了坚固中心的目的，又达到了保护己方阵营线路不被对方入侵的目的。现在白方如果采取 29. Q×d6 Nd3！30. Rd1 Qc2！31. R×d3 Q×d3 32. Nf×e5 Qb1+ 33. Kh2 Bb5 的变化，白方处境尴尬。

29... Rc8！

黑方及时用车占据开放线路无疑是最佳的反攻行动。现在不好的是 29... Nd3，白方可以通过 30. Qb1！获得优势。

30. Re3

黑方的 d6 兵是有"毒"的，例如 30. Q×d6？Bb5！的变化，白方子力受到牵制；白方 30. N×d6？Nd3 31. Qb1 Q×d2 的变化，黑方局面也瞬间化腐朽为神奇。

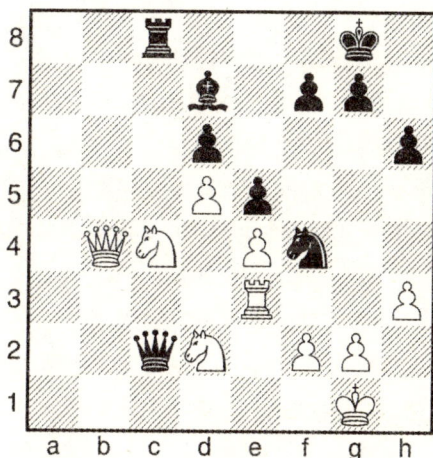

图 176

30... Qc2！（图 176）

31. Kh2！

双方你来我往，走得非常精确，此时白方同样不能被 d6 兵所迷惑。在 31. N×d6？Qd1+ 32. Kh2 Rc1−+；又如 31. Q×d6？R×c4！32. N×c4 Qd1+ 33. Kh2 Qf1！34. Rg3 Ne2！的变化中，白王面临难以防护的处境。

31... Nd3？

最后关头，黑方错过了精确的招法 31... Qd1！（图 177）

此时，白方面对黑棋的攻王威胁，只能满足于 32. Qb3（此时不可以采取 32. Q×d6？R×c4！33. N×c4 Qf1！34. Rg3 Ne2！的变化，黑方成功偷袭）32... Qa1！33. Qa3（如果 33. Nb6 Rc1 34. N×d7 Rh1+ 35. Kg3 Qg1 36. Qb8+ Kh7 37. Nf8+，只是一个长将变化）33... Qd1！34. Qb3！，双方重复走子，形成和棋之势。

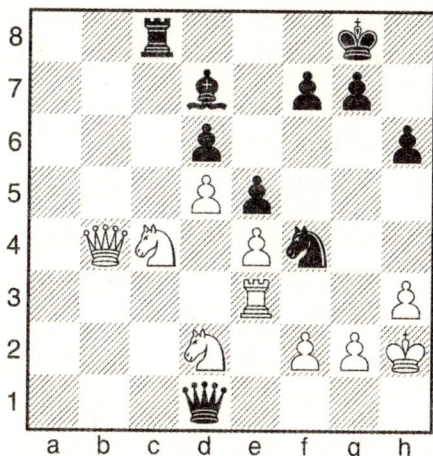

图 177

32. Qb7

此处，白方另外一种扩大棋局优势的方式为 32. Q×d6 Bb5 33. Rg3！

B×c4　34. Qf6！　g6　35. R×g6 +！　f×g6　36. Qe6 +　Kg7　37. Qd7 +！　Kf6
38. Q×c8，黑王被赶到"天"上，十分危险，白方确保主宰棋局发展的脉搏。
至此，如果黑方还不谨慎防守走出最精确的招法的话，那么就可能招致速败。
例如 38... Q×d2?!　39. Qf8 +！　Kg5　40. Qe7 +　Kf4（如果 40... Kh5，白方
41. g4 +#将杀）　41. Qh4 +#，白方成功将杀黑王。

32... Nc5　33. Qb6　Nd3　34. N×d6

对局至此，双方赛钟上所剩下的时间都不多了。在时间紧张的情况下，棋手要想步步走出精确的招法，确实不是一件容易的事情。此时，白方更为干脆的取胜道路是 34. Rg3！　R×c4　35. Qd8 +　Kh7　36. Qf8 的变化，黑方难以防守。

34... Rf8　35. N6c4

白方应该把子力尽可能扑到战线前方，现在 35. N2c4　N×f2　36. N×e5 的变化，白方取胜的路线更清晰。

35... N×f2　36. Qb1!?　Q×b1
37. N×b1　Bb5　38. Nba3　Ba6

双方交换了后，棋局变化的复杂程度似乎减弱了一些。不过，残局中黑方仍然处于一个败势的局面，防守的希望不大。例如现在 38... B×c4　39. N×c4 f6　40. d6　Kf7　41. Kg3　Nd1　42. Rd3 的变化，白方就能获得胜势局面。

39. N×e5　Re8　40. d6！（图 178）
40... Bb7　41. N×f7??

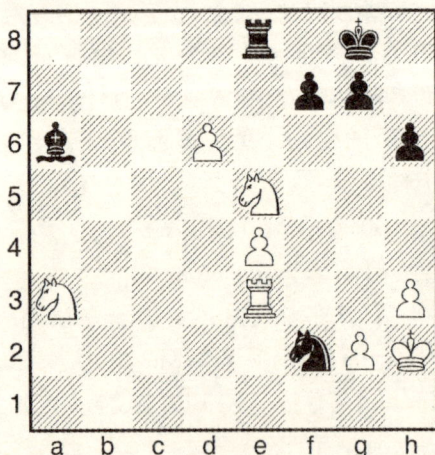

图 178

对局进入到第 41 个回合，意味着双方棋手都安全度过赛时规定的第一时限。这时，双方棋手又都重新拥有充分的时间去思考棋局。此时，侯逸凡对局势的判断出现了错误，没有走出最强劲的 41. Nac4！（图 179）

面对白方的进攻，黑方只能采取龟缩防守的办法，后面的变化可能是 41... f6（如果 41... N×e4　42. d7　Rd8 43. Na5！　Ba8　44. Nac6　B×c6　45. N×c6

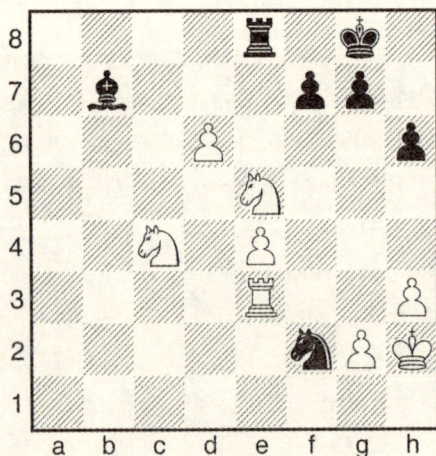

图 179

R×d7　46. R×e4，白方获得胜势局面）　　42. Na5　B×e4（如果 42...Ba8，白方采取 43. Nec6，同样获得胜势局面）　　43. Ng4！　N×g4+　44. h×g4　Kf7（黑方 44...Bc6 的防守一样没有希望挽救棋局，接下来 45. N×c6！　R×e3　46. d7　Rd3　47. d8Q+　R×d8　48. N×d8，白方胜势）　　45. d7　Rd8　46. R×e4　R×d7　47. Nc6，白方胜势。

41...K×f7　42. Rf3+　Ke6　43. Nb5　Rb8！

精确的防守！侯逸凡漏算。棋局顿时发生逆转，白方无奈接受后续强制性的变化。

44. R×f2　B×e4　45. Re2　R×b5　46. R×e4+　K×d6　47. Kg3

形成了一个完全均势的局面，双方同意和棋。

38

科斯坚钮克—科尔奇诺依
2012 年弈于瑞士国际邀请赛

虽然科斯坚钮克在 2008 年以令人信服的完美表现成功登顶女子个人世界冠军，但从那以后她在一系列比赛中却鲜有特别突出的表现。特别是 2010 年女子世锦赛，科斯坚钮克卫冕失败，棋艺水平持续滑坡，技术等级分甚至连世界前 20 位都排不进去。

不过，科斯坚钮克就是有与众不同的地方。当大多数人不再看好她，以为她已经在赛场上功成名就，很快就要告别棋手身份的时候，这个容貌俏丽的俄罗斯人依旧频繁参加世界各地举办的比赛。科斯坚钮克用实际行动告诉众人：国际象棋是其一生的追求。

1. e4　e6　2. d4　d5　3. Nc3　Nf6　4. Bg5

对阵科尔奇诺依这样经验丰富的老将，千万不要被他老人家日渐苍老的面容而麻痹，更不能采取"欺负人"的下法，以为猛攻一气就能让老人家犯糊涂。俗话说得好，姜还是老的辣。越是对阵经验丰富的老将，越要采取稳扎稳打持久施压的策略！

这里白方可以选择直接从中心行动的下法，经过 4. e5　Nfd7　5. f4　c5　6. Nf3　Nc6　7. Be3 之后，形成激烈对攻的局面。但是，由于双方的子力互缠，白方很难保持对局面的控制。这样一来，开局的先行之利就在不知不觉中消失了。临场执白棋的科斯坚钮克选择了一种稳妥的下法，有利于与对手长期周旋，应该说是非常明智的选择。

4...d×e4

黑方急于将局势明朗化，不愿意采取4...Be7 5.e5 Nfd7 6.B×e7 Q×e7 7.f4 0-0 8.Nf3 c5 9.Qd2 Nc6 10.0-0-0 的下法，如此一来形成的局面将会是双方各攻一翼。

5.N×e4 Be7

执黑棋的科尔奇诺依采取的下法以往并不多见。一般情况下黑棋会5...Nbd7 6.Nf3 h6 7.N×f6+ N×f6 8.Bh4 c5 基本完成出子之后，利用冲兵反击白方的中心。

6.B×f6

白方在6.N×f6+ B×f6 7.B×f6 Q×f6 8.Nf3 Nd7 9.Qd2 0-0 10.0-0-0 c5 的变化中，不能占到明显的便宜，黑方可以有效反击中心。

6...g×f6

黑方宁可破坏自己的兵形，也不愿意将棋局引入6...B×f6 7.Nf3 0-0 8.Qd2 Nd7 9.0-0-0 Be7 10.Bd3 b6 11.h4 的变化，那样的话白方将会在王翼先行一步。实战中发生的6...g×f6 走法是典型科尔奇诺依风格——追求对攻，子力活跃。

7.Nf3 b6

7...b6 的下法无疑为黑棋后面长易位做好准备。

现在，黑棋比较积极的下法是7...f5 在中心宣战。经过8.Nc3（在8.Ng3 c5！ 9.Bb5+ Bd7 10.B×d7+ Q×d7 11.d×c5 Nc6！的变化中，黑方取得很好的战斗机会） 8...a6 9.g3 b5 10.Bg2 Bb7 11.0-0 c5 的走子之后，黑方成功在后翼和中心展开行动，白方很难控制局面。

8.Bc4

白方如果采取8.Bd3 Bb7 9.Qe2 Nd7 10.0-0-0 c6 11.Kb1 Qc7 的变化，白象在d3 格就不如在c4 格位置主动。

8...Bb7 9.Qe2（图180）

科斯坚钮克非常有耐心。现在白王左右逢源，完全能够根据黑方的行动方向明确之后再去制定针锋相对的对策。

9...c6

由于白方的出子已经基本完成，因此黑方如果再采取9...f5 的下法，白方只需走10.Ng3 就可以轻松应对。黑棋没有时间实施挺兵c7—c5 反击中心。假如黑方采取 9...Nd7 的下法，白方将应以 10.0-0-0，白棋出子速度明显占优。

10. a4（图 181）

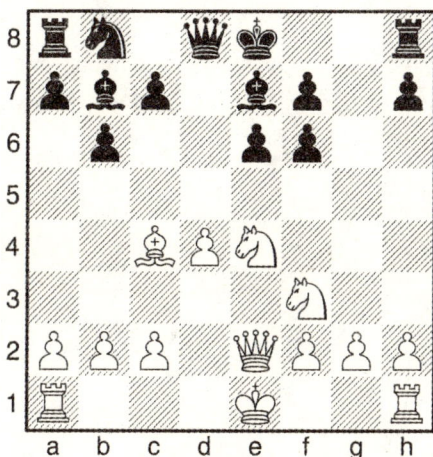

图 180

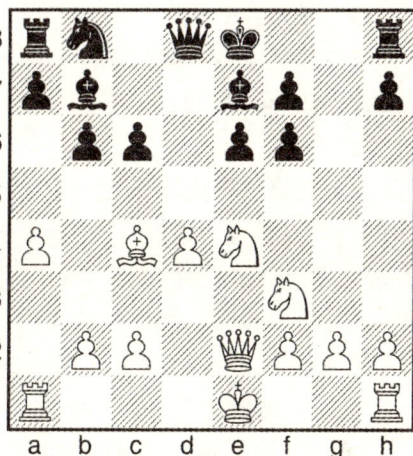

图 181

白方这步棋的潜台词是继续冲兵 a5，实际上就是阻止了黑方长易位的可能。假如现在白方采取 10.0-0-0!? Nd7 11. Rhe1 Qc7 12. Kb1 0-0-0 13. Ba6 的走法，也将获得稍优的局面，但相对而言，这里获得的局势比较平稳，而科斯坚钮克渴望得到的局面是进攻。

10... Nd7   11. Ng3 Qc7   12. 0-0（图 182）

白方采取短易位的走法，不惧怕黑方从半开放的 g 线组织进攻。

12... Nf8?!

前面白方挺进 a 兵令黑棋放弃了长易位的念想，现在如果黑棋采取 12... 0-0-0 的走法，白方正好可以顺势走 13. a5，后翼上的 a 线即将打开。现在黑棋值得关注的计划是 12... a5，先把白方 a 兵继续前进的道路封闭，然后再考虑长易位的事情。后面的变化可能是：13. c3 0-0-0 14. Rfb1，白方将着手挺兵 b4，力争快速打开后翼进攻线路。

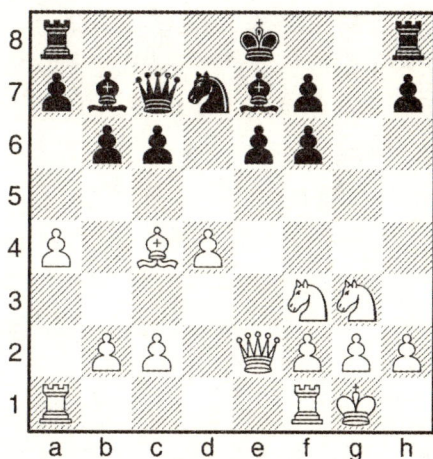

图 182

13. Nh5

白方采取了限制黑方 h 兵前进的策略。不过，黑方王翼的行动不是靠封锁来阻止的，而是应该用后翼行动速度来抵消！因此，白方现在走 13. a5!? b5 14. Bb3 的计划不错，可以快速实现后翼线路开放。

13...Rg8

黑方还是没有采取封闭白方后翼行动路线的策略。现在应该考虑 13...a5（图 183）。

白力后翼上挺兵打开线路的计划不是那么容易就可以实现的。如此一来黑棋就能采取长易位把自己的王走到后翼，然后集中全部力量攻击王翼。

14. a5 b5

黑方在后翼陷入被动，现在如果采取 14...b×a5 的下法，白方将采取 15. Ra2 的方式在 a 线叠车，然后消灭 a5 兵。

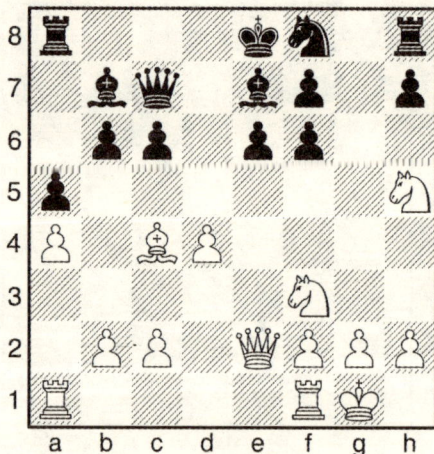

图 183

15. a6 Bc8 16. Bd3 Rb8 17. b3

白方为下一步棋挺兵 c4 做准备。现在白方同样厉害的招法是 17. Qe3! Rb6 18. Qh6 R×a6 19. N×f6+ B×f6 20. Q×f6，带来可以制胜的局面。

17...Rb6 18. c4 b×c4 19. B×c4 c5?

在子力位置被动的情况下，黑方应该避免自己的棋子与白方的棋子处于互吃状态，那样的话容易造成局面线路开放。而局面开放正是子力出动落后的一方最惧怕的事情，容易造成出子积极的一方行动得逞。虽然现在黑方局面落后，不过此时还是应该采取 19...Nd7 的走法耐心等待。

20. Rfc1?

白方明显应走 Rac1，因为白方位于 f1 格的车比在 a1 格灵活。

20...Bd7 21. Qe3 Rg6 22. d×c5 B×c5 23. Bd3!（图 184）

黑方面临子力受损。正是屋漏偏逢连夜雨，原本黑王在中心子力位置就欠佳，再加上棋子数量即将处于落后，局面困境可想而知。

23...Rc6 24. R×c5 R×c5

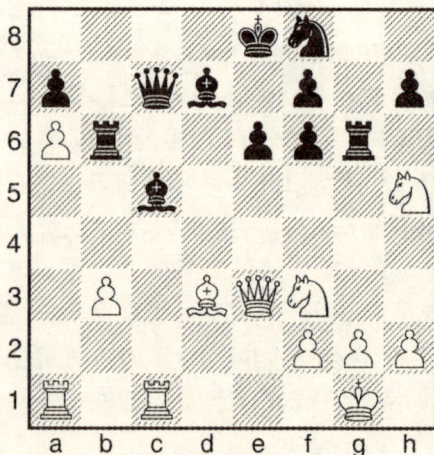

图 184

25. B×g6 h×g6　26. N×f6+ Ke7　27. b4！ Rf5　28. Rc1 Qb8　29. Ng8+ Ke8
30. h3

白方采取 30. Nd4 的走法同样可以获得胜势局面。

30. . . Nh7　31. Qc3 Qf4　32. Rd1 f6　33. Rd4 Qb8　34. Qd2 Nf8　35. Qh6
Kf7　36. Qh8 Rf4　37. Nh6+ Ke8　38. Qg7

白方的进攻势不可挡，黑方投子认输。

39

赵雪—穆兹丘克（小）
2012 年弈于俄罗斯女子世锦赛

尽管中国女棋手赵雪在 2002 年的时候，就勇夺世界奥林匹克女子团体赛全场女棋手表现最佳奖，但是颇有几分男孩子性格特点的她却在接下来 10 年的个人比赛中表现平平，一次又一次与冲击个人世界冠军的挑战者无缘。直到 2012 年女子世锦赛又一次到来，被 10 年冠军梦"折磨"得有些心灰意冷的赵雪杀入了半决赛，并且她的等级分在半决赛四名女棋手中排名最高，大家都认为这一次赵雪拥有绝好的夺冠机会。尽管现实很残酷，最后的比赛结局是赵雪遗憾止步于半决赛，但却是她出道 10 年最好的个人战绩。

在接下来的对局中，执黑棋的乌克兰选手马瑞娜·穆兹丘克是近几年才崭露头角的年轻选手。马瑞娜与姐姐安娜·穆兹丘克的强硬棋风不同，她更喜欢在平稳的局势中与对手周旋。在这局棋中，正是由于黑方忽视了子力出动速度，给予赵雪充分发挥想象力，果断进取的机会。全局过程中白棋表现得无所畏惧，从中我们看到了一个意气风发、神采飞扬的棋手赵雪。

1. c4 Nf6　2. Nf3 g6　3. Nc3 d5

当穆兹丘克执黑棋的时候，格林菲尔德防御是这位来自斯洛文尼亚女棋手的拿手好戏。于是，赵雪没有按照她通常采用的后兵，而是采用了 c 兵开局，目的就是为了避开格林菲尔德防御这个开局变化。

4. c×d5 N×d5　5. Qa4+

白棋没有选择最流行的变化，取而代之的是一种相对少见的偏招。在淘汰赛制下的世锦赛中，棋手不仅较量棋艺水平，还要从心理方面进行揣摩，从而达到扬长避短的目的。

5...Nc6

黑方比较多的是采用 5...Bd7　6.Qb3 Nb6　7.d4 Bg7　8.Bf4 Be6　9.Qa3 0-0　10.e3 N8d7　11.Be2 c6　12.0-0 Bc4　13.Rfd1 的变化，形成一个相对稳定的局形。

6.Ne5 N×c3?!

显然赵雪的开局选择不在穆兹丘克的赛前准备范围。实战中，黑棋采取了简化兑子的下法。黑方在c3格交换马的坏处是强化了白方的中心，现在黑棋应该走 6...Qd6，以后的变化可能是 7.N×c6 Q×c6　8.Q×c6+ b×c6　9.b3 Bg7　10.Bb2 N×c3　11.B×c3 B×c3　12.d×c3 a5，形成一个基本均势的局面。

7.b×c3!

白方的b兵通过吃子调整转移到了c线更靠近中心的线路上。

7...Bd7?!

黑方轻易允许白方以马换象，这样的子力交换显然对白方有利。黑方比较合理的下法是 7...Qd5，经过 8.N×c6 Q×c6　9.Q×c6+ b×c6 之后，黑方虽然后翼兵形并不理想，但是在子力数量大大减少的残局中，白方要想成功攻击黑方的后翼兵，也不是一件容易的事情。

8.N×d7 Q×d7　9.Rb1!（图185）

好棋！白方不仅先手出车占据了b线，而且达到了削弱黑方后翼阵型的目的。

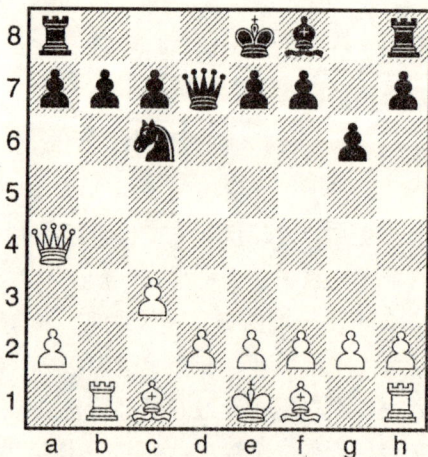

图 185

9...b6

黑方先把b线上的弱兵进行安全巩固，接下来的计划就是马到a5和挺兵c6，试图建立后翼稳定防线。

10.h4!（图186）

非常有想象力的一步棋。如果黑方不对白方的举动有所反应的话，白棋接下来的行动将会是挺兵到h5，掌握王翼开放线路的主动权。

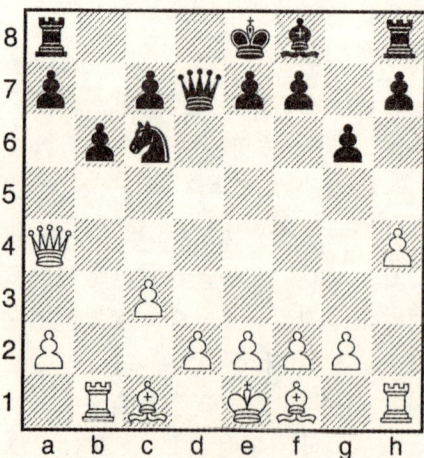

图 186

10...h5

黑方被迫挺起 h 兵。如果 10...Bg7 出子，白方 11.h5，黑方的王难以找到合适的位置。

11.e4

白方在中心扩展空间。在刚刚过去的三步棋中，执白棋的赵雪分别将矛头指向了后翼、王翼和中心，显示出极强的全局观念。

11...Na5 12.Bb5 c6 13.Be2 Bh6

黑方试图阻挠白方挺进中心兵，把象放在 h6 格也不能让黑王显得更安全一些。不过，假如黑方采取 13...Bg7 的下法，当棋局接下来以 14.0-0 0-0 15.d4 的轨迹发展时，白方中心上占据了较大的空间，同样能对黑方阵营构成压力。

14.0-0 0-0 15.f4！（图 187）

白方肆意扩大地盘，空间的优势令白棋子力调动余地更大。

15...e6?!

黑棋应该尽量避免双方的兵构成相互接触状态，现在 15...Rad8 准备冲兵 c5 反击应该更好。

16.d4 Rfd8 17.Be3

白棋一边令子力不断中心化，一边将黑方挺兵 c5 反击的可能性消灭在萌芽之中。

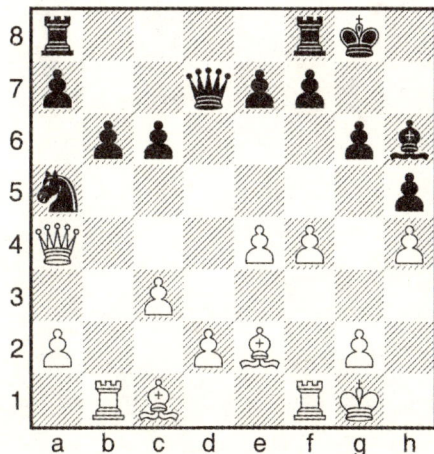

图 187

17...Qc7 18.Qc2

白方的想法很明确，就是要把自己的子力不断调往中心和王翼。此时，白棋采取 18.Qd1 的下法也很有意思，接下来的计划是 Qe1-Qg3。

18...b5

黑方如果采取 18...c5 的下法，可能会起到"搅局"的目的。接下来 19.d×c5 Bf8！ 20.c×b6 a×b6 之后，虽然黑方少了一个兵，但是子力位置活跃多了。白方如果不能稳稳地推进棋局的话，那么王翼上的兵就显然走得位置太高了一点。

19.Rf3

白方开始为后面王翼上的行动积蓄力量。

19...a6?

黑方还在采取等待性的稳妥下法，期待着能够拥有足够的时间组织反击，这样做显然是慢了一拍。

20. f5（图188）

白棋的行动开始了！此时，白方位于 c2 格的后成为一颗隐形炸弹，因为在 b1—h7 斜线上，黑方存在一个非常薄弱的 g6 兵。

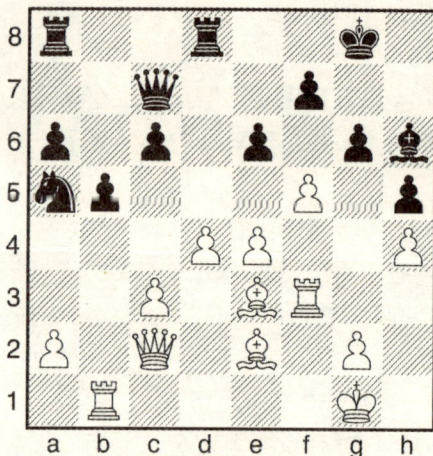

图188

20... B×e3+   21. R×e3   e5!

黑方勇敢地挺进中心兵，这是此时最佳的防守方案。

22. f×g6   f×g6   23. Rg3   Kh7

黑王走到了一个看似安全的位置，但是由于黑方更多兵形都是处于漂浮的状态，实质上存在不少安全隐患。

24. Rg5!

一举数得的招法。不仅攻击 e5，同时带来了象在 h5 格弃子突破黑方王城的可能。

24... e×d4?

压力之下，黑方没有走出唯一的正确反击招法 24...c5，那样的话，棋局可能沿着以下的路径发展：25. R×e5 c×d4 或者 25. B×h5 g×h5，白方的攻势只是看起来很猛。

25. e5!（图189）

伴随着白方中心 e 兵挺进，在 b1—h7 斜线上白后的作用将充分发挥出来。现在，黑方面临着 g6 兵和 h5 兵同时受到威胁。任凭黑棋怎样努力，两个受攻弱点难以同时安全守护。

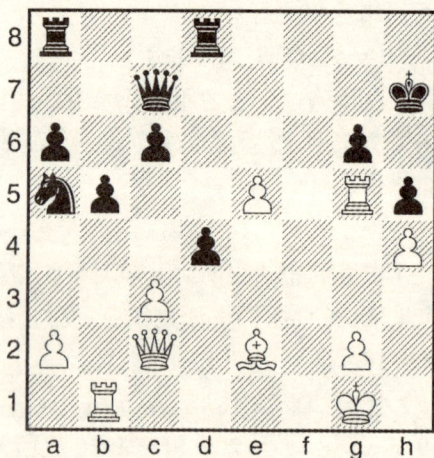

图189

25... Rg8   26. B×h5   d3   27. Q×d3
黑方认输。

40

克拉姆林—博格

2012 年弈于瑞典全国男子冠军锦标赛

瑞典的国际象棋运动在世界上处于中游水平，职业棋手屈指可数。作为唯一的职业女棋手，自从克拉姆林出道，瑞典女子赛场上就再也没有她的对手了。于是，克拉姆林转战国内男子赛场，并且战绩不俗。通过选拔克拉姆林入选瑞典男子国家队出征世界奥林匹克团体赛。

接下来我们看到的是克拉姆林在瑞典全国男子冠军赛当中与瑞典男子一号选手博格的较量。两位既是对手，又是共同代表国家参赛的队友，彼此间知根知底。因此，这局棋不单较量的是技术，还有棋手临场的心理。

1. d4 Nf6 2. c4 g6 3. Nc3 Bg7
4. Bg5（图 190）

白方采取这样的出子次序，目的是避开博格擅长的古印度防御。说来有趣，克拉姆林本人执黑棋对付后前兵开局时，古印度防御也是她开局武器库中最常用的"宝贝"。这样想来，双方都习惯从黑棋的视角看待古印度防御，因此这局棋中克拉姆林采取回避的走法也就不足为怪了。

白方先把黑格象走出来的目的显然是准备挺兵 e3，为后面形成稳健中心

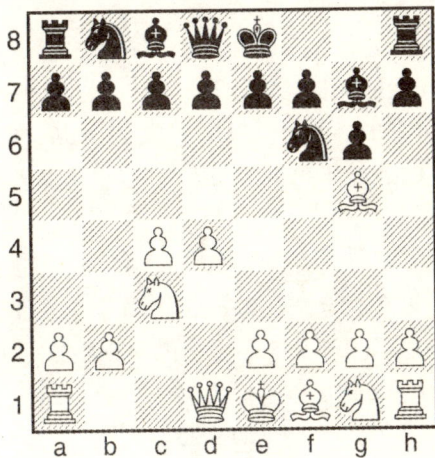

图 190

兵形打好基础。把象走到兵链之外，就不至于让象憋在 c1 格，让自己行动受限。

4... c5

黑方试图保持中心的棋子相互接触状态，为后面制造混乱局面做好准备。现在黑棋也可以采取 4...d6 的下法，经过 5. e3 0-0 6. Nf3 之后，形成一个灵活多变的局面，双方棋手可视棋局发展状况来制定行动计划。

黑方直接从中心行动也是一个有意思的变化。在 4...d5 5. B×f6 B×f6
6. c×d5（白方用马吃 d5 兵不好，将造成一系列的后手。例如 6. N×d5?! Bg7

7. Nf3 c5 之后，黑方全力攻击中心，在 a1—h8 斜线上拥有战斗机会）
6...c6　7. Rc1 0-0　8. d×c6 的变化中，白方多兵，但是黑方可以利用自己拥有双象制造中心反击行动。

5. e3

如果白方采取 5. d5 的走法，棋局将沿着 5...d6　6. e4 0-0　7. Be2 的方向发展，局面转换成古印度防御中的常规变化。白方如果让棋局转入黑方熟悉的开局变化中，这无疑违背了白方最初将黑格象走到 g5 的开局想法。

5... c×d4　6. e×d4 0-0　7. Qd2

白方按部就班出动子力，并没有刻意阻止黑方在中心冲兵 d5 的计划。现在，白棋更为主动的下法是 7. Nf3，这样如果黑方采取 7...d5，棋局将进入到 8. B×f6 B×f6　9. N×d5 Bg7　10. Nc3 Bg4　11. Be2 B×f3　12. B×f3 Nc6 的变化当中，形成一个不平衡的局面。黑方又如接走 7...d6　8. Be2，复杂多变的局势，战斗依然漫长。

7... d5 !

好棋！及时在中心实施反击。现在黑方采取其他的走法都会令白棋获得空间上的优势。例如 7...b6　8. Nf3 Bb7　9. Be2 d5　10. c×d5 B×d5　11. 0-0，白方出子占优。黑方采取 7...d6　8. Nf3 Bg4　9. Be2 Nbd7　10. h3 B×f3　11. B×f3 Rc8　12. b3，白棋也将借助出子速度快获取更大的棋局发展空间。

8. B×f6

白方采取 8. Rd1 监控中心的走法也是值得考虑的方案。

8... B×f6　9. c×d5

在 9. N×d5?! Bg7 的变化中，白方虽然中心不会出现叠兵，但实际上并未占到便宜。因为白方处于黑格的 d4 兵出现受攻状况，白方已经没有黑格象，很难坚守中心黑格斜线。

9... Nd7　10. Bc4 a6

黑方可以采取务实的下法 10...Nb6，直接将攻击矛头指向中心。接下来经过 11. Bb3 a5　12. a3 e6　13. d×e6 B×e6　14. B×e6 Re8　15. Nge2 R×e6　16. 0-0 Nc4　17. Qc2 Rc8 之后，形成一个大体均势的局面。

11. Nf3

白方赶紧完成出子，接下来把王通过易位的走法转移到相对安全的侧翼上。此时，白棋也可以考虑采取 11. a4 Nb6　12. Bb3 e6　13. d×e6 B×e6　14. B×e6 Re8　15. Nge2 R×e6 的变化，形成一个平稳的局面。

11... b5　12. Bb3 Nb6　13. 0-0 Bb7（图191）

白方的中心 d5 兵已经被黑方成功围剿。

14. Ne5 B×d5?!

在开放局面中,象的作用比马大。因此,黑方不应该轻易放弃自己的 b7 象,而是应该采取 14... N×d5 的方法吃回 d5 兵。接下来经过 15. Ne4 Rc8 16. Rac1 B×e5 17. d×e5 Nc3!! 18. b×c3(白方不能采取 18. Q×d8 Ne2+ 19. Kh1 Rc×d8 的变化,黑方存在跃马将军过门,白多一子) 18... B×e4 19. Qe3,形成一个大体均势的局面。

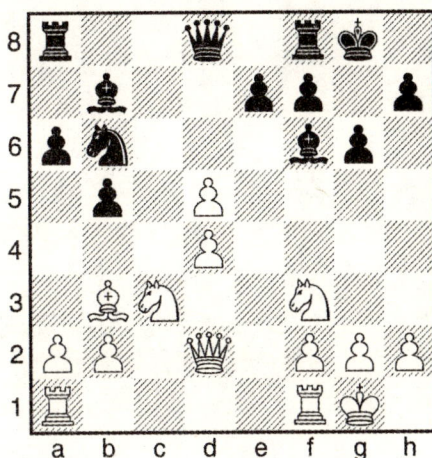

图 191

15. N×d5 N×d5 16. Rad1?!

d 线不是开放线路,白方应该争夺后翼的开放 c 线走 16. Rac1(图 192)。

接下来,经过 16... e6 17. Rc5 B×e5 18. d×e5 Ne7 19. Rd1 Q×d2 20. R×d2 之后,形成白方略占优势的残局。

16... e6

假如黑方采取 16... Rc8 17. Rc1 Qd6 18. Rfe1 的变化,将形成一个大体均势的局面。

17. Qe2 Rc8 18. g3 Qd6 19. Rfe1 Rc7 20. h4!(图 193)

图 192

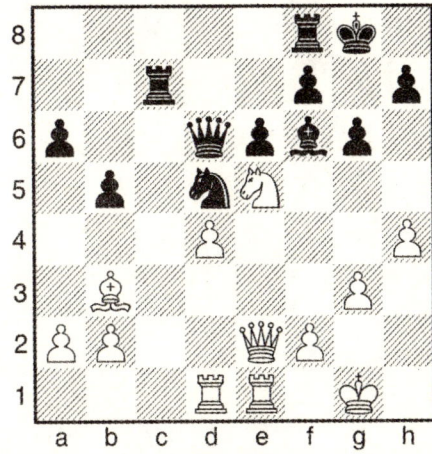

图 193

当中心已经找不到明显的突破口时，及时开辟新的战场就显得十分必要。

20...　h5　　21. Qf3　Bg7　　22. Re2 Rd8　23. Kg2　a5　　24. Rc1！Rdc8??

借助对黑方 f7 格阵地上的牵制，白方突然发威，开始与黑棋争夺 c 线。现在，显然黑方不能采取 24...Rxc1?? 的下法，那样只会令自己王翼的问题一下子暴露出来，经过 25. Qxf7+ Kh7 26. Q×g6+ Kg8　　27. Qf7+ Kh7 28. Nf3！！（图 194）

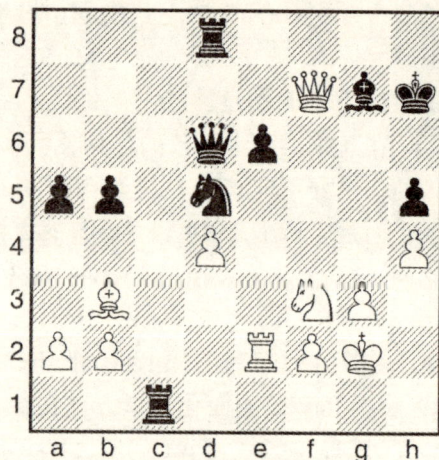

图 194

白方冷静地调动子力，下一步棋跃马到 g5 将军，突破黑方的防线。在这个局面中，黑方虽然多了一个车，但却丝毫无法阻挡白方进攻的脚步。

黑方正确的防守方法是 24...Bxe5 简化子力。经过 25. Rxc7 Qxc7（黑方也可以通过 25...Nxc7　26. dxe5 Qc5　27. Qf6 的变化取得均势）　26. Rxe5 之后，形成了一个机会均等的局面。

25. Nxf7！（图 195）

一切仿佛都在瞬间发生了！黑方的阵营受到严重破坏，局面一下子变得支离破碎。

25...　Qf8　　26. R×c7　R×c7 27. Ng5　Qxf3+　28. Kxf3　a4　29. Bxd5

对局至此，博格投子认输。

竞技体育比赛中，国家女一号战胜了男一号，这在其他国家、其他项目可能还算个新鲜事，但是在瑞典的国际象棋界，不管克拉姆林赢了谁都是正常的。

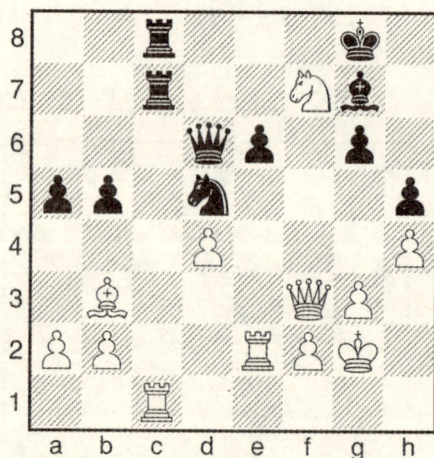

图 195

41

古尼娜—穆兹丘克（大）

2012 年弈于欧洲女子个人锦标赛

说实话，俄罗斯女棋手古尼娜出道并不算早。在人才济济的俄罗斯队当中，很多棋手不是拥有个人世界冠军就是团体世界冠军的头衔，因此很多年来谁也不曾将注意力放在毫不起眼的古尼娜身上。直到 2011 年古尼娜 21 岁时，当她以令人信服的成绩夺得俄罗斯女子个人赛冠军的时候，大家才惊愕地发现，不知道从什么时候开始，俄罗斯女队的绝对主力选手已经悄然更替，古尼娜成为俄罗斯这个长期以国际象棋王国著称的队伍的绝对核心。

古尼娜擅长下快棋。因此当棋局进入到 30 回合左右阶段，棋手往往陷入时间紧张的状态后，便能看到古尼娜撸胳膊挽袖子真正进入到自己最兴奋的时候了。擅长下快棋的棋手大多有两个特点，第一是棋感好，第二是反应快。占了这么两条，难怪古尼娜厚积薄发成为新一代俄罗斯女棋手代言人了呢。

接下来的棋局发生在欧洲女子个人锦标赛的最后一轮。在这局棋之前，穆兹丘克以一分的优势领先，因此这盘棋只要穆兹丘克能够守和，便可以顺利登顶欧洲女子冠军宝座。而古尼娜呢，如果取胜将实现反超加冕；如果守和可以确保前三名；如果输掉这盘棋呢，可能意味着前六名中都看不到她的名字。在这样微妙的局势下，古尼娜并没有束缚手脚，采取一贯的进攻下法，以稳定的发挥笑到了最后。

1. d4 d5 2. c4 c6 3. Nf3 Nf6 4. Nc3 e6 5. Bg5

如果白方采取 5. e3 Nbd7 6. Qc2 Bd6 7. Bd3 的下法，位于 c1 格的黑格象将不容易走到兵链外发挥作用。

5. . . h6

穆兹丘克没有采取保守的下法。在棋界有这样一种说法：越是追求和棋的结果，棋手越要采取主动的下法。否则，棋手可能被自己心中求和的想法所绊倒。

6. B×f6

白棋避开了最尖锐的 6. Bh4 的下法。古尼娜的策略是尽可能保持先行之利，不让棋局进入一种无法控制的搏杀状况。例如白方采取 6. Bh4，将可能面对以下的复杂变化：6. . . d×c4（6. . . g5? 7. Bg3 d×c4 8. e3 b5 9. h4 的变化将给白方带来理想的局面） 7. e4 g5 8. Bg3 b5，黑方在两翼都采取主动战斗的策略，具有很实际的反击功效。

6... Qxf6 7. e3 Nd7 8. Bd3 dxc4 9. Bxc4 g6 10. 0-0 Bg7

对局至此，双方都在重复着以往棋手曾经实践过的变化。在这么关键的棋局较量中，志在必得的古尼娜一定会给黑棋准备一点"意外的惊喜"，否则怎么体现执白棋的开局先手呢。

11. Re1

白方选择了一个相对少见的变化。更多的时候白方在此会选择 11. e4 直接挺进中心兵的下法，经过 11... e5 12. d5 Nb6 13. Bb3 Bg4 14. h3 Bxf3 15. Qxf3 Qxf3 16. gxf3 Ke7 之后，黑方获得足够的反击机会。

11... 0-0 12. e4 e5 13. d5 Rd8

双方的斗争焦点都集中在 d5 格。如果黑方不用车争夺中心，13... Nb6 14. Bb3 Bg4 15. Re3 白棋获得微小但持久的优势。

14. Re3

白方采取了一种轻灵的子力调动方式让车处于一个左右逢源的位置。

14... b5 !

强有力的反击！黑棋此时不能采用墨守成规的保守下法，例如 14... Nb6 15. Bb3 Bg4 16. h3 Bxf3 17. Rxf3 的变化只会给白棋带来主动局面。

15. dxc6 !

白棋为了控制 d5 格而战！现在 15. Bb3 Nb6 的下法会令黑棋顺利完成子力调动。

15... bxc4 16. Nd5 Qd6?!

黑后在这个位置上将成为白方进攻的靶子。现在，黑棋应该采取 16... Qe6 的下法，经过 17. cxd7 (17. Nc7? Qxc6) 17... Rxd7! 之后，黑方下一步将采取 Bb7 的走法建立坚固的防线。

17. cxd7 Bxd7 18. Nd2 ! （图 196）

白马轻灵的步伐即将进入进攻大军的行列。第 16 回合时黑方把后放置在错误位置的举动即将受到惩罚。

18... Bb5?!

面对白棋即将跃马攻击后的威胁，黑方没有找到最佳的应对办法。现在，

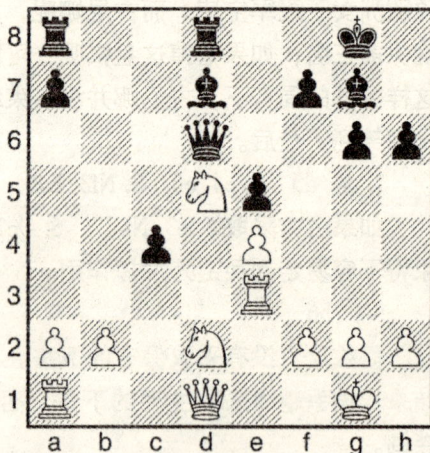

图 196

黑方应该采取 18. . . Bf5！！（图 197）

　　黑方此举的目的是清除白方雄踞 d5 格的子力。经过 20. e×f5 R×d5 21. Rd3 Rad8 的变化之后，棋局呈现均势。

19. Qc2

　　白方更好的走法是 19. a4！，目的在于 19. . . Ba6　20. Qc2 Rab8　21. Rc3 Rdc8　22. Rb1！之后，白方获得理想的局面。

19. . . Rab8！　20. Rc3

　　白方现在走 20. a4 已经效果不大

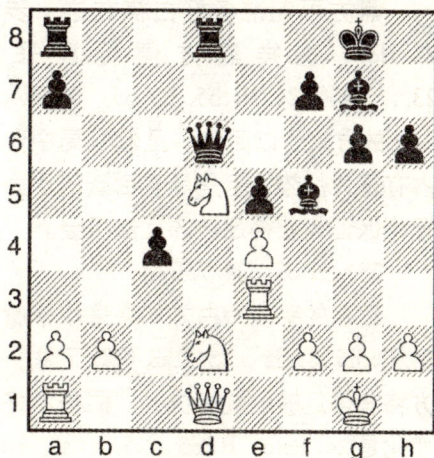

图 197

了。因为黑方可以应对 20. . . Bc6！　21. N×c4 Qe6　22. Nc7 Qd7　23. Nb5 B×b5　24. a×b5 R×b5　25. Rea3 Rb7，形成复杂的局面。

20. . . Qa6！　21. a4！

　　黑白双方都采取了强硬的措施，任何一方的退缩都会给自己的棋局带来隐患。例如白方 21. N×c4 B×c4　22. R×c4 R×b2！，将允许黑方子力入侵。

21. . . Bf8！

　　a 线上的牵制给黑方带来了战斗机会。现在黑棋如果 21. . . Bc6　22. Ne7+ Kh7　23. N×c6 Q×c6　24. R×c4，只会让白棋获得理想的局面。

22. Nf1

　　白方更有力的走法是 22. Nf3！，直接将进攻矛头指向 e5 兵。如果黑方应以 22. . . Bd6，白方将采取 23. Qc1 的走法获得优势。

22. . . Bc5（图 198）

　　黑方没有预见到白方下一步棋带来

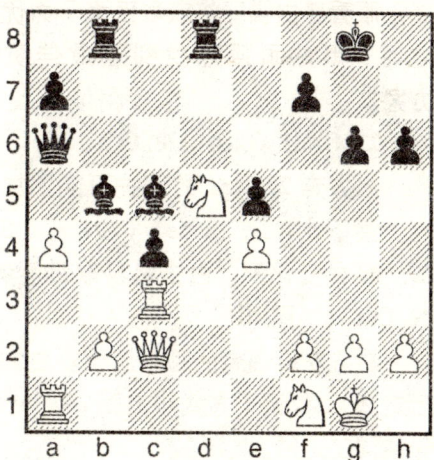

图 198

的严重后果！假如黑方足够警醒的话，现在会 22. . . Bc6，棋局经过 23. Nfe3 B×d5　24. N×d5 Bc5　25. Rb1（25. R×c4 R×b2！　26. Q×b2 Q×c4）25. . . Rdc8 的变化之后，形成一个复杂的局面。

23. Qc1！！（图 199）

黑方可能准备好白棋在这一步走
23. Nc7，这样黑方便可以采取
23...Qa5 24. N×b5 R×b5 25. R×c4
Bd4 的方式予以回答。虽然棋局中白方
占有子力优势，但是黑棋活跃的子力位
置将保证其获得足够的反击机会。

23...Bc6 24. Nf6+!

厉害的手段！白方如果采取平庸的
24. Q×h6 B×d5 25. Rh3 Qf6 下法，黑
方将获得足够的抗衡机会。同样不好的
变化是 24. R×c4 B×d5 25. R×c5 B×e4
26. R×e5 Bd3，黑方子力活跃的位置将
带来复杂的战斗局面。

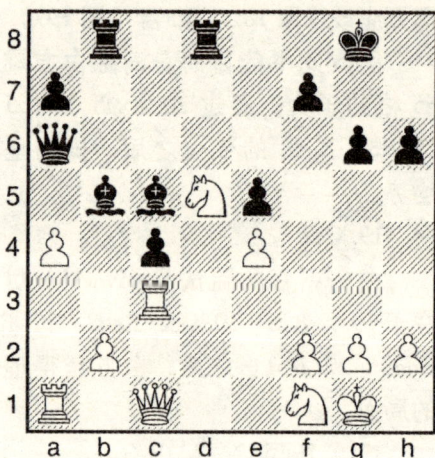
图 199

24...Kg7 25. Ng4 g5

黑方唯一的应对方式，否则 25...B×e4 26. Q×h6+ Kg8 27. Rh3 的变化
只会令白棋取胜更加容易。

26. R×c4 Rd1!!（图 200）

眼看着白棋即将获取巨大子力优势
之时，黑方顽强地找到了最佳防守
方案。

27. Q×d1 Q×c4 28. Qf3

白方走 28. Ng3 的下法可能更加安
全。接下来 28...B×e4（在 28...Bd4
29. Qf3 的变化中，白方轻易取得胜势）
29. Qe1!!（图 201）

白方获得理想的胜势局面。白方把
后走到 e1 的调子方式与前面 23. Qc1 有
异曲同工之妙。

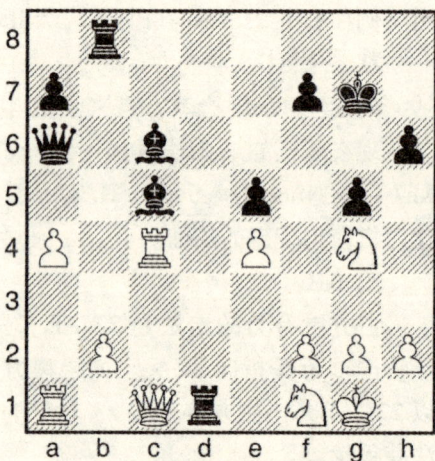
图 200

28...Q×e4

黑方没有走出最精确的防守招法。现在黑棋应该 28...Qe6!，经过
29. Ng3 Rb3! 30. Qe2 Bd4 31. Nf5+ Kh7 32. Rc1! 之后，白方虽然仍旧占
据明显上风，但是取胜的道路还很漫长。

29. Rc1!

将子力走到最佳的位置上比直接进行不成熟的进攻更聪明。现在白方如果采用 29. Qf6＋ Kg8！ 30. N×h6＋ Kh7 的下法，不能收到满意的效果。

29... Qg6

黑棋防守面临艰巨的任务。如果 29... Q×f3 30. g×f3 B×f3（30... B×f2＋ 31. K×f2 R×b2＋ 32. Kg3 B×a4 33. Rc7±） 31. N×e5 Rc8 32. Nd3 的变化，黑方将面临少子；如果 29... h5 30. Qf6＋! Kg8 31. Q×g5＋走法，白棋也能迎来胜利的曙光。

30. Qc3 Qe4（图 202）

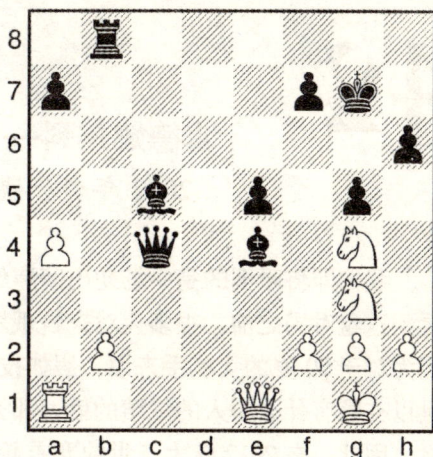

图 201

双方棋手都面临时间紧张的问题，接下来白方能找到精确的招法吗？在关键时刻，每一步棋都意味着对棋手的考验。

31. Q×e5＋! Q×e5 32. N×e5 B×f2＋ 33. K×f2 R×b2＋ 34. Ke3 B×g2 35. Ng3 Bd5 36. Nh5＋

黑方虽然用一个轻子换取了好几个兵，但是黑王目前的处境令黑棋不敢大意。

36... Kf8 37. Rd1 Be6??

时间紧张的情况下，穆兹丘克没有找到最顽强的 37... R×h2 38. R×d5 R×h5 下法。虽说接下来白棋可以通过 39. Ra5 取得优势，但通向白棋胜利的道路依旧并不平坦。

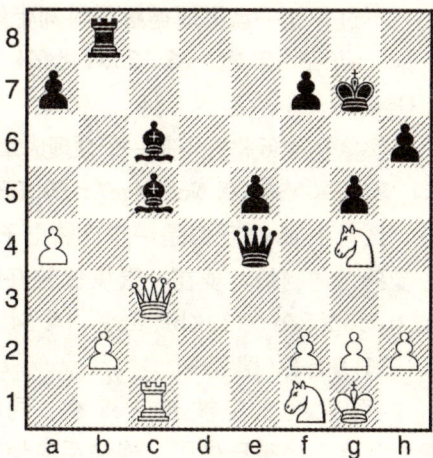

图 202

38. Rd8＋

致命的将军，黑王无法摆脱被将杀的命运。穆兹丘克放弃抵抗，白胜。

42

博德娜伍科—亚娃科斯什维利

2012 年弈于俄罗斯女子世锦赛

我们即将看到的是一场初出茅庐的新手与久经沙场的老将之间的较量。在看到这盘对局之前，很多人对来自俄罗斯的博德娜伍科没有什么太深的印象，因为对于 20 岁的女棋手来说，假如技术等级分还只是勉强进入世界前 100 位，且以往没有什么骄人的战绩的话，那么很难想象这样的棋手会有太大的发展前途。因此，在 2012 年女子世锦赛首轮的抽签对阵表上，当我们看到博德娜伍科与经验丰富多次代表格鲁吉亚国家队出征的亚娃科斯什维利交手时，大多数人更看好后者。

不过，这一盘棋博德娜伍科却带给人们异样的惊喜。

1. e4 c5 2. Nf3 e6 3. d4 cxd4 4. Nxd4 a6 5. Bd3 Bc5 6. Nb3 Be7 7. Qg4 Bf6

黑象放在 f6 格并不是一个顺理成章的好位置，通常 7...g6 的下法更为常见。

8. Qg3 Nc6 9. Nc3 Nge7 10. Bf4 Ng6?!

黑马到 g6 格看似是一步自然出子，但却暴露了 a3—f8 斜线，令黑王在中心受到白方制约。现在，黑棋比较好的走法是 10...e5，接下来 11. Bd2 d6 12. 0-0-0 Be6 13. Kb1 Rc8 14. h4 之后，白方获得稍优的局面。

11. Bd6!（图 203）

不仅黑方的王被卡在 e8 格，同时黑方的 d 兵也被压住了，连锁反应使黑方后翼几个棋子也难以顺利出动。

11...Bh4

假如黑方采取 11...Be5 的下法，经过 12. Bxe5 Ncxe5 13. 0-0 之后，白方接下来挺兵 f4—f5 的进攻将难以阻挡。

12. Qe3

如果白方采取 12. Qh3 Be7 13. Bxe7 Qxe7 14. 0-0 0-0 15. f4

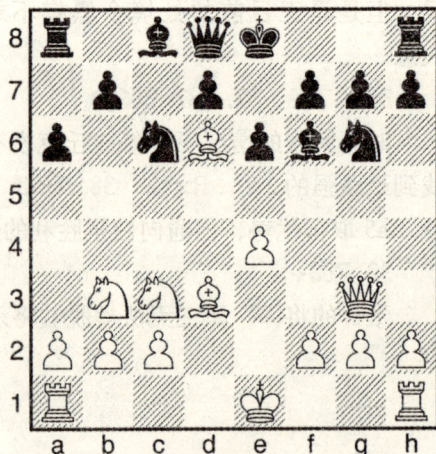

图 203

d6 的变化，虽然能够获得一定的优势，但并没有什么特别明显的进攻计划。

12...Qg5?

黑方的当务之急是解决白方位于 d6 格象带来的系列问题，12...Be7 是正确走法。

13. Qh3!

白方这步棋走得非常勇敢。在 13. Q×g5 B×g5 14. 0-0 之后的残局，虽然对白方有利，但是继续扩展优势并非易事。白方肯定看到了自己采取 13. Qh3 之后会面临子力上的损失，但是凭借敏锐的进攻嗅觉，博德娜伍科放弃了平稳的残局，而是选择了犀利进攻的下法。

13...Nf4

接下来我们看到的变化几乎是强制性的。

14. B×f4 Q×f4 15. g3!

好棋！这步棋才是白方走 13. Qh3 时的核心，白方选择了弃子，是不是已经把后面的变化都计算清楚了呢？未必！因为后面的变化并非是强制性的，可能出现很多分支，棋手临场很难做到计算清楚。这里，做出判断的依据更多凭借棋手对棋局的判断和进攻的直觉。

15...Qf3 16. Q×h4 Q×h1+ 17. Ke2!（图 204）

不给黑后留出 f3 格撤退。不过，白方这样走意味着弃掉更多子力。

17...Nd4+

黑方只好接受"礼物"。因为在 17...Qg2 18. e5! 的变化中，白方接下来不仅存在 Ne4—Nd6 的威胁，同时还有 Be4 捉死黑后。

18. N×d4 Q×a1 19. e5!（图 205）

白方的计划是接下来 Ne4—d6 攻击黑王。现在，白棋不能采取看似厉害的

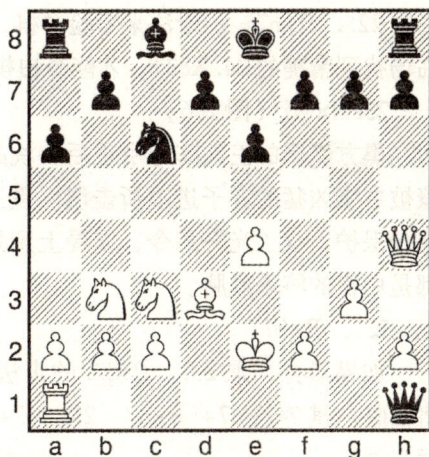

图 204

19. Nf5，黑方可以通过 19...e×f5 20. Nd5 0-0! 的方式将王走向安全位置。必须要提醒的是，这里黑方短易位的走法是棋手在计算过程中容易出现的盲点，很多时候类似的低级错误导致棋局逆转。

19...d5

如果 19...Q×b2，白方将应以 20. Ne4 直扑 d6 格。接下来的变化可能是

20... Q×d4　21. Nd6+　Q×d6　22. e×d6
f6　23. Qh5+ Kf8　24. Bg6!，白方取得
胜势局面。

20. e×d6 f6　21. B×h7

白方采取 21. Qh5+! 的下法同样能
够引向胜利，接下来的变化是 21... Kf8
22. Qc5 Bd7　23. Qc7 Ke8　24. N×e6，
黑方局面崩溃。

21... Kf8　22. Ne4!

白方的子力前仆后继冲向黑方阵
营，形成强大的进攻冲击波。接下来白
棋的威胁是 N×f6。此时，黑方虽然在
棋子数量上占据了绝对上风，但是黑方的这些棋子却鲜有发挥作用，特别是位
于 a1 的后，眼看着己方的局面遭受攻击却奈何不得。

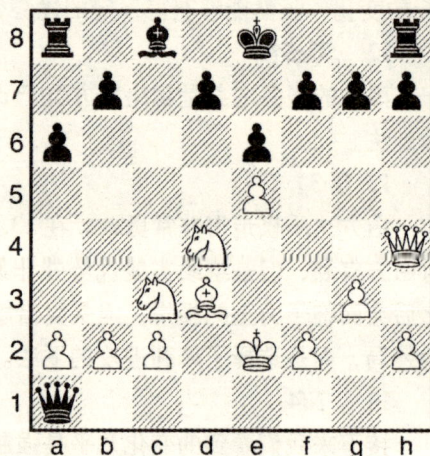

图 205

22... e5?

黑方这样进行防守，就放弃了顽强抵抗的最后一道防线。现在，黑棋应该
采取 22... R×h7! 的走法来考验白棋，经过 23. Q×h7 Q×b2 之后，白方必须在
临场找到精确的 24. Kd3!，才能令白棋的攻势力度不被减弱。

23. N×f6!（图 206）

黑方脆弱的王前阵地中最后一块战
壕被白棋凶猛的弃子进攻所击溃。黑王
缺少保护，成了光杆司令，棋局上到处
都是白棋的将杀威胁。

23... R×h7

如果黑方采取 23... Q×b2 的走法，
将面临白棋 24. Nd7+ B×d7　25. Qe7+#
两步杀。

24. N×h7+ Kg8　25. Ng5

将杀的威胁依然存在，黑方无法调
动任何子力加入到防守阵营之中。

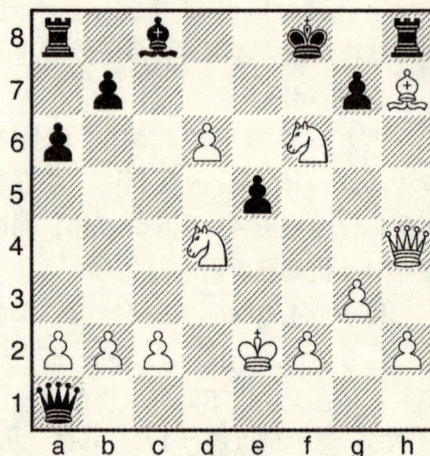

图 206

25... Q×a2

黑方这样走至少避免了白棋接下来 Qh7—h8 的将杀，因为黑可 Qg8 垫将。

26. Qh7+ Kf8　27. b3!

白方非常冷静。在攻势发展得如火如荼之时，名不见经传的俄罗斯新秀博德娜伍科表现出通常只有在超级棋手身上才能看到的镇定和强大。白方此举将黑后彻底关在了棋盘的另外一翼，使它无法加入到保护黑王的战斗之中。

27... Bg4+ 28. f3 Ke8

黑王处于等待被杀的状态，由于是淘汰赛制，亚娃科斯什维利抗争到底。

29. Qg8+ Kd7 30. Qf7+ K×d6 31. Ne4#

白方成功将杀黑王，获得最终的胜利。

别具匠心的攻杀构思，惊心动魄的攻王大战，一局精彩佳构！

43

萨斯科扬—穆兹丘克（大）

2012 年弈于荷兰大师邀请赛

代表欧洲小国斯洛文尼亚参加比赛的女子国际特级大师穆兹丘克原本是一位乌克兰女孩。她的棋艺才华早在 10 岁出头的时候就显出耀眼的光芒，随后被斯洛文尼亚棋协慧眼识中给予资助，于是穆兹丘克便早早成为乌克兰国际象棋海外兵团中的一员。穆兹丘克来自国际象棋世家，不仅她的父母达到了很高的棋艺造诣，她的妹妹也已经成为实力强大的乌克兰国际象棋国家女队的主力队员。

成长于良好国际象棋氛围中的穆兹丘克不负众望，接连夺得了世界女子青年冠军和欧洲女子个人冠军。优异稳定的比赛成绩令穆兹丘克的技术等级分连续几年保持在世界女子前五名的顶尖圈子中，她的下一个目标无疑是冲击女子个人世界冠军。

接下来我们看到的是穆兹丘克在荷兰举办的一次重要比赛中与亚洲最佳棋手之一、等级分越过 2700 分的印度男子国际特级大师萨斯科扬的较量。穆兹丘克充分显示出冷静的头脑和强大的攻杀能力，干净利索地获得胜利。

1. d4 d5 2. c4 c6 3. Nf3 Nf6 4. Nc3 e6 5. e3 Nbd7 6. Qc2

白方另外一个变化是 6. Bd3 d×c4 7. B×c4 b5 8. Bd3 Bb7 9. 0-0 a6，黑方接下来的计划是挺兵 c5。

6... Bd6 7. Bd3 0-0 8. 0-0 d×c4 9. B×c4 b5 10. Bd3 Bb7 11. a3 a5 12. e4 e5 13. Rd1 Qc7 14. h3 Rfd8（图 207）

黑方选择了监视中心线路的变化，在 2012 年女子世锦赛决赛斯坦芳诺娃—乌什尼娜，黑方采取了 14. ... e×d4 15. N×d4 Bh2+ 16. Kh1 Bf4 的下法，白方获得理想的局面。

15. Bg5！

牵制黑方的子力。现在，双方的中心兵处于兑换的状态，有趣的是无论哪一方率先在中心决定兵的走向，都会令对方的棋子快速走到中心。因此，采取等待观望的策略，运用牵制的下法，无疑是聪明的决定。

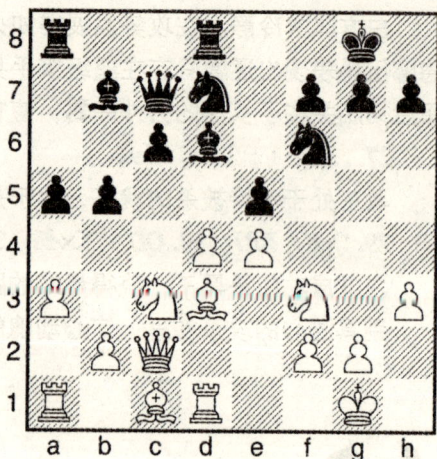

图 207

15. ... h6 16. Be3

白方继续采取等待的策略，黑方接下来要不要 e×d4 呢？如此一来白方的马就可以通过 d4 格快速走到强有力的 f5 格，对黑方的王翼施加压力。但是如果黑方继续等待的话，白方可以通过 Bf1，Rd2，或者 Rc1 的走法不断加强中心。

16. ... e×d4 17. N×d4 Ne5 18. Bf1 Ng6

黑马走到王翼，不仅能够起到保护王前阵地的目的，同时监控着 f4 格，时刻有可能跃入白方的王前阵地骚扰。

19. Nf5 Bh2+ 20. Kh1 Be5

黑方的子力走向中心，目的是限制白方在王翼上实施有效推进。此外，黑方将牢牢监控白方的 f4 格。只要白方的 f 兵无法顺利挺进，那么白方的王翼进攻就不会形成大规模的行动。

21. Rac1？！

白方将车走到 c 线监视黑方后翼似乎无可非议，但问题是这步棋的作用不如 21. Bc5！？控制黑格更为直接。

21. ... R×d1 22. N×d1 Rd8 23. Nc3

白方接下来的威胁是跃马消灭黑方 b5 兵。

23. ... Qb8！

黑方适时将后走离 c 线，这样的话白方对 c 线的压力虽大，却没有产生什么实际的功效。

24. Bb6 Bc7（图 208）

兑换黑格象对黑棋有利，因为黑棋
在王翼企图入侵的都是黑格。临场对局
时，棋手要洞悉对手的意图，一般情况
下都不会让对手如愿。

25. Be3?!

白象走到这里并不是最佳选择。现
在，白棋应该采取 25. Bc5 Bf4
26. Rd1 的下法，兑换掉更多重子之后，
白方在残局中会拥有微小的优势。白方
采取兑换黑格象的下法不能带来优势，
例如 25. B×c7 Q×c7 26. N×b5 Qf4
27. Nbd6（如果 27. Nc3 Rd2 28. Qb3
Bc8，形成复杂的局面） 27... R×d6 28. N×d6 Q×d6 29. f3 Qf4 之后，黑
方子力位置灵活，白方并未掌握局面主动。

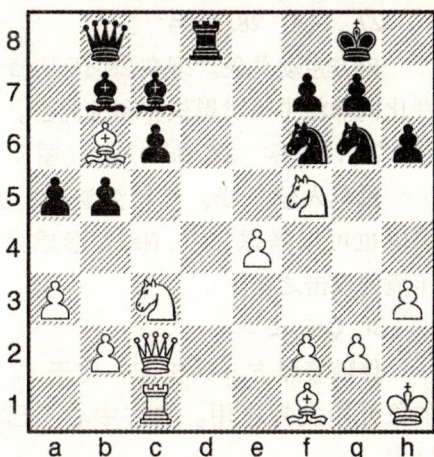

图 208

25... Bf4

黑方坚决地执行兑换黑格象的计划。由于白方 c1 车受到黑棋 f4 象的牵
制，因此白方位于 e3 格的象无法离开。

26. a4?!

白方仍然沉浸在后翼行动的幻想当中。没错，黑方后翼的兵形存在一定的
受攻隐患，但是由于局面非常开放，因此黑方诸如在半开放线上的 c6 兵，并
不能成为白棋有效进攻的靶子。现在，
白棋应该满足于局面均势，采取 26. Rd1
的下法。

26... Qe5!（图 209）

黑方将威力巨大的后走到棋盘中心，
局面豁然间令人感到一股杀气袭来。

27. Re1？

不好的选择，白方已经清醒认识到
自己的局面已然转入防守，但是仍然不
肯选择实惠的挺兵 f3 坚固中心，然后
Rd1 争取兑车。是呀，此时采用 27. f3
的方式进行防守似乎有点"笨笨"的
感觉，但是此时笨办法比看似聪明的办法管用。

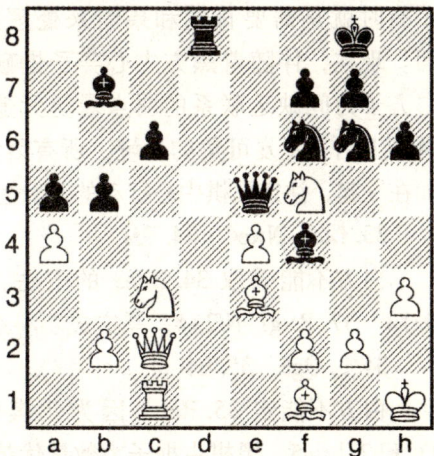

图 209

27... b4   28. Bxf4

白方主动兑象。现在 28. Nb1 c5 的变化同样将带来对黑棋有利的局面。

28... Qxf4   29. Nd1 Rd2（图 210）

黑车入侵 2 线，气势汹汹。现在，黑棋也可以考虑 29... Ne5，形成大军压境的攻击之势。

30. Qc1 c5

伴随着黑方 c 兵挺起，位于 b7 格的象开始发挥作用。白方中心上压力巨大。

31. f3

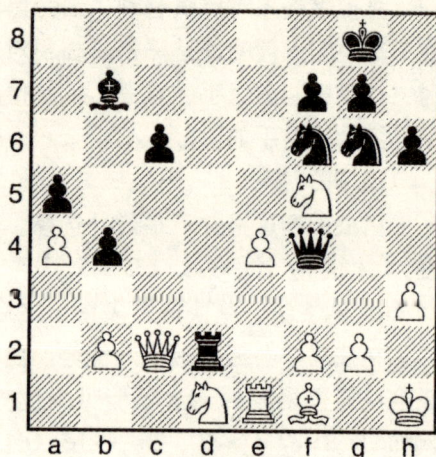

图 210

白棋已经找不到更好的办法保护自己的 e4 兵，这时也顾不上局形好看不好看了。现在 31. Qxc5 Nxe4 的下法将会令白棋的阵营加速崩溃。

31... Ne5!   32. Be2 Bxe4!!（图 211）

艺高人胆大！黑方在中心果断弃子，目的在于让自己的双马发挥作用，剑指白方空虚的王前阵地。其实，黑棋此时的弃子未必意味着穆兹丘克已经把后面的变化都计算得清清楚楚，但是棋手有时就是需要直觉和果断来处理局面。现在，伴随着黑方中心弃子爆破，白方子力间缺乏联系的弱点暴露无遗。再加上白王岌岌可危的处境，所有因素加在一起，注定黑棋中心行动的正确性。

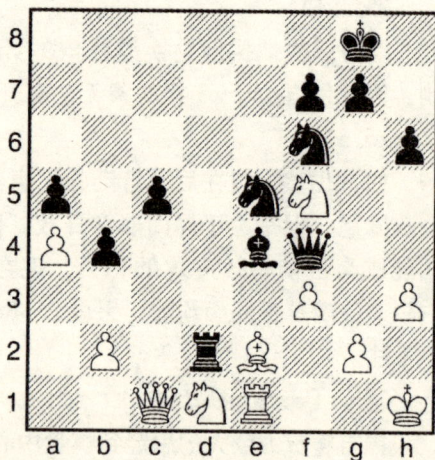

图 211

33. fxe4 Nxe4   34. Rf1

白方不能采取 34. Nde3 的下法，经过 34... Qf2   35. Bb5 Nf3   36. Rf1 Qg1+   37. Rxg1 Nf2+#，黑方成功将杀白王。

34... Qg5   35. h4

白方不能走 35. Re1，因为黑棋可以 35... Rxe2   36. Qxg5 Rxe1+ 37. Kh2 hxg5，黑棋占据子力数量优势。

35... Qd8   36. Ba6

白方走 36. Bh5 g6   37. Nxh6+ Kg7 的变化也不能带来实际的防守，看上去白棋还处于子力数量优势，但是所有的棋子都处于不恰当的位置当中。

36...Rxd1 37.Rxd1 Qxd1+ 38.Qxd1 Nf2+ 39.Kg1 Nxd1 40.b3 c4

这时，白方面对的是一个支离破碎的残局，黑方后翼兵的冲击将保证穆兹丘克在不远的将来成功率领小兵升变。看到自己防守无望，白棋投子认负。

44

格里—侯逸凡

2013 年弈于荷兰维克安泽邀请赛

荷兰维克安泽邀请赛是棋界最具影响力的传统赛事之一，很多棋手都把获得最高级别 A 组参赛邀请当成一种荣誉，一种对自己棋艺水平的肯定。2013 年，侯逸凡作为唯一的女棋手获得了 A 组的参赛邀请函，其他获得邀请的大多是世界男子排名前 30 位的棋手。从技术等级分上来判断，除了同个别荷兰本土男棋手之外，侯逸凡的排名比参赛选手的平均分低了不少。不过，等级分只是棋手的一个静态评估值，待比赛帷幕真正拉开，唯一能指望的只有棋手临场的表现。

在比赛中，侯逸凡敢打敢拼，最终取得了一个远远高于自己等级分排名的成绩。

1.e4 c5 2.Nf3 d6 3.d4 cxd4 4.Nxd4 Nf6 5.Nc3 g6（图 212）

图 212

侯逸凡采用了西西里防御当中最为尖锐的龙式变例。对局中，很多时候棋手的心理状况从他们的开局变化选择上就能看出端倪。龙式变例阵势一拉开，侯逸凡实际上就是告诉对手：这盘棋我准备跟你拼个刺刀见红！

6.g3

白方采取了稳健的下法。显然，等级分处于明显优势的男子国际特级大师格里不希望采用你死我活的拼命下法与侯逸凡较量。

6...Nc6 7.Nde2

现在白方如果采取 7. Bg2 N×d4　8. Q×d4 Bg7 的走法，棋局将进入一个异常平淡的均势局面。

7...Bd7

黑棋也可以考虑采取 7...Bg7　8. Bg2 0-0　9. 0-0 Bd7　10. h3 Rc8 的下法。

8. Bg2 Qc8　9. h3 Bg7

现在，由于白方 h 兵已经不在原位（受到黑方后象组合的攻击），因此白棋短易位已经变得不那么容易实现了。

10. a4 0-0　11. Bg5 Re8　12. Qd2 Ne5　13. b3 Rb8

假如黑方采取 13...B×h3!?　14. R×h3 Q×h3　15. B×h3 Nf3+　16. Kf1 N×d2+　17. B×d2 N×e4　18. Be1 N×c3　19. B×c3 d5 的下法，同样可以获得一个复杂对攻的局面。不过，显然侯逸凡不想大量采取兑子的策略，意欲保留更多数量的棋子参与战斗。

14. Ra2?（图 213）

坏棋！由于 h 兵受到黑方后和象的斜线牵制，白方已经很难实现短易位。现在，白方车走到 a2 之后，连长易位的资格也彻底失去了。

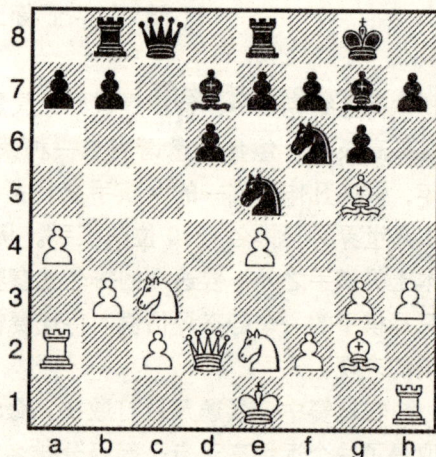

图 213

14...Nc6　15. Nd5 a5!

好棋！为后面挺进 b 兵开放后翼线路做好准备。

16. c3?

白方应该采取 16. B×f6！e×f6　17. Nb6 Qc7　18. N×d7 Q×d7　19. c3 的下法，最大限度简化局面，形成均等。

16...b5（图 214）

黑方后翼上开始行动，分步骤开放线路。白方的王在中心，子力间缺少默契配合。

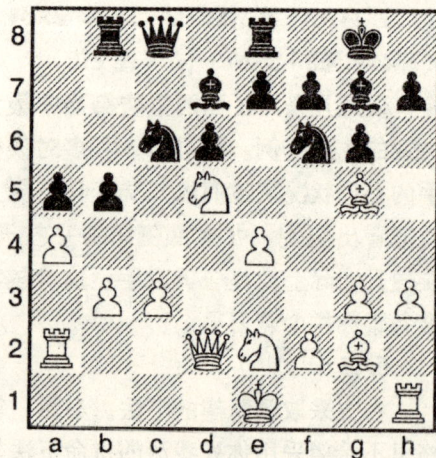

图 214

17. a×b5 R×b5 18. Qd1 Qb8
19. Ra3 N×d5 20. e×d5 Ne5 21. 0-0
a4！（图 215）

黑方用弃兵的方式强迫白方放弃对
c4 格的防守，那里将成为黑马驻扎的
好位置。

22. Nd4？

显然，黑方弃兵的走法超出了白方
预先对局面的设想，因此从心理上白棋
很难接受放弃对 c4 格的看管。棋手临
场对弈时思维最怕出现间断，那样的话
很容易漏算对方攻击的手段。现在，白

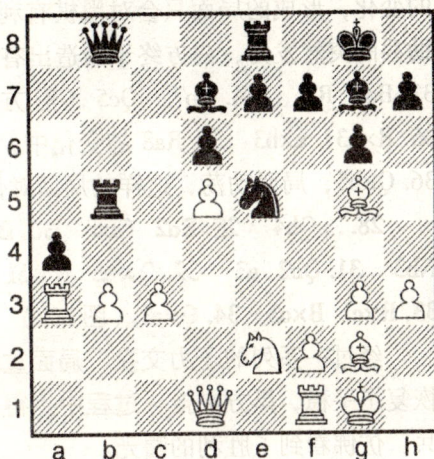

图 215

方必须接受黑方的弃兵，经过 22. b×a4 Ra5！ 23. Nd4 Qc8！！ 24. Kh2 Nc4
25. Ra1 h6 26. Bf4 Rc5 变化之后，形成一个复杂的局面。

22... R×b3！！（图 216）

黑方行动气势如虹，强行弃车，将
c4 格据为己有。

23. N×b3 Nc4

可怕的过门！执白的男子特级大师
格里漏算的恐怕就是这步棋。

24. Nc5

如果白方走 24. Ra1 退车，黑方将
回应 24... a×b3，黑兵在 b3 的位置太
可怕了！

24... d×c5 25. Ra1 Qe5 26. Bf4
Q×c3

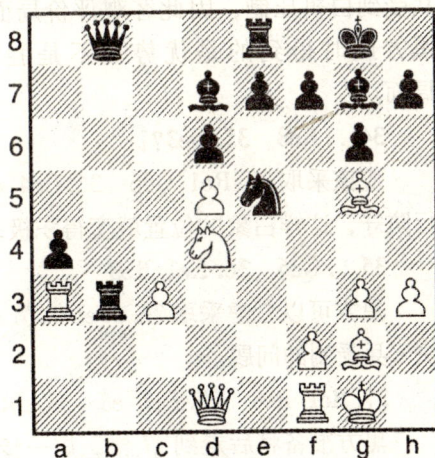

图 216

双方子力数量处于不均衡状态，不过黑方现在已经不是弃子，而是用车换
取了白方的一个马加上两个兵。单纯从分值上讲，黑方已经不处于下风。再加
上黑方棋子位置积极，因此我们完全可以得出黑方处于优势地位的判断。

27. Qe2 Na5 28. Rac1？

墨守成规的防守方式令格里失去将棋局重新转向复杂的机会。现在白棋可
以考虑 28. Qa6！骚扰黑方的阵地，经过 28... Qb4（在 28... Nb3 29. R×a4 的
变化中，黑方没有占到便宜） 29. Rfb1 Nb3 30. Qa7！（白方采取 30. Ra2 c4

的变化，形成的局面只会对黑棋有利）　30...Bb5　31.Ra2 c4　32.d6！，借助兵的突然发力，白方终于制造出有威胁的进攻行动。接下来经过32...exd6 33.Bd5 Rf8　34.Qb7！Qc5（黑方不能采取34...c3?? 的走法，因为在35.R×b3！a×b3　36.Ra8 的变化中，白方将取得胜势局面）　35.B×d6 Q×d6 36.Q×b5，局面动荡，这样的局面对任何棋手都意味着考验。

28...Qb4　29.Bd2 Qb6　30.Bc3 Nb3　31.Qb2 a3　32.Q×a3 N×c1 33.R×c1 B×c3　34.Q×c3（图 217）

经过一系列的子力交换，局面重新恢复了平稳，黑方在博斗过程中掠得一兵，仿佛看到了胜利的曙光。

且慢！下棋不是数数棋子数量就能判断输赢的。现在黑方虽然取得多兵的优势，但由于 c 兵前行被封锁，且 e7 兵受到白棋压制，因此客观评价局面，黑方此时得到的是优势而不是胜势局面。

图 217

34...Rc8　35.Qe3?!

应该采取 35.Re1 Qd6　36.Qc4 e6　37.Kh2 e×d5　38.B×d5 的方式来进行防守，这样白象的位置就变得积极多了。

35...Qd6　36.Re1 Re8

黑方可以考虑采取 36...e6　37.d×e6 B×e6　38.Rc1 c4 的下法，及时解决 e 兵受制的问题。

37.Rc1 Rc8　38.Re1 e6　39.d×e6 B×e6　40.Bf1 c4　41.Qc3 Qf8

黑方准备将后走到 g7 格，进一步扫清 c 兵前进的障碍。

42.R×e6 f×e6　43.B×c4

白方好不容易把兵吃回来了，付出的代价是用自己的车换了对方的象。

43...Rc6　44.Qd4 Qc8　45.Be2 Rc1+　46.Kg2 Rc2　47.Qe4 Qc6 48.Q×c6 R×c6

随着双方的后从棋盘上消失，形成了一个黑方获取巨大优势的残局。现在，黑方唯一的弱点是兵形不是十分完整。如果黑棋犯了急于求成或者马虎的毛病，白棋可能获取挽救棋局的机会。或者换句话讲，是考验侯逸凡能否一点点将棋局走向胜利。

49. f4 Kg7 50. h4 Rc2 51. Kf3 Rc3 + 52. Kf2 Kf6 53. Bg4 Rc5
54. Bh3 Rc2 + 55. Ke3 Ke7 56. Bg4 Kd6 57. Bf3 Rc3 + 58. Kf2 Rc5
59. Be4 Ra5 60. Bb7 Kc5 61. Ke3 Ra3+ 62. Kf2 Kd4

黑王入侵到 d4 格，黑方离胜利又近了一步。

63. Bc6 Ra7 64. Ke2 Rc7 65. Ba8 h6 66. Kf2 g5！

随着黑方 g 兵的突破将带来兵的兑换，黑方的 e 兵变成了威力更大的通路兵。

67. f×g5 h×g5 68. Kf3 g×h4 69. g×h4 Ke5 70. h5 Rh7 71. Kg4 Rg7+
72. Kh4 Kf5 73. h6 Rg8 74. Bf3 e5 75. Bd5 Rd8 76. h7 Rh8 77. Bg8 e4
78. Kg3 Ke5 79. Kf2 Kd4 80. Ke2 e3 81. Ke1 Kd3 82. Be6 e2 83. Bg4
Ke3 84. B×e2 R×h7 85. Kf1 Rf7+

白方放弃抵抗，黑胜。

45

侯逸凡—希洛夫

2013 年弈于挪威男子世界杯

侯逸凡通过获得国际棋联主席特邀参加了 2013 年挪威举办的男子世界杯，首轮抽签遭遇有大力杀手美誉的男子国际特级大师希洛夫。说起希洛夫，不得不提到他好斗的棋风，几乎每局棋都要杀个痛快才善罢甘休。希洛夫颇具古典风格的棋风令人想起 20 世纪 60 年代获得男子世界冠军的棋手塔尔。

侯逸凡与希洛夫之间在世界杯常规赛制下的两局棋以平手告终，比赛被拖入了快棋加赛。接下来的对局我们将看到快棋赛中，侯逸凡明智地选择了相对稳健的战法，将棋局转入了一个非常微妙的残局。这时，如果执黑棋的希洛夫能够敏锐地意识到自己局面当中存在的隐患，那么他将会步步为营，竭尽全力去阻止白方在残局中改善子力位置，发展空间。不过，虽说希洛夫的技术等级分排名常年都在世界前 10 位，但是他对局中最容易出现漏洞的恰恰是残局。侯逸凡抓住了对手最薄弱的技术环节，顺利取胜。

1. e4 c5 2. Nc3 Nc6 3. Nge2 g6

黑方采取侧翼出象的下法，意图当然是尽量将棋局引到复杂的战斗当中。除此之外，黑方 3...e6 和 3...d6 的走法比较常见。现在，黑方不够理想的变化是直接中心反击，经过 3...e5?! 4. Nd5 Nge7 5. Nec3，白方能够集结子力，充分利用黑方中心存在的弱格。

4. d4 c×d4 5. N×d4 Bg7 6. Be3 Nf6 7. Bc4 0-0 8. Bb3

白方预先把象走到一个稳妥的格子当中，这样在后翼上就不容易受到黑棋的子力袭击。假如白方采取 8. f3?! Qb6 9. Bb3 N×e4 10. Nd5 Qa5+ 11. c3 Nc5 12. N×c6 d×c6 13. N×e7+ Kh8 14. N×c8 Ra×c8 的变化，黑方很轻松就能获得一个大致机会均等的局面。

8...d6 9. f3 Bd7 10. Qd2 N×d4 11. B×d4 b5 12. a4

白方试图在后翼找到开放线路的机会。现在白方还有一种在王翼上行动的下法，经过 12. h4 a5 13. h5（也可以采取 13. a4 的下法，在后翼进行尝试性的行动） 13...a4 14. B×f6 e×f6 15. Bd5 b4 16. Ne2 f5!，黑方在中心上的空间并不处于下风，因此白方王翼上的行动也很难收到明显的效果。

12...b×a4?!

黑方决定打开后翼的线路，但是黑棋做出这个决定的代价是 a 兵成为孤兵，很容易成为白方进攻的靶子。代替开放后翼线路的下法是 12...b4，经过 13. Nd5 N×d5 14. B×g7 K×g7 15. e×d5 Qb6 16. h4 h5 17. 0-0-0 Qa5 18. g4 之后，形成一个复杂的局面，很难判断究竟哪一方拥有更好的机会。因为，白方虽然处于进攻状态，但是黑方也拥有很好的防守反击。

13. B×a4

黑方后翼上 a7 格的弱点一下子暴露出来，白方的行动计划顿时变得清晰明了。接下来，白方的行动路线将会是从直线和斜线上增强火力进攻黑方 a 线的孤兵。

13...a5

假如 13...B×a4 14. R×a4 交换白格象，只会令黑方的 a 兵暴露得更加明显。

14. 0-0 Qc7 15. Rfd1

此时白方值得考虑的走法是 15. b3，达到预先防护的作用。接下来棋局发展可能是 15...Rfc8 16. B×d7 Q×d7 17. Ra4 Qc6 18. Rfa1 e5 19. Rc4，白方获得稍好的局面。

15...Rfb8 16. B×d7! Q×d7 17. b3 Rb4 18. Ne2（图218）

白方开始重新集结子力，目标是从中心向侧翼扩展，最终达到进攻黑方后翼 a 兵的目的。

18...Qb7 19. Kh1 Nd7 20. B×g7 K×g7 21. Nf4!

白方的马抓紧进行位置调整，即将跃到 d3 格攻击黑方位于 b4 格的车，迫使黑方的子力向后撤退。

21... Nf6 22. Nd3 Rb5 23. Ra4 Rc8 24. Rda1 Qc7 25. Ne1?!

白方在中心进行子力调动的空间远远大于黑棋。也许正是这样一个原因，令侯逸凡过于从容进行子力位置的不断调整，却忽视了黑棋从中心反击的可能。此时，白方比较好的变化是 25. Rc4！Qb7 26. R×c8 Q×c8 27. Ra4，在限制黑方中心反击的前提

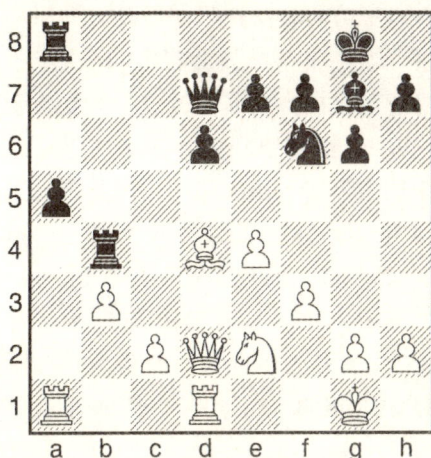

图 218

下，游刃有余地对着黑方的 a 线弱兵进行围攻。

25... d5！（图 219）

黑方敏锐地抓住中心反击的机会，棋局一下子变得动荡起来。

26. R×a5 R×a5 27. Q×a5 d×e4 28. Q×c7 R×c7 29. Kg1 e×f3 30. g×f3

看起来，黑方已经将失去的兵及时夺了回来，局面上双方棋子的数量又恢复到平衡状态。但是，由于双方的兵位于棋盘的不同方向，因此在未来的战斗中，哪一方的兵能够顺利挺进发挥作用，哪一方就能如愿掌握残局的主动权。

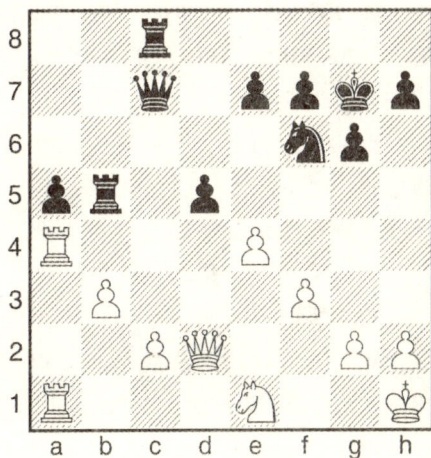

图 219

30... Nd5?

坏棋！希洛夫还要沉迷于将自己子力走到积极的位置当中，忽视了刚才我们所提及的棋局重要因素已经转换为兵。假如白方的后翼兵成功联手向前挺进的话，那么很快就会形成排山倒海之势，直奔升变目标而去。现在，黑棋应该采取 30... Rc3 压制白方 c 兵挺进的下法，让车充当堵塞白兵前进道路上的路障，从而达到限制白方后翼兵联排挺进的目的。

31. c4 Nb4?!（图 220）

黑方再一次迷失了行动方向。应该说，希洛夫将马放置在 b4 格这步棋本身想阻止白方后翼兵挺进，但是由于黑马在 b4 格会遭到白方子力的进攻，处于根本停留不稳的状态，因此黑马走到 b4 格不是防守的好办法。现在，黑棋应该 31...Nf4!?，经过 32.Kf2 e5 33.Ke3 Rd7 34.Rc1（如果 34.b4 Rc7，黑方成功攻击白方后翼兵；同样 34.Rb1 Rd4 的下法，也不能让白棋满意）34...Kf6 35.b4 Ra7 36.b5，白兵处于缓慢前行的状态，黑方拥有很好的防守机会。

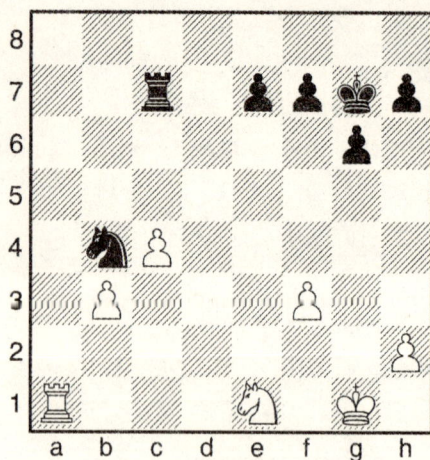

图 220

32.Kf2 e5 33.Ke3 Kf6 34.Ra4 Rb7 35.Kd2! Kf5 36.Kc3 Nc6 37.b4（图 221）

伴随着白方 b 兵顺利挺进，棋局形势呈现一边倒。因为白方 b、c 两线兵是联手前行，因此能够产生稳步推进的功效。棋局至此，黑方已经难以防守。

37...e4?

黑方最顽强的走法是 37...Nd4!? 38.c5 h5 39.Kc4 g5 40.Ra6 Rb8 41.Rd6。

38.f×e4+ K×e4 39.Nd3 Ke3 40.Ra8! Re7 41.b5 Nd4 42.Nc5 Re5 43.Rc8 Nf5 44.b6

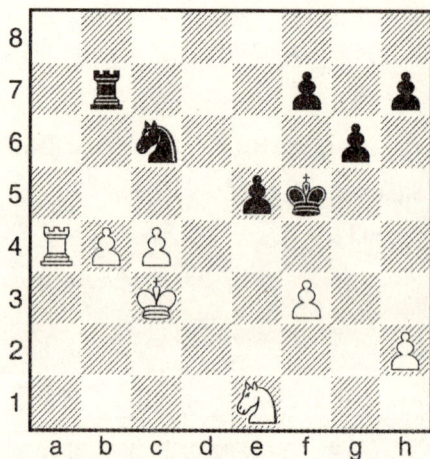

图 221

看到白兵继续前进，即将实现升变，希洛夫停钟认负。

46

拉诺—科巴利亚

2013年弈于俄罗斯世界快棋赛

拉诺是国际象棋强国乌克兰女队的领军棋手，不到10岁的时候已经夺得过不少洲际和世界分龄组别比赛的优异成绩，因此很多人都预言拉诺会是女子世界冠军有力的冲击者。

受到传统的国际象棋经典理论熏陶，拉诺下棋很讲究棋理和棋型，很少采用其他女棋手那样的抢攻策略，而是更多地强调子力位置和谐，计划长远。因此，在拉诺的对局中会出现这样一个有趣的现象，当她对阵比自己水平高的强手时，拉诺很少被一下击垮，显得很有战斗力；而在与比自己水平低的棋手较量中，特别是和野战型风格的棋手对弈时，有时倒被对手胡搅蛮缠拉入浑水，在阴沟里翻船。

像其他小小年龄就展露出棋艺才华的选手一样，拉诺喜欢下快棋比赛。通过她的快棋对局中，我们能看到这位乌克兰女棋手出众的棋感和丰富的比赛经验。接下来我们看到的对局是拉诺与俄罗斯男子特级大师科巴利亚在世界快棋赛中的对局，作为为数不多的几位参赛特邀女棋手，拉诺在比赛中巾帼不让须眉，让她的对手尝到了苦头。

1. Nf3 d5 2. g3 Bg4 3. Bg2 Nd7

黑方另外一个变化是3...c6用兵坚固中心，经过4. 0-0 Nf6 5. c4 e6 6. d3 Nbd7 7. c×d5 e×d5 8. Nc3之后，形成一个双方互有机会的局面。

4. d3 e5?!

中心行动未必越早越好。反之，当一方其他子力还没有充分做好准备的时候就贸然挺进中心，就可能被对手利用，把自己的阵型走空了。通常，黑方要等到白方的马走到d2格之后，黑方才挺兵e5，这样白棋就不容易攻击到中心了。此时，推荐黑棋采取4...c6 5. 0-0 Ngf6 6. Nbd2（如果6. c4 e6，黑方中心阵营坚固）6...e5 7. e4 d×e4 8. d×e4 Bc5，黑方顺利完成出子，形势复杂。

5. h3 Bh5

黑方以象换马的选择会令白棋获得稍优的局面，例如5...B×f3 6. B×f3 c6 7. Nd2 Ngf6 8. e4，白方顺利挺进中心兵，双象确保未来棋局有更多的机会。

6. c4 dxc4

黑方难以采取坚固中心兵的下法来处理局面，例如 6...c6　7. c×d5　c×d5　8. 0-0 Ngf6　9. g4 Bg6　10. g5 的变化，白方王翼兵迅速挺进，令黑方的空间得不到舒展的机会。

7. dxc4（图 222）

看起来棋局一切正常，但是当我们仔细分析局面的时候就能发现其中的玄机：黑方在中心 d 线上存在被白棋入侵的机会。假如黑方将 c 兵保留原位，那么 d5 格可能成为白方入侵的进攻点；如果挺兵 c6 的话，那么白方又可能瞄准黑棋的 d6 格。这就是为什么前面我们提出黑方要等到白方把 b1 马走到 d2 格之后再采取中心行动的原因。白方的马在 d2 格并没有那么灵活，但是放置在 c3 格，白方的阵型一下子就生龙活虎起来。

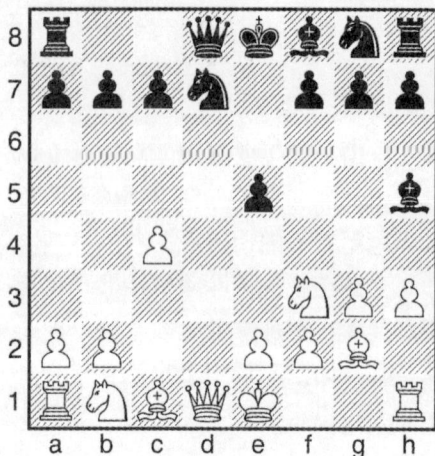

图 222

7...c6　8. Nc3 Ngf6　9. Nh4 Bb4　10. Qb3 Qa5　11. Bd2 0-0?

坏棋！因为黑棋的中心存在被白方利用的可能，因此黑方必须抓紧一切时间采取行动，而不是按部就班出子。现在黑棋应该 11...Nc5，经过 12. Qc2 Ne6　13. g4（如果 13. e3 Qa6，黑方的后充分发挥作用）13...Bg6　14. N×g6 h×g6　15. a3 Qa6，黑后走到 a6 格是个好位置，能够充分起到牵制白方子力，降低白方子力灵活性的作用。

12. a3！B×c3

黑方当然不能采取 12...Be7，因为白方可以 13. Nd5 得子。

13. B×c3（图 223）

白方获得双象。在棋局处于开放状态的时候，双象意味着更佳的子力配置和发展潜力。更何况，白方可以在开放的 d 线上进行长久的行动规划。

图 223

13...Qc7　14. Qc2 a5　15. b3

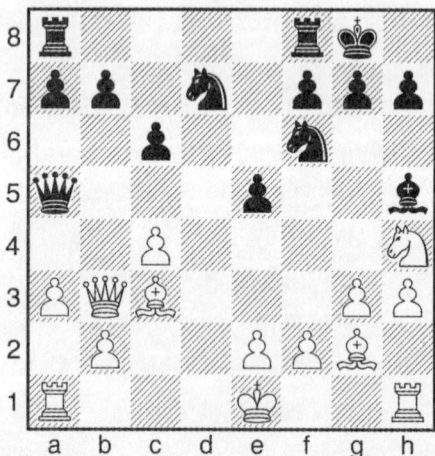

白方可以考虑采取 15. g4!? Bg6　16. N×g6 h×g6　17. g5 Nh7　18. h4 的下法，在王翼展开行动。黑方的子力处于被动的位置，战斗机会显然不如白棋。

15...Nc5　16. 0-0 a4　17. b4 Nb3

黑方的马谋求先手攻击的小便宜，这步棋看似将黑马走到一个更加处于前沿的位置，但可惜的是棋局的战场不在后翼，黑马未来将面临脱离主战场的问题。不过，即便黑方将马调往中心，经过 17...Ne6　18. Qb2 Nd7　19. Rad1 的变化，白方也将牢牢掌握棋局发展的主动权。

18. Rad1 Rad8　19. g4

白方决定交换黑方剩下的另一个象，形成双象对双马的子力配置。现在，白棋还有一种巧妙的远程攻击法 19. Qb2! R×d1　20. R×d1 Nd7　21. c5，在 a1—h8 斜线上，黑方感觉很难受。

19...Bg6　20. N×g6 h×g6　21. e3! Qe7!　22. Qb2 Rde8?

黑方把子力位置走僵了。现在，黑棋应该在中心行动 22...e4!　23. Qc2 Rde8　24. Bb2，虽然白方仍然占一定的优势，但是将现有的优势进一步扩展也不是一件容易的事情。或者，黑方决定要用车坚守中心，也应该将位于 f8 格的车亮出来，经过 22...Rfe8!　23. R×d8 R×d8　24. B×e5 Nd2　25. Rc1 Nfe4!!　26. Rc2 Rd3! 之后，黑方子力活跃，得到很好的战斗机会。

23. c5

白方获得巨大的空间优势！借助双象远射程的威力和上佳的子力位置，白方侵入黑方阵营只是时间早晚的事情。

23...Nh7　24. Rd6 Ng5　25. Rfd1

白方沿着 d 线入侵。虽然，暂时看起来双方的棋子数量相当，黑棋除了 b3 马之外，其他棋子的位置也规规矩矩没有太大的问题，但实际上黑棋难以组织有效的防守反击，呈现坐以待毙的败势局面。

25...f6　26. Qe2

因为快棋的原因，棋手在临场对局时都不太可能把所有变化计算清楚。因此，一些时候稳妥起见，棋手会选择等待的策略调整子力位置，目的无非是得到缓冲观望的机会。现在，白棋采取 26. Rd7!? Qe6　27. R1d6 Qc4　28. R×b7 的下法，将直接获取物质优势。

26...Qf7　27. h4 Ne6　28. Qc4

白方不如走 28. Qc2 更有力度。

28...Nc7　29. Bf1! Nd5　30. Bb2

白方在大好局面下开始放慢前进的脚步，显然拉诺的心里面对于等级分高过自己100多分的男对手科巴里亚还是有所顾忌。现在，白棋在中心果断行动会更强，经过 30. e4！N×c3（如果 30... Nf4　31. Rd7　Q×c4　32. B×c4+ Kh7　33. R×b7，白方胜势）　31 Q×c3 Kh7　32. Bc4　Qc7　33. Rd7（图 224）

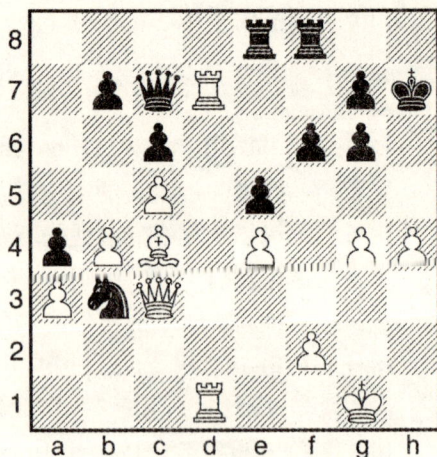

图 224

白方的车如一把尖刀切入黑方 7 线阵地，接下来 33... Qc8　34. h5，白方将彻底破坏黑方的王前兵阵。

30... Kh8？

黑方应该腾出手来在中心赶快行动，经过 30... e4　31. Qc2　Re6　32. R6×d5！c×d5　33. R×d5 之后，白方仍然占据绝对优势，但是离胜利还有一点距离。

31. e4　Nf4　32. Rd7　Re7　33. Qxf7　Rexf7

假如黑方采取 33... Rf×f7，经过 34. Rd8+　Kh7　35. Bc4，白方胜势。

34. Bc4

白方错过了漂亮的进攻手段 34. R×f7　R×f7　35. Rd8+　Kh7　36. Bc4　Rc7 37. Bg8+　Kh6　38. B×b3，利用底线杀王，获得子力优势。

34... R×d7　35. R×d7（图 225）

黑方虽然在子力数量上与白棋不分上下，但是由于子力位置实在太差，因此白方获得了稳妥的胜势局面。剩下的任务，就是实施最后一击。

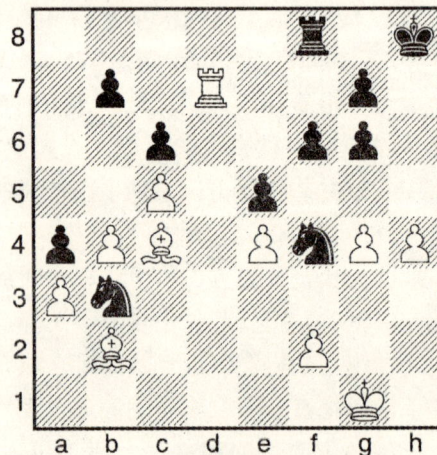

图 225

35... Rb8　36. g5　Nd4　37. B×d4 e×d4　**38. R×d4　f×g5　39. h×g5　Nh3+ 40. Kg2　N×g5　41. f4　Nh7　42. e5　Rf8 43. Kg3　g5　44. f×g5　g6　45. Kg4　Re8 46. Rd7　Nf8　47. Rf7　Rb8　48. e6　Re8 49. e7　Nd7　50. Kf4　b6　51. Be6**

黑方防守无望，停钟认输。

47

霍坦什维利—帕格拉斯

2013 年弈于迪拜公开赛

从 20 世纪 60 年代开始，来自格鲁吉亚的棋手就开始了对女子世界棋坛的垄断。无论是个人赛还是团体赛，这些来自高加索山脉的智慧女性为那时还叫做苏联的国家夺得了所有的女子国际象棋冠军奖杯。20 世纪 90 年代，中国女棋手的出现结束了格鲁吉亚统治女子国际象棋个人皇冠的时代，不过在接下来的几次世界奥林匹克团体赛中，格鲁吉亚女队仍把冠军宝座占据得稳稳的。曾几何时，国际象棋赛场上的格鲁吉亚现象令世人对这个国家的女棋手刮目相看，似乎只要是格鲁吉亚的女棋手就意味着世界一流水平。

时间进入到 21 世纪，伴随着老一代国际象棋女选手逐渐退出一线，处于新老交替实力有所减退的格鲁吉亚女队不再像过去那样令人望而生畏，不过个别棋手依然强劲，其中就包括霍坦什维利。

1. d4 Nf6　2. c4 e6　3. g3 c5
4. d5 e×d5　5. c×d5 d6　6. Bg2 g6
7. Nf3 Bg7　8. 0–0 0–0　9. Nc3 Re8

白诺尼防御是黑方应对白方后兵开局中的一种激烈变化，从中反映出罗马尼亚的男子特级大师帕格拉斯求战的心态。

10. Bf4 Ne4　11. N×e4 R×e4
12. Nd2 R×f4!?（图 226）

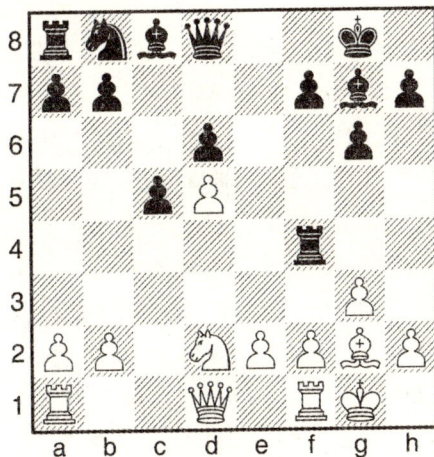

图 226

黑方以车换象不仅破坏了白方王翼兵阵的完整，还可以掠得 b2 兵。把所有的因素算在一起，黑方弃子的走法是可以的。

13. g×f4 B×b2　14. Rb1 Bg7　15. Ne4（图 227）

白方的目标是将子力中心化，同时可能将马调动到 g3 格，既能起到护住王前阵地的作用，也能监控住 f5 格。曾经也有对局按照以下的变化发展：
15. Nc4 Na6　16. e4 Rb8　17. Qa4 Bd7　18. Qa3 Nb4　19. N×d6 Qf6　20. Nc4 Q×f4　21. Q×a7 b5，棋局进入异常混乱的状况。

15... Qe7?!

不精确！黑方忽视了白棋的弃子。现在应该 15... Na6，顺畅出子。

16. N×c5!? d×c5   17. d6 Qd7

白方通过弃子争夺行动的主动权。现在黑方在子力数量上已经不逊于白棋，但是黑棋子力位置受压，并且白方的中心 d 兵像钉子一样卡在棋盘中央深处，使黑棋的空间受到很大的制约。

18. Qd5 Na6   19. Rb3

有趣的子力调动，白方的计划是把车调动到中心位置。此时，白棋可以考虑选择实惠的下法 19. R×b7 B×b7   20. Q×b7 Rd8   21. Q×a6 Q×d6   22. Q×d6 R×d6   23. Rc1 Rd2   24. e3，局面大致均势。

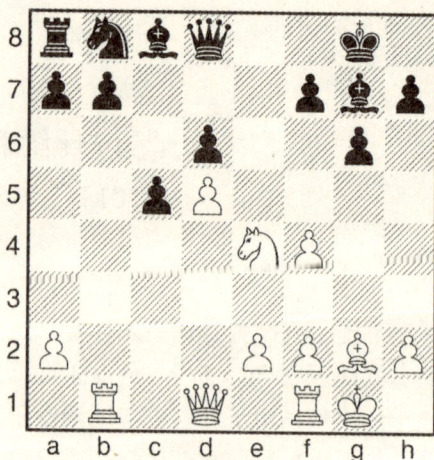

图 227

19... c4?

坏棋。本来白方的车就想走到别的地方呢，因此黑方再去花一步棋轰赶显然意义不大。现在，黑棋可以考虑走 19... Qa4，经过 20. Re3 Bf8   21. Re4 Qb5   22. a4 Qd7   23. Rd1，黑方的形势不差。

20. Re3 Qa4   21. Re7?!（图 228）

看似凶猛的一步棋，但是仔细分析会发现白方的车孤军深入，效果并不大。现在，白方应该充分利用中心 d 兵对黑棋的牵制作用，适时将棋局转入残局当中。21. Qd1!!   Q×d1   22. R×d1 Rb8   23. Re8+（白方如果走 23. d7?! B×d7   24. R×d7 c3，并没有什么实质的收获）   23... Bf8   24. B×b7 Bf5 25. R×b8 N×b8   26. e4 Be6   27. Bd5 Bg4   28. Rb1 Nd7   29. h3 B×h3 30. Kh2 Be6   31. B×e6 f×e6   32. e5，白方获得相对好下的残局形势。

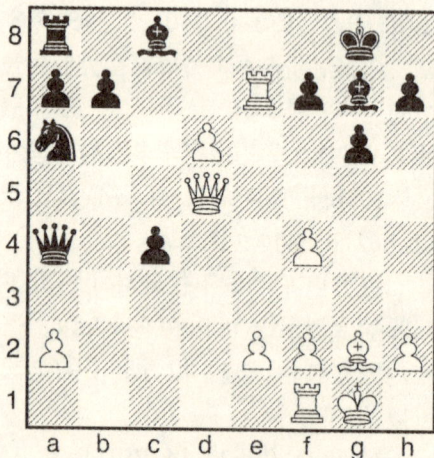

图 228

21... Be6   22. Q×b7 Rd8??

坏棋！不，是败招！在双方棋子处于胶着状态，棋局激烈复杂的情形下，任何失误都可能直接令局势急转直下。现在，黑方应该走22...Rf8，把车走到一个安全的位置当中。接下来，棋局可能发生的变化是：23. f5（假如 23. Bd5 Nc5！24. Qc7 B×d5 25. Q×c5 Be6，黑方获得优势）23...g×f5 24. Q×a7 c3 25. Bb7，这是一个开放的局面，双方的棋子位置都很活跃，在这样的情况下去判断棋局状况，只能用复杂二字来形容了。

23. Bd5 Nc5 24. Qc7!（图229）

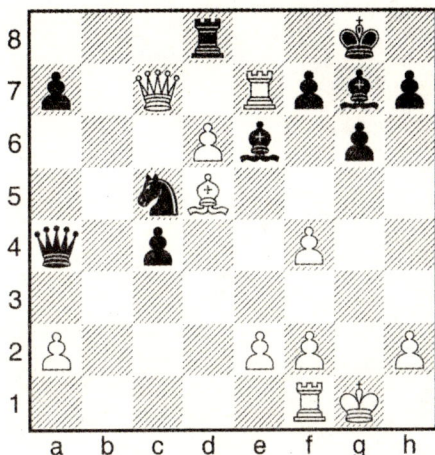

图 229

捉双！黑方两步棋之前所犯下的错误遭到惩罚，假如此时黑车在 f8 格，白方就不会攻击得手了。

24...Rc8 25. B×e6!（图230）

干净利落的处理方式。

25...R×c7 26. d×c7 N×e6 27. c8Q+ Bf8 28. R×e6（图231）

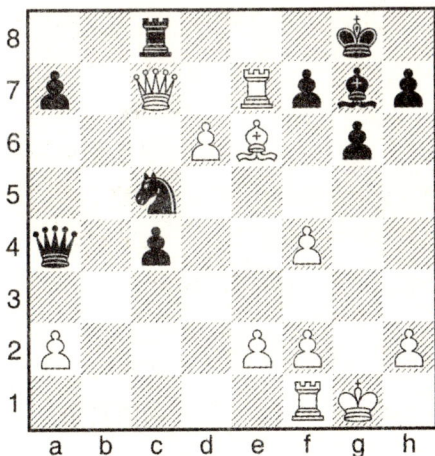

图 230

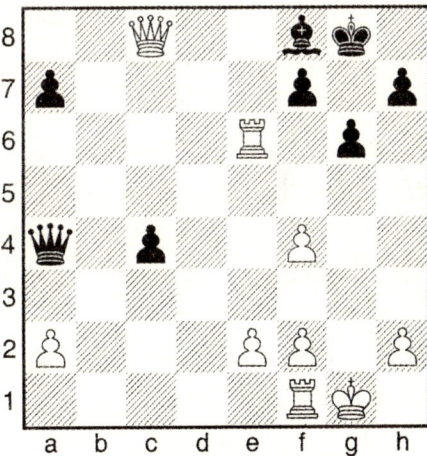

图 231

白方得到机会再一次在 e6 格进行弃子。霍坦什维利当然不会错过将棋局走向胜利的好时机。

28...f×e6 29. Q×e6+ Kh8 30. Qf7 Qb4 31. Rd1

白方将杀威胁无法阻挡，黑方认输。

48

索科洛夫—侯逸凡

2013 年弈于荷兰维克安泽邀请赛

经历了 2012 年不如意的女子世锦赛之后，侯逸凡的头顶暂时不再拥有世界冠军的光环。不过，对于这位 12 岁便在世界大赛崭露头角，14 岁便打入世界冠军赛决赛，16 岁便成为女子个人世界冠军的天才少女而言，她在棋艺方面的才华已经是有目共睹。因此对于比赛的赞助商来说，是否邀请这个叫做侯逸凡的女棋手，与她是否拥有世界冠军头衔关系似乎不大。2013 年初，在传统的荷兰维克安泽邀请赛当中，侯逸凡又作为特邀女选手参加了男子组的比赛。

接下来的对局中，我们将看到侯逸凡与荷兰棋手、男子国际特级大师索科洛夫之间的较量。索科洛夫的棋风硬朗，进攻时力量极大，当然这位 20 世纪 90 年代曾经稳居荷兰男一号的选手下棋也存在个别时候急躁和行棋计算粗糙的问题。在这局棋中，侯逸凡采取以静制动的策略，果然令索科洛夫过高估计自己的局面，不知不觉间暴露出弱点。

1. d4 e6　2. c4 Nf6　3. Nf3 d5　4. Nc3 Bb4　5. Bg5 h6　6. Bh4

通常，在男棋手与女棋手对抗的时候，他们不大喜欢选择过早简化局面的处理方式，而是尽可能保持复杂局面，索科洛夫也不例外。在他以前下过的对局中，他曾经选择过 6. B×f6 Q×f6　7. e3 0-0　8. Rc1 d×c4　9. B×c4 c5　10. 0-0 c×d4　11. N×d4 Bd7! 的变化，形成一个相对稳健的局面。

6. ... d×c4　7. a3

白方采取 7. Qa4+的下法也不能获得明显的进展，黑方可以应对 7. ... Nc6，经过 8. a3 B×c3+　9. b×c3 Qd5　10. B×f6 g×f6　11. Nd2 之后，局面复杂。

7. ... B×c3+　8. b×c3 c5

侯逸凡选择简洁的下法，这里黑方可以将棋局引入一个相对复杂变化的走法是 8. ... Nbd7!?，经过 9. e4 g5　10. Bg3 N×e4　11. B×c4 之后，白方虽然少兵，但是出子速度快、子力位置活跃，白方弃兵拥有明显的补偿。

9. B×f6 Q×f6　10. e3 Nc6　11. B×c4 0-0　12. Bb5

白棋试图将局面引入纠缠的状态。常态下白棋此时应该考虑把王走到一个相对安全的位置当中，例如 12. 0-0 e5　13. d5 Na5　14. Bd3 Bg4 的下法，棋局形成一个互有顾忌的局面。

12... Bd7　13. 0-0 Rfd8　14. a4 Qe7　15. Qb1 Rab8　16. Qe4！c×d4
17. e×d4！

白方开局处理得很棒！看起来黑方兑换掉部分棋子，达到了简化局面的目的。但是，白方并非一无所获。因为伴随着棋子的兑换，白方所掌控的空间一点点增大，在王翼战场上形成了潜在的行动能量。此时，白方用 c 兵吃到中心不如索科洛夫临场的下法，可能带来 17. c×d4 a6　18. Bd3 f5　19. Qf4 Rbc8 20. Rfc1 Nb4 的变化，双方在后翼上形成了主战场，黑方机会不差。

17... Qf6　18. Bd3 g6　19. Rfe1？！
（图 232）

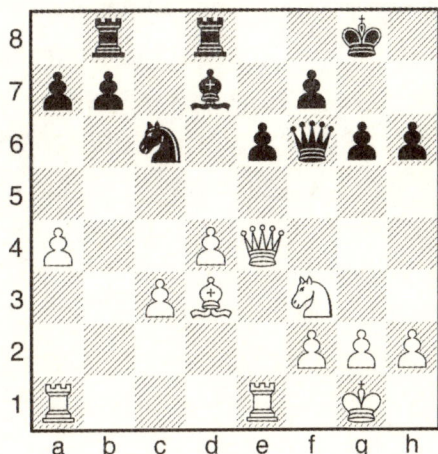

图 232

白方将子力调集到后翼的走法看起来无可非议，似乎这样做达到让车处在进攻黑方半开放线上的目的。但是，白方此时如果走棋次序处理得更精确些，应该选择 19. Qe3 Kg7　20. Rfb1。（图 233）

建议采用的变化与棋局变化最大的区别是黑方没有时间集结子力，白方可以腾出手来挺进 h 兵，加强王翼行动的力度。

19... Ne7　20. c4？

坏棋！白方将注意力都集中在如何组织进攻方面，却忽视了自己的局面当中也会存在兵形弱点，也会让对手找到进攻目标。白方挺进 c 兵之后，中心 d 兵的防护任务一下子落在其他子力上面。并且，黑方的车早已在 d8 格做好准备，因此白方挺兵 c4 的走法无疑是

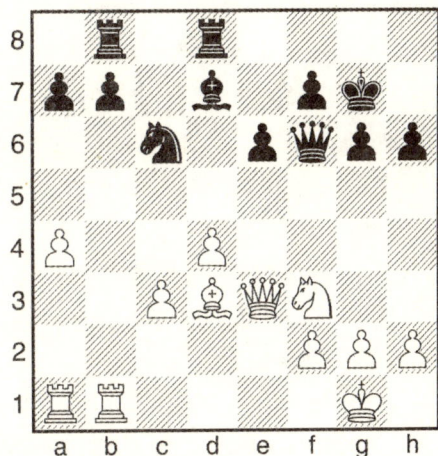

图 233

自己暴露弱点。现在，白方应该采取 20. Ne5 Nc6　21. f4 Rbc8　22. Rf1 的下法，将子力重新向王翼方向调动；或者，白方还可以在中心上继续施加压力，采取 20. Qe3 Kg7　21. Ne5 Nc6　22. f4 的下法，获得较大的空间。

20...Nf5！

白方的 d4 兵成为黑棋进攻的靶子了。

21. d5 e×d5 22. c×d5 Re8 23. Ne5？？

白方把自己的进攻想得太简单了，完全忽视了黑棋的反击。我们知道，在开放线路上把己方的其他子力走到后或者王前面的时候，一定要注意对手运用牵制战术。因为王和后的重要性远远大于其他子力，因此一旦被对手实施牵制"串了糖葫芦"，就很难摆脱开。此时，白方的重要任务应该是把后躲开，例如23. Qb4 Qd6（23...R×e1 + 24. R×e1 Qd6） 24. Qb3 的变化，获得一个大体平先的局势。

23...Qd6！（图 234）

好棋！把后走到一个安全的位置，同时牢牢顶住黑方的 d 线兵，不给白方利用弃兵打开中心的机会。

图 234

24. f4 f6 25. Kh1 h5！

好棋！阻止白方采用挺兵 g4 的方式攻击黑方的 f5 马。白方的 e5 马已经处于一个在劫难逃的位置，黑棋千万要等待时机成熟的时候再去享用战利品。否则，经过25...f×e5 26. f×e5 之后，白方虽然少了一个马，但是中心连兵的样子还是挺凶的。

26. Qe2 Rbd8 27. Bo4 Re7！（图 235）

好棋！侯逸凡走得不慌不忙。既然马上消灭 e5 马会让白棋收获强劲的中心连兵，那么就先在 e 线通路上加强力量，等待时机成熟了再动手。

28. Qb2 Rde8！

既然黑方选择吃子会给白棋带来良好的反击机会，那么干脆选择一种稳健夺取优势的下法。侯逸凡优势情况下对棋局的冷处理方式让白棋太难受了。

29. Nf3 R×e1 + 30. N×e1 Q×f4
31. Bd3 Qe3 32. h3 Ng3 + 33. Kh2 Qf4！

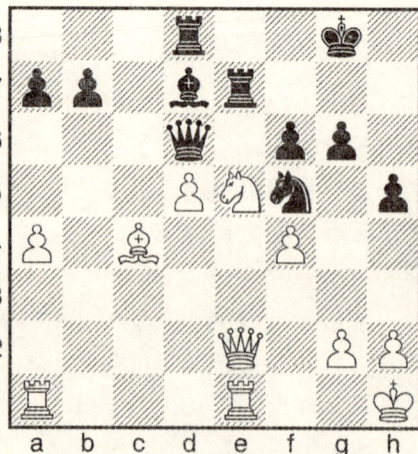

图 235

34. Kg1 h4！

与夺取物质相比较，侯逸凡更加注重夺势。接连几步棋，黑棋都在强化自己的子力位置，这种下法表现出棋手平和的心境。

35. Qf2 Qxf2+?！

不够精确，黑棋采取 35...Qe5 36. Rb1 Qc3！的下法会让胜利来得更舒畅。

36. Kxf2 Ne4+ 37. Kg1 g5 38. a5 Nd6（图 236）

侯逸凡将棋局稳健地走入一个多兵的胜势残局。

39. Nf3 Rc8 40. a6 b6 41. Re1 Kf7

白方可能入侵的路线都被黑棋封得死死的。看不到明显的反击计划，白棋少兵的劣势将随着棋局不断深入凸显出来。

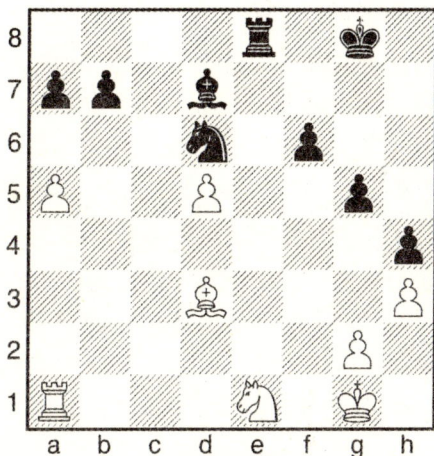

图 236

42. Rf1 Ke7 43. Re1+ Kd8 44. Bh7 Rc4

黑方的棋子都已经错落有致走到理想的位置。消除了白棋的反击潜能之后，黑方开始行动了。

45. Bg8 Ra4 46. Be6 Rxa6 47. Nh2 b5 48. Ng4 Ne8 49. Nh6 Bxe6 50. dxe6 Ng7 51. e7+ Ke8 52. Ng8 f5

白方将会丢失更多的兵。索科洛夫颇具绅士风度，停钟认输。

这局棋给人留下印象最深的是侯逸凡夺取优势之后的老到下法。没错，不给对手提供任何反击机会的局面处理方式，往往会比马上行动更加令对手感到绝望。

49

乌什尼娜—斯维德勒
2013 年弈于挪威男子世界杯

当等级分仅仅排名在世界第 30 位的乌克兰女棋手乌什尼娜在 2012 年国际象棋女子世锦赛中一路过关斩将笑到最后，加冕棋后桂冠的时候，无疑是上演了一幕现实生活版的灰姑娘的故事。并且，这位美丽的灰姑娘时年 27 岁，在女棋手中属于大器晚成。

乌什尼娜的成功超出了所有人的预期，因为这位既没有教练也没有多少参加世界大赛经验的选手实在太不引人注意了。不要说在世界上，就是乌克兰女选手中挑选排名靠前的三位，可能人们也不会想起这位在乌克兰队候补席上偶尔出现的面孔。不过，正是这样一位看似很快就要被残酷竞技淘汰的棋手，在 2012 年女子世界锦标赛中稳定发挥，将自己的名字留在国际象棋女子世界冠军榜上。

获得世界冠军后，乌什尼娜的境遇一下子有了彻底的改变，总统接见、新闻采访接踵而来，有了赞助商支持的她也获得了充足的预算用来支付教练的费用、各种高级别的比赛也向她频频伸出橄榄枝。2013 年，乌什尼娜以女子世界冠军的身份获得参加男子世界杯的外卡。首轮比赛，她遇到了俄罗斯男子国家队的主力选手、多次俄罗斯男子个人冠军获得者斯维德勒。这原本是一场双方棋手实力悬殊的较量，两人之间的等级分有近 250 分的差距，并且在两局对抗淘汰的赛制当中乌什尼娜还输掉了第一局。正当人们考虑斯维德勒在接下来第二局的比赛中到底会继续刀肥马快再下一城还是会怜香惜玉满足于短和棋获得额外一天休息时间的时候，乌什尼娜用一局近似完美的胜利将比分追平。

1. d4 Nf6 2. c4 g6 3. Nc3 d5 4. cxd5 Nxd5 5. e4 Nxc3 6. bxc3 Bg7 7. Nf3 c5 8. Rb1

鉴于第一局乌什尼娜已经失利，因此在第二局的较量中她不愿选择稳健的下法。例如 8. Be2 Nc6 9. d5 Bxc3+ 10. Bd2 Bxa1 11. Qxa1 Nd4 12. Nxd4 cxd4 13. Qxd4 0-0 14. 0-0（14. Bh6 Qa5+ 15. Kf1 f6 16. Bxf8 Kxf8 =） 14...Qb6！双方平先。

8...0-0

黑方另外一个变化是 8...Nc6，白方可以通过 9. d5 Bxc3+ 10. Bd2 Bxd2+ 11. Qxd2 Nd4 12. Nxd4 cxd4 13. Bb5+ Bd7 14. Bxd7+ Qxd7 15. Qxd4 的下法，获得微小的优势。

9. Be2 cxd4 10. cxd4 Qa5+ 11. Bd2

一切尽在双方棋手赛前的开局准备之中，两个人在临场落子如飞。白方此时选择了激烈的弃兵变化，目的在于将棋局引入复杂的斗争之中。现在白棋还有一种相对稳健的下法是 11. Qd2，经过 11...Qxd2+ 12. Bxd2 e6（黑方如走 12...b6 将带来复杂的变化） 13. 0-0 b6 14. Rbc1 Bb7，黑方在残局拥有良好的对抗机会。

11...Qxa2 12.0-0 Bg4 13. Bg5
（图 237）

这步棋显然超出了斯维德勒赛前的
开局技术准备范畴。更多的时候，白方
会选择 13. Be3 Nc6 14. d5 Na5
15. Bg5 Qa3 的变化，局面非常复杂。

13...h6 14. Be3 Nc6 15. d5 Na5

白方在比赛中仍旧行棋速度飞快。
乌什尼娜这么做显然在告诉她的对手：
一切尽在自己的赛前开局准备之中。斯
维德勒在本局之前显然未预料这位等级
分低过他近 250 分的女棋手会采取宁可

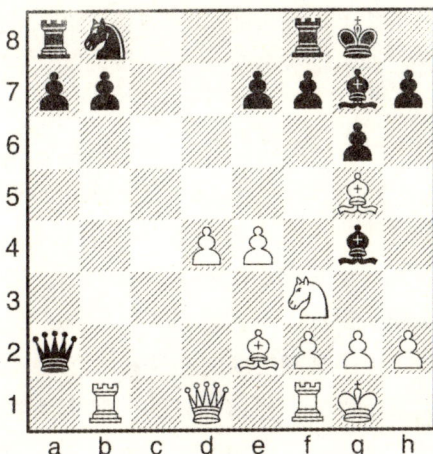

图 237

玉碎不要瓦全的拼命下法，对局过程中不仅放慢了行棋速度，更通过他频频皱
起的眉头让旁观者感觉到他并不平静的心态。此时，黑棋还有一种变化是
15...Bxf3 16. Bxf3 Ne5 17. Rxb7 a5，棋局纷乱不明。在第 16 步棋的时
候，白方用兵吃到 f3 的下法将带来 16. gxf3 Nd4 17. Bxd4 （白方也可以考虑
17. Bd3 a5 18. Rxb7 的变化） 17...Bxd4 18. Qxd4 Qxe2 19. Kg2 b6，形
成复杂的局面。

16. Re1 Bxf3

其实，就在这局棋的前不久，斯维德勒自己曾经执黑走过 16...b6，那局
棋经过 17. Nd4 Bd7 18. Ra1 Qb2 19. Rb1 Qa2 20. Ra1 Qb2 21. Rb1 Qa2
的变化之后，双方棋手同意和棋。但是，显然斯维德勒赛后认识到白棋可以通
过 18. Ba6！改进下法，获得比较满意的局面。因此，在本局过程中，斯维德
勒不想再重复以前的下法。

17. Bxf3 Nc4 18. Bf4 e5

当然不会冒着削弱王前阵地的风险选择 18...g5 的下法，因为白方可以通
过 19. Bg3 b6 20. Re2 Qa5 21. Bg4 的下法，获得比较理想的局面。

19. dxe6 fxe6 20. Rxb7！Rad8

乌什尼娜走得积极主动，现在黑棋不能采取 20...Rxf4 的下法，因为白方
可应对以 21. Qd7，一剑封喉。

21. Rd7！（图 238）

新招！乌什尼娜研究的"家庭作业"。现在白棋平庸无常的下法是
21. Qc1，经过 21...Bb2！ 22. Rxb2 Nxb2 23. Bg3 Qa5 24. Rf1 Qd2

25. Qc6 Qd7　26. Qc1 Qd2　27. Qc6 Qd7　28. Qc1 Qd2 之后，黑方局面没有困难。

21... R×d7　22. Q×d7 Ne5

棋手在比赛时最不愿意遇到的事情是自己陷入对手赛前便准备好的陷阱。看到乌什尼娜走棋的速度和神情，斯维德勒知道自己遇到麻烦了。现在，黑棋要想走出精确的应对招法确实需要小心谨慎，例如看似占便宜的实惠下法将遭到白棋凶猛的进攻：22... R×f4 23. Q×e6+ Kh7（如果 23... Rf7

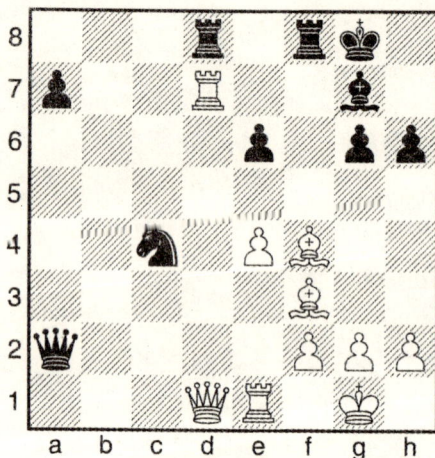

图 238

24. Rc1，白方获得绝对的主动权）　24. Rc1 Bd4　25. Qd7+ Bg7　26. Qd5 a5 27. Q×c4 Q×c4　28. R×c4，白棋优势。

23. B×e5 B×e5　24. Rf1！

白方下一步棋是 25. Bg4。

24... h5！

黑棋找到了最佳的应对方案。

25. Be2！（图 239）

双方拥有位于异色格子的象，在残局中对处于防守的一方往往意味着福音。但是，当棋局尚停留在中局阶段，一方进攻而另外一方处于防守状态的时候，异格象通常意味着防守方的噩梦。因为双方的象位于棋盘上不同颜色的格子中，因此防守方很难阻挡进攻方发挥象的威力。

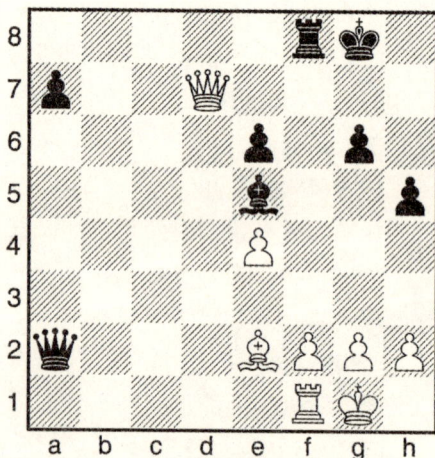

图 239

25... Rf7

或许，黑方应该尝试 25... a5，经过 26. Qc6 B×h2+　27. K×h2 Q×e2 28. Q×e6+ Kg7　29. Qe5+ Kh6　30. Kg1 之后，白方虽然处于主动地位，但是黑方完全拥有很好的防守机会。

26. Qc8+ Rf8　27. Qc6 Bd4?!（图 240）

在白方不断进攻面前，斯维德勒没有找到最佳的防守计划。现在，黑棋应该采取 27... B×h2+的下法，经过 28. K×h2 Q×e2 29. Q×e6+ Kg7 30. Qe5+ Kh6 31. Kg1 之后，白方仅能获取微小的优势。

28. Bc4 R×f2?

黑棋出现计算失误！显然，此时黑棋最佳的防守是 28... B×f2+（图 241）

经过双方精确的走法 29. Kh1 Qa3！30. Qd7！之后，黑方拥有充分的防守机会。

29. Q×e6+ Kh7 30. Qd7+

白方 30. Qd7+之后，斯维德勒决定认输。现在，假如黑棋应对 30... Rf7+看似能够带来积极闪将的走法之后，白方可以轻松应以 31. Q×d4 化解掉黑棋的雕虫小技，并以子力数量方面的绝对优势轻松取胜。

老实讲，当乌什尼娜在 2012 年获得女子世界冠军的时候，很多人都会以侥幸或者运气好来评价这位乌克兰姑娘所取得的骄人战绩。但是，随着时间的推移，更多的人看到的是乌什尼娜对国际象棋的热爱和坚持不懈的努力。期待着，在国际象棋赛场上有更多女棋手成为美梦成真的灰姑娘！

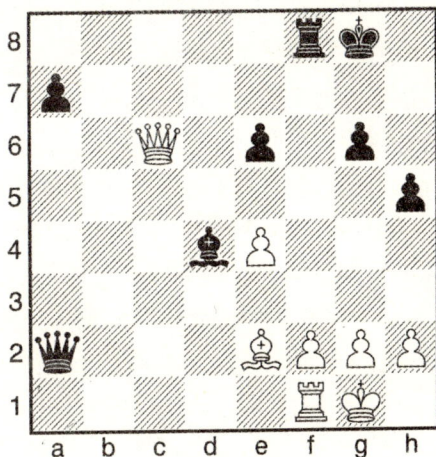

图 240

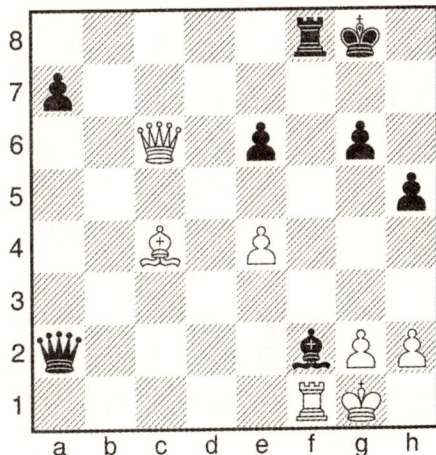

图 241

50

赵雪—科诺索夫

2013 年 7 月弈于瑞士比尔公开赛

在女子棋手当中，有那么几位棋艺水平已经完全达到冲击世界冠军宝座，但是总是因为这样那样的原因未能如愿的"猛将"。这些棋手的技术等级分常年保持在世界前 10 位的水准，但是一到世界大赛的时候，不知道因为什么原因总是难免失手在一些无名选手的刀下。有人说是因为她们运气不够好，有人说是因为水平不够全面，也有人说是因为马虎大意，不管什么原因，事实是随着年龄的增长，这些棋手夺取世界冠军的机会也越来越小了。

中国女棋手赵雪 17 岁的时候便在 2002 年的世界奥林匹克团体赛中，夺得最佳女棋手奖。这之后，赵雪频频参加各种级别的国内外赛事，获得大小奖项无数，但是在她的成绩簿上却缺少全国女子个人冠军和世界女子个人冠军的称号。赵雪下棋注重大局，棋风如同她的性格一般线条明快，战斗力强。缺点呢，则是不够严谨，不知道什么时候赵雪就会打个"勺子"，难免让人有些放心不下。

在接下来的棋局中，我们看到执黑的俄罗斯男子特级大师科诺索夫从开局伊始便选择了一种挑衅的下法，或许是因为俄罗斯人看到自己的等级分高出赵雪 100 有余，太想赢面前的女棋手了吧。在不合理的下法面前，等级分的差异根本在实战对局中说明不了什么问题，乱战的棋局特点正好符合赵雪的胃口，等俄罗斯特级大师想稳住局面的时候，已经太晚了。

1. d4 Nf6　2. c4 g6　3. Nc3 d5　4. Qb3

格林菲尔德防御，赵雪采取了一种比较稳健的下法，更常见的是 4. c×d5。

4. . . d×c4　5. Q×c4

现在的棋局形势与这个开局变化中常见的套路相比较，白方尚未出动王翼的马到 f3 格，后面多了先走 Be2 的选择。如此一来，白棋的 f 兵就多了活动的自由，可能在跃马到 f3 格之前，率先挺进占据中心空间。

5. . . Bg7　6. e4 0-0　7. Be2 Be6?!

科诺索夫采取了野战的套路。这局棋发生在公开赛的进程中，与常规的邀请赛稳健的下法不同，公开赛中棋手往往在最后几轮采取冒险的下法，目的在于冲击比赛名次。此时，黑棋常见的变化是 7. . . Nfd7　8. Be3 Nb6　9. Qc5 e5，形成一个复杂的对攻局面，双方互有机会。

8. Qd3（图 242）

白方没有选择直接中心挺兵 8. d5!? 的下法。大赛经验丰富的赵雪此时摸透了对手的心理，设计了一个引蛇出洞的下法。看来，执黑棋的科诺索夫越是想要形成复杂变化，执白棋的赵雪越是要把棋局往稳健方向上引。

8. . . c5　9. d5 Bc8

黑方如果走 9. . . Bg4 的话，将迎来 10. f3 Bc8　11. f4 的变化。

10. e5

10. f4 也是值得考虑的选择。

10... Nfd7?

坏棋，造成黑方的子力位置互相制约。现在黑棋应该采取 10...Bf5 的下法，经过 11. e×f6 B×d3 12. f×g7 Re8！13. B×d3 e6！的变化之后，形成激战之势。这种乱战局面不是科诺索夫所希望的，他希望形成一边倒的进攻局面。

11. f4 Nb6 12. Be3 Na6 13. Qd2（图 243）

白方的计划很清晰，就是牢牢把控中心，不允许黑棋轻易将子力走到顺畅的位置。现在，白方如果走 a3 的话，同样可以起到遏制黑方反击的目的。黑方的棋子都龟缩在一起，形成了一个没有发展潜力的局形。

13... Nb4?!

黑马跃入是不成熟的进攻。不过，联想到前面黑方的错误计划，此时黑棋采取这样的进攻姿态倒也是可以理解的一件事。黑方应该采取 13...f6 的下法，经过 14. Nf3！Bg4 15. 0-0 f×e5 16. N×e5 B×e2 17. Q×e2 N×d5 18. Qc4 e6 19. Rad1 之后，白方出子占优。

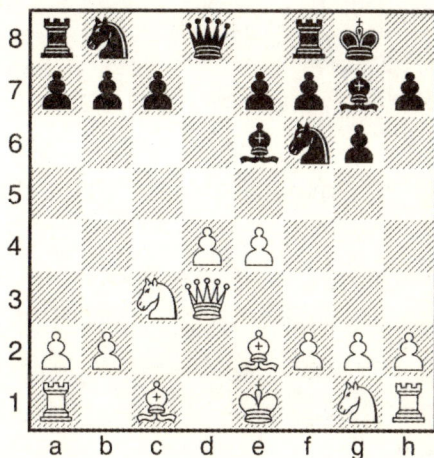

图 242

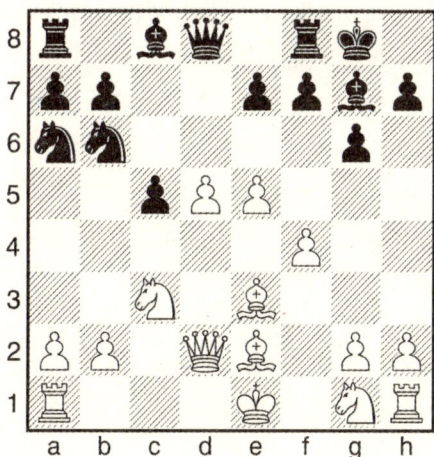

图 243

14. Rd1 Bf5 15. B×c5 Nc2+ 16. Kf1 Rc8 17. Bf2?!

应该采取 17. g4！R×c5 18. g×f5 Nb4 19. Qd4 的下法，白棋夺取子力物质优势，黑方难以得到足够的补偿。

17... Nc4 18. B×c4 R×c4 19. Nge2 Nb4 20. h3！（图 244）

冷静！白方这步棋可谓一举两得，一来为后续冲兵 g4 开拓王翼空间，二来为自己的王设计了一条从 g1 到 h2 的生命通道。

20... Bh6?

黑方这步棋走得有些飘，可能是因黑棋此时心中装满了进攻无果的挫败感。

21. g4?!

改走 21. Kg1 能让人感觉阵营更扎实些。

21... Bc2　22. Rc1 f6!　23. exf6?

坏棋，白方的王尚在一个不甚安全的位置，因此打开线路的决定，只会给黑方反击的机会。现在，白方应该采用23. a3 的下法，经过 23... fxe5　24. axb4 Bb3　25. Kg1 exf4　26. Nd4! 之后，白方胜利在望。

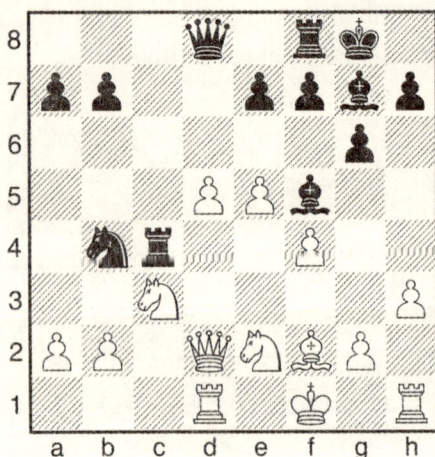

图 244

23... Rxf6　24. g5 Bd3??

败招！想必黑棋不习惯在比赛中采取破釜沉舟的决定来对付一名女棋手。现在黑棋的局势已经十分危急了，怎么还会有时间进行子力调动呢？此时黑棋唯一的反击机会是 24... Rcxf4!!（图 245）

实施弃子战术组合，经过 25. Nxf4 Bxg5　26. Rxc2 Bxf4　27. Qd1 Nxc2 28. Qxc2 Be3　29. Ne4 Rf5 的变化之后，黑方的局面虽然依旧处于下风，但是白方要想取胜绝非易事。

25. gxf6　Rxf4　26. Ke1　Bxe2 27. Qxe2　Rxf6

黑棋子力损失过于巨大，剩下的招法不过是垂死挣扎罢了。

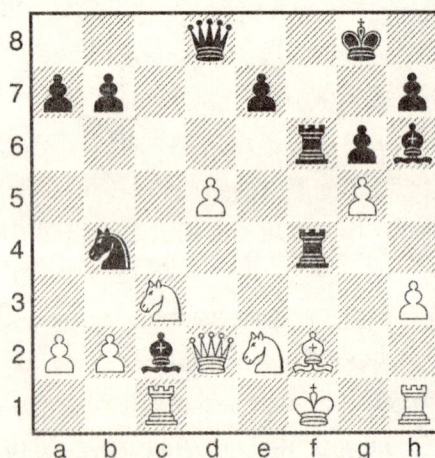

图 245

28. Rd1 Qa5　29. Bd4　Rf4 30. Rf1 Nxd5　31. Qe6+

白方子力直捣黄龙，黑方认输。

进攻不是唯一正确的下法。特别是面对实力比自己强大的对手时，揣摸对手心理，摆好阵型，等待对方犯错，是高明的对策。

本书棋手名录

Azmaiparashvili，Zurab　阿兹曼巴哈什维立

Bartel，Mateusz　巴特尔

Bykova，Elisaveta　贝科娃

Berg，Emanuel　博格

Bodnaruk，Anastasia　博德娜伍科

Caruana，Fabiano　卡瓦纳

Chernin，Alexander　切尔宁

Chiburdanidze，Maia　齐布尔达尼泽

Cmilyte，Viktorija　奇米里杰

Cramling，P.　克拉姆林

Dzindzichashvili，Roman　迪兹卡什维利

Euwe，Max　尤伟

Fressinet，Laurent　福瑞斯尼特

Galliamova，Alisa　加利亚莫娃

Gaprindashvili，Nona　加普林达什维利

Giri，A.　格里

Granda Zuniga　格兰达

Grushkova B.　克鲁斯科娃

Gunina，Valentina　古尼娜

Hjartarson，Johann　贾塔尔松

Hou Yifan　侯逸凡

Howell，D.　郝伟尔

Ibragimov，Ildar　伊布亚基诺夫

Ioseliani，Nana　约谢里阿妮

Javakhishvili，Lela　亚娃科斯什维利

Kasimdzhanov，Rustam　卡西姆扎诺夫

Kasparov, Garry　卡斯帕罗夫

Khismatullin, Denis　赫斯马图林

Khotenashvili, B.　霍坦什维利

Kobalia, M.　科巴利亚

Koneru, H.　科内鲁

Kortschnoj, Viktor　科尔奇诺依

Kosintseva, Nadezhda　枓新采娃（大）

Kosintseva, Tatiana　科新采娃（小）

Kosteniuk, Alexandra　科斯坚钮克

Kurnosov, I.　科诺索夫

Kushnir, A.　卡什涅阿

Lagno, Kateryna　拉诺

Larsen, B.　拉尔森

Liu Shilan　刘适兰

Matveeva, Svetlana　马特维娃

Menchik, Vera　明契克

Mikhalevski, Victor　米哈列夫斯基

Morozevich, Alexander　莫洛舍维奇

Muzychuk, Anna　穆兹丘克（大）

Muzychuk, Mariya　穆兹丘克（小）

Naiditsch, Arkadij　奈迪斯科

Oll, Lembit　欧尔

Parligras, M.　帕格拉斯

Polgar, Judit　波尔加（小）

Polgar, Sofia　波尔加（中）

Polgar, Zsuzsa　波尔加（大）

Portisch, Lajos　波尔蒂什

Rublevsky, Sergei　鲁布列夫斯基

Rubtsova, Olga　鲁布佐娃

Rudenko, Liudmila　鲁丹科

Sasikiran, K.　萨斯科扬

Sebag, Marie　塞巴格

Shen Yang　沈阳

Shirov，A.　希洛夫

Sokolov，Ivan　索科洛夫

Stefanova，A.　斯坦芳诺娃

Svidler，Peter　斯维德勒

Timman，J.　蒂曼

Tiviakov，Sergei　蒂维亚科夫

Topalov，Veselin　托帕洛夫

Tranmer，Eileen　褚安曼

Ushenina，Anna　乌什尼娜

Vocaturo，Daniele　沃卡特洛

Vyzmanavin，Alexey　威兹曼阿温

Volkov，Sergey　沃尔科夫

Wu Mingqian　吴敏茜

Xie Jun　谢军

Xu Yuhua　许昱华

Zhao Xue　赵雪

Zhu Chen　诸宸

Zhukova，Natalia　朱科娃

后 记

　　2004 年国际象棋奥林匹克团体赛，我同一名荷兰女记者聊天的时候，英国男子棋王、曾经获得男子国际象棋世界亚军的肖特先生走过来插了这么一段话："我记得你们在 1992 年的奥林匹克团体赛上交过手，你最后采取的进攻思路很有意思！"

　　看到我们两名女士一脸惊异不置可否的表情，肖特先生耸耸肩，从桌子上拽过一副棋子，把当年对局时棋盘上的交手过程演示了一遍。"那次我刚好从你们棋桌旁经过，看到棋局挺有意思，就多看了几眼，当然记住了呗。"肖特先生显然对自己的记忆力所产生的威慑力而得意，故意轻描淡写地说道。

　　"好像咱俩是下过这么一局棋！后来我转行当了记者，你们男棋手怎么会记住我们女棋手下的棋？"荷兰女记者一脸的难以置信，而我整个人还没有从惊讶中走出来。简直遇到超级记忆狂人了！不要说回忆起当时我们的棋局过程，要不是人家英国棋王提醒，我压根儿都没想起来 12 年前我曾经和对面的女士在正式比赛中相遇过。

　　瞧瞧，人家高手只要遇到感兴趣的棋局就会谨记于心，根本不在意对弈者是男是女，也不会计较水平高低。在高手的眼里，只有棋局上的千变万化。后来，看过世界棋王卡斯帕罗夫将以前男子世界冠军对局进行分析解拆的著作《我的伟大前辈》，萌生了应该写一本女子国际象棋高手对局的念头。

　　身为一名女性，在竞技体育这个行当里，我不知道性别带给自己的是挑战还是潜意识中某种先天的危机感。从来都要求自己以竞技体育的角度来看待棋局——忘记自身性别，以一名纯粹的棋手身份来面对周围的一切。

　　回想自己的棋手生涯，最令自己看重的比赛胜利当属夺取全国国际象棋青年锦标赛冠军。不知道我有没有把比赛的全称说明白了？没错，那一年我夺取的是全国青年锦标赛冠军，而不是按照性别分组的女子青年锦标赛冠军！原本比赛分别设立了男、女两个奖项，但是为了给女棋手提供锻炼机会，将参赛选手进行了混合编排，也就是说男、女棋手在同一个赛场上竞技。结果，出乎比赛组织者和所有参赛选手（包括我自己）的预料，从第一轮比赛开始，我这名女棋手就扮演了领跑者的角色。更有意思的是，最后一轮比赛时我和另外一名女棋手坐在第一台较量，大长巾帼棋手的威风！

应该说，那年的全国青年锦标赛自己的成功多少有些偶然。不过，从某种意义上讲，比赛的胜利令自己不再拘泥于棋手自身的性别，而是将注意力集中在纯粹的棋局对抗当中。

获得女子世界冠军之后，每年我接到不少高级别比赛的邀请函，每每接受邀请的同时也意味着迎接挑战，往往自己会成为所有参赛选手中唯一的女性。与男棋手较量的次数多了以后，我发现原来真正的高手下棋就是下棋——他们从来不会因棋桌对面是男棋手就如临大敌，更不会因为对弈女棋手就产生什么心理上的不适应。于是，我学会了忘记性别，像一名真正的棋手那样去思考棋局。

希望棋迷朋友们在赏析女棋手的精彩对局佳构的时候，暂时忘记对弈者及自己的性别，待棋局终了时由衷叹上一句："这盘棋下得真有意思！"

在此，要特别感谢首都体育学院对室内体育运动项目研究的高度重视和大力支持，感谢经济管理出版社在本书编辑出版过程中付出的辛勤劳作，还要特别感谢男子国际特级大师李超在棋局分析方面提出的中肯建议。

希望这本书能向国际象棋爱好者展示女棋手独特的风采，同时也期待更多女性朋友加入到国际象棋的大家庭，创作出更多漂亮的棋局作品！